国家社会科学基金青年项目"市场分割、资源错配与新常态下中国创新效率提升路径研究"（15CJY011）最终成果

河 南 大 学 经 济 学 学 术 文 库

市场分割与资源错配

中国创新效率提升
路径研究

吕新军

著

MARKET SEGMENTATION AND RESOURCE MISALLOCATION
A STUDY ON THE PATH OF IMPROVING CHINA'S INNOVATION EFFICIENCY

社会科学文献出版社
SOCIAL SCIENCES ACADEMIC PRESS (CHINA)

河南大学经济学科自 1927 年诞生以来，至今已有近 90 年的历史了。一代一代的经济学人在此耕耘、收获。中共早期领导人之一的罗章龙、著名经济学家关梦觉等都在此留下了足迹。

新中国成立前夕，曾留学日本的著名老一辈《资本论》研究专家周守正教授从香港辗转来到河南大学，成为新中国河南大学经济学科发展的奠基人。1978 年我国恢复研究生培养制度以后，周先生率先在政治经济学专业招收、培养硕士研究生，并于 1981 年获得首批该专业的硕士学位授予权。1979 年，河南大学成立了全国第一个专门的《资本论》研究室。1985 年以后，又组建了河南大学历史上的第一个经济研究所，相继恢复和组建了财经系、经济系、贸易系和改革与发展研究院，并在此基础上成立了经济学院。目前，学院已发展成拥有 6 个本科专业、3 个一级学科及 18 个二级学科硕士学位授权点、1 个一级学科及 12 个二级学科博士学位授权点、2 个博士后流动站、2 个一级省重点学科点、3000 多名师生规模的教学研究机构。30 多年中，河南大学经济学院培养了大批本科生和硕士、博士研究生，并且为政府、企业和社会培训了大批专门人才。他们分布在全国各地，服务于大学、企业、政府等各种各样的机构，为国家的经济发展、社会进步、学术繁荣做出了或正在做出自己的贡献，其中也不乏造诣颇深的经济学家。

在培养和输出大量人才的同时，河南大学经济学科自身也造就了一支日益成熟、规模超过 120 人的学术队伍。近年来，60 岁左右的老一代学术带头人以其功力、洞察力、影响力，正发挥着越来越大的引领和示范作用；一批 50 岁左右的学者凭借其扎实的学术功底和丰厚的知识积累，已进入著述的高峰期；一批 40 岁左右的学者以其良好的现代经济学素养，开始脱颖而出，显现领导学术潮流的志向和实力；更有一大批 30 岁左右受过系统经济学教育的年轻人正蓄势待发，不少已崭露头角，初步展现了河南大学经济学科的巨大潜力和光辉未来。

我们有理由相信河南大学经济学科的明天会更好，经过数年的积累和凝练，它已拥有了支撑自己持续前进的内生动力。这种内生动力的源泉有二：一是确立了崇尚学术、尊重学人、多元发展、合作共赢的理念，营造了良好的学术氛围；二是形成了问题导向、服务社会的学术研究新方法，并据此与政府部门共建了中原发展研究院这一智库型研究平台，获批了新型城镇化与中原经济区建设河南省协同创新中心。学术研究越来越得到社会的认同和支持，也对社会进步产生了越来越大的影响力和推动力。

河南大学经济学科组织出版相关学术著作始自世纪交替的 2000 年前后，时任经济学院院长许兴亚教授主持编辑出版了数十本学术专著，在国内学术界产生了一定的影响，也对河南大学经济学科的发展起到了促进作用。

为了进一步展示河南大学经济学院经济学科各层次、各领域学者的研究成果，更为了能够使这些成果与更多的读者见面，以便有机会得到读者尤其是同行专家的批评，促进河南大学经济学学术研究水平的不断提升，为繁荣和发展中国的经济学理论、推动中国经济发展和社会进步做出更多的贡献，我们从 2004 年开始组织出版"河南大学经济学学术文库"。每年选择若干种河南大学经济学院在编教师的精品著述资助出版，也选入少量国内外访问学者、客座教授及在站博士后研究人员的相关著述。该文库分批分年度连续出版，至今已持续 10 年之久，出版著作总数多达几十种。

感谢曾任社会科学文献出版社总编辑的邹东涛教授，是他对经济学学术事业满腔热情的支持和高效率工作，使本套丛书的出版计划得以尽快达成并付诸实施，也感谢社会科学文献出版社具体组织编辑这套丛书的相关负责人及各位编辑为本丛书的出版付出的辛劳。还要感谢曾经具体负责组织和仍在组织本丛书著作遴选和出版联络工作的时任河南大学经济学院副院长刘东勋教授和现任副院长高保中教授，他们以严谨的科学精神和不辞劳苦的工作，回报了同志们对他们的信任。最后，要感谢现任河南大学经济学院院长宋丙涛教授，他崇尚学术的精神和对河南大学经济学术事业的执着，以及对我本人的信任，使得"河南大学经济学学术文库"得以继续编撰出版。

　　分年度出版"河南大学经济学学术文库"，虽然在十几年的实践中积累了一些经验，但由于学科不断横向拓展、学术前沿不断延伸，加之队伍不断扩大、情况日益复杂，如何公平和科学地选择著述品种，从而保证著述的质量，需要在实践中不断探索。此外，由于选编机制的不完善和作者水平的限制，选入丛书的著述难免会存在种种问题，恳请广大读者及同行专家批评指正。

耿明斋

　　2004 年 10 月 5 日第一稿，2007 年 12 月 10 日修订稿，2014 年 6 月 21 日第三次修订

摘　要

　　经过 40 余年的改革开放，我国区域市场一体化程度不断提高，但不可否认，我国地区间的市场分割依旧存在，地方政府陷入一种类似于"囚徒困境"的策略互动局面：在其他地区采取市场分割策略时，本地区必须采取同样的地方保护策略才能实现经济的快速增长。虽然地方政府最大化了各自利益，但整个中国经济付出了规模不经济的代价。源于市场分割和政策扭曲的资源错配，给中国带来了巨大的效率损失。尽管国内外文献对市场分割和创新效率的关系进行了有益的探索，在学术上和实践上都产生了广泛且有益的影响，但总体来看，现有相关研究成果还存在一些局限。现有研究更多关注消费品市场分割对区域创新的影响，关于劳动力市场分割和资本品市场分割对区域创新能力的影响虽然有所提及，但是未予实证检验，或者将三者混为一谈。事实上，劳动力市场分割、资本品市场分割和消费品市场分割影响区域创新效率的机理有很大差异，这样处理可能并不妥当。因此，从市场分割的视角系统性探讨区域创新效率的影响机制，对提升创新资源配置效率和区域创新动力、促进企业快速成长、推动经济可持续发展和新旧动能转换具有重要的理论价值与现实意义。

　　本书在梳理国内外文献的基础上，厘清了劳动力市场分割、资本品市场分割和消费品市场分割影响区域创新效率的理论机制，认为三大市场分割对区域创新效率的影响机理并不相同。具体来说，劳动力市场分割通过扭曲工资价格、人力资本投资和消费需求三个途径影响区域创新效率；资本品市场分割通过扭曲金融发展规模、资本价格和金融发展效率三个途径影响区域创新效率；消费品市场分割则通过扭曲市场竞争机制、消费需求规模和工资价格水平三个途径影响区域创新效率。

　　首先，本书采用相对价格法对我国 30 个省份的劳动力市场分割、资本

1

品市场分割和消费品市场分割进行了定量测度，总结刻画了我国三大市场分割的现状及发展趋势。

其次，本书采用更适合我国转型特征的半参数变系数面板随机前沿模型对我国的区域创新效率进行了定量测度，总结分析我国区域创新效率的现状及演变趋势，结果表明我国区域创新效率存在严重的空间失衡现象。

在此基础上，本书从区域异质性视角分析了三大市场分割对区域创新效率的影响，并对三大市场分割影响区域创新效率的理论机制进行了实证检验。结果表明，我国三大市场分割都会显著抑制区域创新效率的提升。具体来说，主要表现在以下几个方面。一是劳动力市场分割通过扭曲工资价格、人力资本投资和消费需求进而影响区域创新效率，其中工资价格扭曲效应解释了劳动力市场分割影响区域创新效率因果链条中的20.1%，在劳动力市场分割对区域创新效率的抑制效应中起主导作用。二是资本品市场分割对中部和西部地区区域创新效率的抑制效应更加明显，在三种资本品市场分割影响区域创新效率的机制中，金融发展效率扭曲效应解释了资本品市场分割影响区域创新效率因果链条中的33.41%，在资本品市场分割对区域创新效率的抑制效应中起主导作用。三是消费品市场分割也会显著抑制区域创新效率的提升，其中对东部地区区域创新效率的抑制效应更加明显。机制检验表明，消费需求规模扭曲效应在消费品市场分割对区域创新效率的抑制效应中起主导作用，相对贡献份额达到31.02%。

既然市场分割会抑制区域创新效率，那么为什么地方政府仍旧采取市场分割的保护策略呢？本书进一步从空间策略互动的角度分析了地方政府采用市场分割策略的原因，并采用动态空间面板计量模型对市场分割影响区域创新效率的短期效应和长期效应进行了实证分析。研究发现，地方政府市场分割行为的"同群策略"更容易发生在地理位置相邻的省份，经济发展水平相近省份的同群效应相对较弱。市场分割行为的同群效应主要源于信息获取性模仿机制和竞争性模仿机制两种作用机制。动态空间面板计量模型的结果表明，从短期来看，劳动力市场分割和资本品市场分割有助于本地区创新效率的提高；但是从长期来看，二者都不利于区域创新效率的提高，这种负向效应主要源自相邻地区的影响。消费品市场分割对区域创新效率的影响表现出与二者不同的特征，从短期来看，消费品市场分割也会显著提高区域创新效率，而且间接效应要远远强于直接效应；从长期来看，消费品市场分割与本地区的创新效率显著负相关，但这种负向效应主要源自本地区市场分割因素。

最后，本书从中央政府、地方政府和创新主体三个层面对如何提升区域创新效率给出了政策建议。从中央政府层面来看，一是可以通过立法的方式杜绝政府参与利益分配的可能，对不合理的行政干预进行有效的监督和约束，重塑地方政府的竞争机制，将原有的以地方保护为主导的封闭式竞争引入以制度创新为根本的开放式竞争；二是应明确各级人大对政府问责的权力，建立健全政府对舆论监督的公开回应机制；三是应逐步打破当前体制下各地区的既得利益，进一步规范财税预算体制，完善转移支付体系。从地方政府层面来看，一是要加强知识产权保护，打造公平的市场环境；二是要健全科技融资体系，降低主体创新风险；三是要加强地区交流，建立长效合作机制；四是要避免同质竞争，实现错位发展。从创新主体层面来看，一是要搭建产学研合作平台，促进创新资源跨机构流动；二是要消除科技成果转化壁垒，打破科技与经济"两张皮"现象。

关键词：市场分割　资源错配　创新效率

目　录

第一章 导论

第一节 创新效率的提升是一个永恒的话题

一 研究背景

在新技术迅猛发展、经济全球化不断深化的背景下，创新能力的提高成为提升一个国家或地区竞争力、促进经济增长的关键因素。提高自主创新能力、建设创新型国家成为我国转型发展的核心战略。党的十九大报告中多次提到科技和创新，其中创新出现的次数多达50余次，报告指出"创新是引领发展的第一动力，是建设现代化经济体系的战略支撑"，要"加强国家创新体系建设，强化战略科技力量。深化科技体制改革，建立以企业为主体、市场为导向、产学研深度融合的技术创新体系"。实现创新型国家，前提是要激发区域创新活力，提升区域创新效率。创新活动是由创新主体的一系列发明创造或技术应用组成的，创新主体的每一项科技创新都有相应的投入产出活动，技术创新效率正是对创新活动过程中投入产出的重要评价，如何准确、完整地测度和评价区域创新效率是实现区域创新能力提升的重要前提。国内外大量研究表明，自主创新能力的提升不仅与地区研发投入的持续增长有直接关系，而且在很大程度上依赖于创新过程中创新要素的利用效率（李平等，2007；李平、季永宝，2014；戴魁早、刘友金，2016）。给定物质资本、人力资本和知识水平，资源配置效率在很大程度上决定了一个地区总的产出水平和效率。

改革开放40多年来，中国以市场化为导向的经济体制改革取得了巨大成就，区域市场化程度得到了极大提升。但与此同时，我们也必须清醒地认识到，中国各地区的市场分割状况依然严峻，地方政府之间进行策略博弈时，"以邻为壑"的保护策略反而可能是一个占优策略。虽然地方政府最大化了各自利益，但整个中国经济付出了规模不经济的代价（陈敏等，2007；陆铭、陈钊，2009），源于市场分割和政策扭曲的资源错配，给中国带来了巨大的效率损失（韩剑、郑秋玲，2014），资源利用效率大大下降。为此，从市场分割的视角探讨区域创新效率的影响机制，对提升创新资源配置效率和区域创新动力、促进企业快速成长、推动经济可持续发展和新旧动能转换具有重要的理论价值和现实意义。

二 研究意义

创新效率的提升是一个永恒的话题。从全局来看，整合的国内市场有利于发挥规模效应和知识溢出效应。但是，在财政分权和"晋升锦标赛"的政策体制下，地方保护所形成的市场分割阻碍了创新资源在地区之间的自由流动，严重削弱了市场机制对创新要素的优化配置功能，要素价格的扭曲导致创新要素价格信号失真，进一步造成资本和劳动力等要素的低效率使用。近十几年来，尽管中国政府非常重视市场在资源配置中的重要作用，也强调创新能力对经济增长的重要影响，但在创新资源硬约束的背景下，面临的困难是这些创新要素资源如何被科学、合理地配置，在分割的市场环境中如何通过有效的资源配置实现创新能力的提升。事实上，市场分割会导致要素、产品无法自由流动，市场机制的扭曲有可能导致企业技术产生锁定效应，进而阻碍创新效率的提升。

本书尝试从市场分割视角破解中国低创新效率谜题，系统分析劳动力市场分割、资本品市场分割和消费品市场分割影响区域创新效率的理论机理，探寻经济新常态下创新效率提升的机制和路径，为解决中国如何走向统一的国内市场、实现创新效率的提升这一难题提供可资借鉴的政策建议，也为创新政策的制定提供理论依据。同时，考虑到中国各地区的创新资源、要素禀赋差异较大，本书尝试运用更切合中国转型特征的半参数变系数面板随机前沿模型对区域创新效率进行测度，这是对创新效率测度方法的一个有益补充。

第二节 市场分割影响创新效率的框架逻辑

一 研究思路

本书立足制度经济学、技术经济学、产业经济学和区域经济学，基于市场分割的角度，探寻劳动力市场分割、资本品市场分割和消费品市场分割三大市场分割影响区域创新效率的作用机理，进而提出相关假说，并对此展开实证检验。具体来说，通过对现有文献的梳理，结合调查数据，了解我国市场分割的成因、程度以及动态演变趋势，从资源错配的视角重点考察三大市场分割影响区域创新效率的作用机理。在此基础上，在制度变迁的背景下，对我国各地区的创新效率进行定量测度，比较分析区域创新效率的差异；实证检验三大市场分割对区域创新效率的影响，并检验我国区域创新效率提升的中介效应、交互效应以及门槛效应。最后，基于市场整合的角度提出实现我国区域创新效率提升的制度安排和路径选择。研究思路与框架见图 1－1。

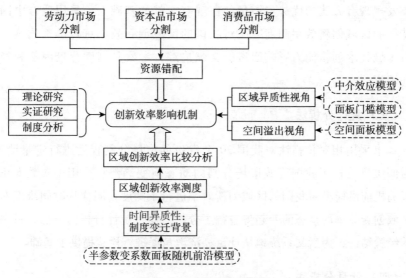

图 1－1 研究思路与框架

二 研究方法

（一）历史与逻辑相统一的方法

历史与逻辑相统一是辩证逻辑的方法之一，强调逻辑的东西与历史的东西相统一。历史指的是历史发展过程中以及人类认识客观现实的历史，而逻辑则强调历史发展过程在思维中的概括反映。市场分割的形成与发展实际上是生产力与生产关系矛盾运动的结果，是符合经济社会发展进程和逻辑规律的。马克思和恩格斯指出，不结合这些事实和过程去加以阐明，就没有任何理论价值和实际价值。为此，本书将市场分割的历史成因与现实基础进行有机结合，在分析市场分割的形成过程及制度成因时采用历史与逻辑相统一的方法，以揭示市场分割影响区域创新效率的发展规律，使市场分割影响区域创新效率的理论机理既符合现实状况，又保证结论科学合理。

（二）文献梳理法

文献梳理是所有研究的起点和基础，本书的研究也遵循这一原则，从理论追踪和文献梳理开始，总结梳理市场分割和区域创新效率的测度方法，发现现有方法的优势与不足。在现有文献的基础上，采用适合中国转型特征的区域创新效率测度方法对我国的区域创新效率进行准确测度。通过对区域技术创新能力影响因素的文献追踪，考察其制度背景因素和经济特征因素。

（三）统计分析法

本书采用相对价格法对我国30个省份的市场分割程度进行定量测度，从时间维度分析了我国区域市场分割的动态演变趋势；采用半参数变系数面板随机前沿模型对我国的区域创新效率进行了测度，同样从时间维度对我国区域创新效率的动态演变趋势进行了分析。通过统计分析的方法，得出直观的经验结论，为后文系统地从计量经济学角度进行检验提供了基础。

（四）计量分析法

在实证检验市场分割如何影响区域创新效率时，本书采用了面板固定效应模型、动态面板模型、阈值面板模型、空间计量模型等多种计量方法。在分析三大市场分割如何影响区域创新效率时，本书运用面板固定效应模型进行了分析，并采用动态面板模型进行了稳健性检验。考虑到模型中含有因变量的滞后项，可能与干扰项相关而产生内生性，以及可能存在遗漏变量而导致内生性，本书采用两阶段系统 GMM 的估计方法克服可能存在的内生性问题，并通过 Arellano-Bond 检验来检验工具变量是否有效，通过 Hansen 检验来检验工具变量是否过度。在此基础上，采用中介效应模型对市场分割影响区域创新效率的中介机制进行了分析。考虑到市场分割对区域创新效率可能存在非线性关系，本书进一步采用阈值面板模型对二者之间可能的非线性关系进行了检验。对于一个地方政府而言，在面临与其他政府的博弈时，都不会只考虑自身的决策，为了实现自身利益的最大化，通常会根据其相邻地区的策略来制定自身的最优策略。因此，无论是技术创新还是市场分割，都可能存在一定程度的空间相关性。为此，本书进一步采用空间计量模型检验市场分割和区域创新效率的空间溢出效应。

三　研究内容

本书共由七部分组成。

第一章，导论。本章首先介绍了本书的研究背景和研究意义，其次对本书的研究思路、研究方法和研究内容进行说明，最后对本书可能的创新点以及存在的不足进行介绍。

第二章，市场分割影响区域创新的理论基础与文献综述。本章旨在介绍本书的理论溯源，为本书相关研究提供理论支持，并对国内外关于区域创新效率的影响因素以及市场分割如何影响区域创新能力的文献进行梳理、归纳和评述。主要包括四个方面的内容：第一，相关理论基础；第二，关于市场分割测度、影响因素及其经济后果的文献梳理，指出市场分割对国家或区域经济发展的利弊；第三，关于区域创新能力影响因素的文献梳理，解析既有文献存在的主要缺陷及不足；第四，关于市场分割影响企业创新效率的文献梳理及评述，为后文探讨市场分割影响区域创新效率的理论机理提供文献基础。

第三章，我国区域市场分割的测度与历史演变。本章首先对我国市场分割的历史演变及成因进行制度层面的分析，其次采用相对价格法对我国的劳动力市场分割、资本品市场分割和消费品市场分割进行定量测度。在此基础上，从时间维度对我国区域市场分割的动态演变趋势进行分析。

第四章，我国区域创新效率的测度及演化。本章共包括三部分内容：一是采用半参数变系数面板随机前沿模型对区域创新效率进行测算；二是从时间维度对我国区域创新效率的动态演变趋势进行分析；三是分析我国区域创新效率存在的问题及原因。

第五章，区域异质性视角下的市场分割、资源错配与区域创新效率提升。本章运用制度经济学、产业经济学等相关理论和方法从理论上分析劳动力市场分割、资本品市场分割和消费品市场分割影响创新要素错配，进而影响区域创新效率的机理，并提出理论假说。在此基础上，运用面板固定效应模型、动态面板模型和门槛回归模型对市场分割影响区域创新效率的中介效应、交互效应及门槛效应进行检验，探究区域创新效率的提升机制。

第六章，空间溢出视角下的市场分割、资源错配与区域创新效率提升。地方政府之间进行博弈时，都不会只考虑自身的决策，通常会根据其相邻地区的策略来制定自身的最优策略。本章主要包括两部分内容：一是采用空间计量模型分析我国地方政府市场分割策略同群效应的存在性和影响机理；二是运用空间计量模型分析市场分割对我国区域创新效率的空间影响机制和作用效果。

第七章，提升我国区域创新效率的政策建议。本章主要对前文的研究结论及观点进行归纳和总结，并基于市场一体化的角度给出提升我国区域创新效率的政策建议。

第三节　创新效率提升的新思路

国内外已有文献对市场分割和创新效率的关系进行了有益的探索，在学术上和实践上都产生了广泛且有益的影响，但总体来看，现有相关研究成果还存在局限。第一，现有文献更多关注消费品市场分割对技术创新的影响，对劳动力市场分割和资本品市场分割虽然有所提及，但是未予实证检验，或者将三者混为一谈。事实上，劳动力市场分割、资本品市场分割和消费品市场分割影响区域创新效率的机理有很大差异，这样处理可能并不妥当。第二，现有关于创新效率测度的研究大多采用数据包络分析（DEA）方法或者随机前沿分析（SFA）方法，考虑到中国经济增长中的不确定性、要素价格数据的缺乏以及统计过程中难以避免的观测误差，无论单纯采取哪一种方法都将导致效率估计存在偏差。而且，知识创新的一个重要特质是具有空间溢出效应，如果忽视空间溢出效应而对创新效率进行测度会造成效率被高估或者低估。

与现有文献相比，本书可能的创新之处主要体现在以下几个方面。第一，本书在梳理国内外文献的基础上，厘清了劳动力市场分割、资本品市场分割和消费品市场分割影响区域创新效率的理论机制，认为三大市场分割对区域创新效率的影响机理并不相同。具体来说，劳动力市场分割通过扭曲工资价格、人力资本投资和消费需求三个途径影响区域创新效率；资本品市场分割通过扭曲金融发展规模、资本价格和金融发展效率三个途径影响区域创新效率；消费品市场分割则通过扭曲市场竞争机制、消费需求规模和工资价格水平三个途径影响区域创新效率。第二，本书克服现有单一测度效率方法的不足，采用更适合中国转型特征的半参数变系数面板随机前沿模型对我国的区域创新效率进行定量测度，以尽可能减小函数设定错误带来的估计偏差。第三，本书从区域异质性视角探讨了三大市场分割对区域创新效率的影响，实证检验了三大市场分割影响区域创新效率的理论机制，探讨并分析了每种机制在市场分割影响区域创新效率中的相对贡献份额。第四，考虑到技术创新的空间溢出效应，本书采用动态空间面板计量模型对市场分割影响区域创新效率的短期效应和长期效应进行了实证分析，从深层次探讨地方政府采取市场分割策略的动因，并分析其可能带来的短期影响和长期影响。

本书存在的不足主要体现在以下两个方面。第一，囿于数据的可获得性，本书的研究对象落脚到省级层面，这会导致两个问题：其一是研究的样本量偏少；其二是研究内容偏重宏观，难以准确反映市场分割对微观企业的影响。第二，本书在实证检验市场分割对区域创新效率的影响时，尽管控制了尽可能多的变量，但也难免出现遗漏变量的问题，而且地方市场分割行为与地区创新能力也可能存在双向因果关系。虽然本书采用工具变量法对可能存在的内生性问题进行了处理，但如果能够进一步利用外生的政策冲击事件来分析市场分割对区域创新效率的影响，则会使得研究结论更有说服力。

第二章　市场分割影响区域创新的
理论基础与文献综述

第一节　相关概念的界定

在研究市场分割对区域创新效率的影响之前，先对一些重要概念进行界定。

一　市场分割

市场分割是计划经济向市场经济转型过程中的产物，指的是地方政府为保护本地利益而割裂了与其他地区经济联系的行为，是一种市场的非整合状态。因此，市场分割与市场一体化可以认为是同一问题的两种不同表述。[①] 银温泉和才婉茹（2001）较早地对这一概念进行了界定，他们指出地方政府出于保护当地经济的目的会采取各种规制方法对某些资源进行限制，导致资源较难实现跨区域自由流动，他们称这种现象为市场分割。然而从现实来看，这种分割并不能完全归咎于地方政府，有可能是行业主管部门或者私人权力集团（如市场垄断寡头、卡特尔等）造成的，还有可能是自然环境因素导致的。因此，这是一种相对狭义的定义方式。从更广义的角度来看，市场分割不仅是一种政府的垄断行为，而且是一种由各种阻

[①] 根据 Balassa（2013）的定义，一体化既是一个过程也是一种状态。就过程而言，主要包括化解不同国民经济主体所受到的差别对待的各类政策；而作为一种状态，则表现为国民经济之间各种形式的歧视的消失。从这个定义来看，市场分割更强调从另外一个角度看市场一体化的静态结果。

碍市场整合的因素造成的与市场统一相对立的非整合状态，它长期存在于社会发展历程中，并非经济转轨时期的特有产物。但总体而言，自然环境因素导致的市场分割是自然形成的，短期内无法改变，而且随着中国基建速度的加快，地区之间的市场分割程度也会逐渐降低（李文洁，2011）。因此，本书讨论的市场分割并非自然环境因素导致的，主要指的是政府行政管制导致的市场割裂行为。本书中的市场分割包含三种类型，即劳动力市场分割、资本品市场分割和消费品市场分割，主要采用基于两地之间价格波动差异而构建的市场分割指数来度量两地的分割程度。

还有一个概念与市场分割密切相关，即地方保护主义，二者在相关文献中"如影随形"，但实质上二者既有联系也有区别。地方保护主义的行为主体是地方政府机构，它为追求局部利益最大化而设置市场壁垒，阻碍外地企业进入区域内平等地开展经营活动，破坏了市场正常的运行机制。由此可见，地方保护更强调行为，而市场分割强调的则是一种非整合的状态，它是地方保护导致的结果。但是，地方保护只是形成市场分割的条件之一，不是导致市场分割的唯一因素。除了地方政府的保护行为外，自然因素、技术因素的差异也是造成市场分割的重要原因。

二　创新效率

熊彼特于 1912 年在其《经济发展概论》一书中最先提出了创新经济学的概念，即在生产体系中纳入未出现过的生产要素和生产条件而融合出的新形式，具体来说是从产品、生产方式、市场、供应来源和组织形式等方面增加全新的内容（Schumpeter，1912）。熊彼特关于创新的定义包含的范围很广，既包括技术创新，也包括组织创新等非技术创新。直到 20 世纪 60 年代，Myers 和 Marquis（1969）才在其研究报告《成功的工业创新：企业创新的影响因素研究》中从技术创新的角度对创新给出了更为明确的定义，指出技术创新包含一系列繁杂的流程，首先需要提出前所未有的思想和概念，其次需要运用这些理论处理连续产生的种种问题，最后才能将项目运用于现实中，真正实现其经济意义与社会意义。从现有文献关于创新的定义中可以看出，首先，创新是一个与生产密切相关的综合的复杂过程；其次，创新过程中需要投入，这个投入既可能是某个新思想，也可能是某种新技术或者新投入；最后，创新的最终目的是获得有效产出，将创造出来的知识转化成产品或服务。

创新效率反映的则是创新投入与创新产出之间的比例关系。Leiben-stein（1966）从投入产出的视角出发，将效率定义为在投入结构、市场价格和投入规模不变的情形下，产出水平的现实数量除以理论最大数量所得的数值。Afriat（1972）则在此基础上融合效率与生产前沿面进行分析。所谓的生产前沿面，是指在生产要素投入量特定的前提下能够取得的最广的前沿。具体到创新效率，则指的是在其他生产条件保持不变的情形下，投入一定规模的创新要素，其实际创新产出规模与最大创新产出规模的比值，该值越大，意味着实际创新产出规模与最大创新产出规模越接近，创新效率就越高。在此后的研究中，学者们对创新效率的界定基本沿袭了Afriat（1972）的观点，将创新效率定义为"在创新过程中，创新资源投入与创新产出的比值"，这个定义可以反映出各种创新资源的配置是否合理，以及配置效率的高低。

20世纪90年代，柳卸林（1993）在国内率先展开关于创新效率的研究，并对技术创新效率进行了界定。他认为我国的技术创新效率不足，在很大程度上是由于技术创新与经济严重脱节，致使我国科技创新转化为经济成果的动力不足。为了验证这个观点，他用代表经济成果的新产品利润占总利润的比重，以及代表科技投入的技术创新支出占总支出的比重来衡量技术创新效率。从实质上看，这是从创新活动的相对投入、产出方面进行定义的。池仁勇等（2004）在前人研究的基础上提出了不同观点。在他们看来，技术创新效率本质上是一种投入产出，只有运用不同种类的创新要素进行生产才能使其成果转化为创新绩效。但是，由于创新投入要素以及产出成果种类多且量化难度大，因此直接定量测度创新的绝对效率难度很大。鉴于此，他们将生产前沿面模型引入技术创新效率的测度中，测算出了一种相对意义上的技术创新效率。同时，他们指出这一效率达到最优的充要条件如下：①除非再投入其他的创新要素，否则总产出已经达到极大值，不会再继续增加；②在不增加其他创新要素投入的情况下，减少某种创新要素的投入，必然导致创新产出的减少，除非再投入另外一些要素才能维持总产出不变。需要说明的是，这里所谓的"最优"，并不是所有相关的创新活动都达到最优，而是在一定条件限制下的最优，而且这一最优状态并不是一成不变的，是会随着条件的变化而改变的。

综合以上学者的观点可以看出，创新效率反映了两个方面的内容：一是在创新过程中，创新资源投入与产出的状况以及分配和利用创新资源的效率；二是创新水平与其创新资源的匹配程度。

第二节　理论基础

一　技术创新理论

（一）熊彼特的创新理论

熊彼特于1912年提出的"创新理论"系统讨论了技术创新对经济的推动作用（Schumpeter，1912）。根据他的观点，在生产过程中引入某类从未出现过的要素或条件组合方式，借助全新组合获得产出增加即创新。熊彼特把"新组合"的实现称为企业，把以实现这种"新组合"为职业的人称作企业家。因此，在熊彼特看来，企业家的中心任务并非治理与经营企业，而是能否执行这种"新组合"。新组织的产生通常与旧组织形式的消失相伴，而且这种消失往往与经济发展阶段有直接的关系。在早期阶段，一般是以一个个体消灭另一个个体为主要形式，但随着经济的不断发展，以及个体实力的增强，这时完全消灭一个个体不容易发生，创新更多地体现于经济实体内部的自我更新。熊彼特认为创新是经济发展的本质规定，内生于生产过程中，是一次将能否产生新价值作为判断标准的根本性的转变。他主张企业家主体论，即如果企业家不具有创新精神，那么企业将会缺乏动力，无法实现创新。自熊彼特提出创新理论以后，学者们对此进行了跟踪研究，提出了一系列创新模型，如技术推动模型、需求拉动模型、系统整合网络模型、创新双螺旋模型等。

（二）新古典学派的技术创新理论

新古典学派以索洛等人为代表，他们认为资本和劳动是两个重要的生产要素，因此这两个要素的增长率、产出弹性和根据时间改变的技术进步是决定经济增长的主要变量。索洛在《资本化过程中的创新：对熊彼特理论的述评》一文中提出创新发生"两步论"：一是新思想的来源；二是新思想在以后阶段的实现和发展（Solo，1951）。虽然新古典理论加深了技术创新对经济增长的认识，也提出了政府应采取金融、税收、法律以及行政管制等手段对技术创新进行干预，但该理论把技术创新看作一个"黑箱"，并没有研究"黑箱"的内部运作机制，如没有考虑技术创新过程中制度的作用，企业生产率取决于哪些指标，新技术如何产生、扩散，等等，对这些问题都没有给出明确答案。

（三）新熊彼特主义的技术创新理论

新熊彼特主义继续秉承熊彼特创新理论的经济分析方法，强调技术对经济增长的作用，更加重视对创新"黑箱"内部运作机制的研究，更加关注创新如何产生、创新与市场结构的关系、创新技术如何扩散等。例如，Mansfield（1961）在完全竞争市场背景下对技术模仿与创新、技术如何推广和扩散进行了研究，提出了新技术推广模式。他认为模仿比例、相对赢利能力、创新投资额等会影响技术创新速度，模仿比例越高、相对赢利能力越强、创新投资额越少，采用新技术的速度就越快。Kamien 和 Schwartz（1982）放松了 Mansfield（1961）的条件，通过市场竞争程度、企业规模和垄断强度三个因素分析了市场结构对技术创新的影响。他们认为，市场竞争越激烈，创新动力就越强；企业规模越大，在技术创新市场上的份额就越高，越有利于创新。同时，他们还认为垄断竞争也会对技术创新造成影响，适度竞争更有利于技术创新。

（四）制度创新学派的技术创新理论

制度创新学派以 Davis 等人为代表。Davis 等（1971）对技术创新环境进行制度分析后，认为有效的制度激励才是经济增长的关键，技术创新必须保证创新的私人收益，而这必须以系统化的产权制度为前提。他们从"成本－收益"的角度对技术创新动机进行了分析，认为只有在净收益大于成本时，新的制度创新才会发生。制度创新分为两种类型：一是社会集团在市场规模扩大、生产技术进步时调整收入预期而导致制度创新；二是科学技术进步、信息传播便捷导致创新成本降低而产生技术创新。尽管制度创新学派将其理论与熊彼特的创新理论充分融合在一起，进一步探究了经济增长所受到的制度安排的作用，但由于在分析过程中采用的是局部均衡分析和比较静态分析，对作为基本分析单位的交易成本和产权的概念界定不清晰，导致经验结果很难在现实中得到应用。

（五）国家创新系统理论

20 世纪 80 年代，Freeman（1987）通过深入调研日本企业发现，日本的创新生产活动随处可见，创新主体涵盖企业家、公司员工和政府等各个层面，即使处于经济落后局面，日本也将大力推动技术创新作为支撑，并且将组织创新、制度创新作为辅助，在不到百年的时间内发展为先进的工业大国，这充分体现了经济的发展离不开创新的推动。日本的发展历程充分证明了国家创新系统的形成对一个国家实现经济追赶和超越至关重要。Nelson（1993）则将美国作为研究对象，从制度结构角度探讨了创新对技术进步的推动作用。他指出国家创新体系的构建离不开庞大的制度安排，不仅包含制度层面和技术活动的要素，而且需要有承担管理与公共技术研究的高等院校、科研院所。此外，还必须依靠政府部门进行投资和规划。他还特别指出，这一制度安排应具有弹性，要不断满足战略发展的需求，这主要是出于对科学技术提升的不确定性高的考虑。我国学者借鉴该理论并综合考虑我国的实际发展情况，主张推广区域创新系统模式，如辜胜阻和郑凌云（2005）提出了北京的中关村模式、上海的张江模式、广东的深圳模式等。综合而言，所谓国家创新系统或区域创新系统，指的是参与创新资源配置和影响创新资源利用效率的创新主体、关系网络和运行机制的综合体系，创新体系中的各类主体通过制度安排及彼此影响，共同促进技术创新、扩散和应用。

二　市场分割理论

现有关于市场分割形成原因的研究并没有形成完整的理论体系，对于区域内的市场交易行为可以看作国际贸易市场的一个缩小版，唯一的区别是区域内的地方政府不同于国家，没有独立的主权。但不可否认，国内的区域内贸易与国际贸易仍有很多相似之处，都是为了实现自身利益的最大化。因此，一些国家贸易保护理论在很大程度上也可以解释国内的市场保护问题。

（一）幼稚产业保护理论

关于幼稚产业保护理论的争辩直到现在仍未停止。该理论最早由美国第一任财政部部长汉密尔顿（Alexander Hamilton）提出，后来由德国历史学派的先驱李斯特（Friedrich List）不断完善与发展，并推动其系统化。该理论不赞同在任一时期都使用自由贸易政策，需要在存在差异的每一阶段实施与其相适应的政策。政府如果能够制定和实施适宜的产业保护政策，将会使处在最适度规模的初始阶段的产业得到有力扶持，竞争能力将会大幅提升。而对于未来能够成长为具有比较优势的产业而言，政府应该采取过渡性的保护和扶持政策以保护其发展。李斯特认为政府在市场中的角色不应该是"守夜人"，而应该成为"植树人"，通过制定积极的产业政策，利用各种保护政策来保护国内市场。当然，李斯特的幼稚产业保护理论并没有完全否定自由贸易政策的作用，这一政策仍然能够在已经摆脱落后状况、完成工业化的国家中发挥作用。

（二）新贸易理论

新贸易理论的代表人物是克鲁格曼（Paul Krugman），这一理论最早采用实证方法解释贸易格局问题，随后演化成具有完整体系的经济理论，其理论框架主要以规模经济和非完全竞争市场两个方面作为支撑。该理论建立在不完全竞争、规模报酬递增和差异化产品等假设条件上，认为规模不经济和不完全竞争市场结构下的企业行为是贸易产生的重要动因和基础。该理论还强调需求因素对贸易产生和贸易结构的影响，认为一国的平均收入或大多数人的收入水平就是其代表性需求，规模经济容易在各国具有代表性需求的产品上产生，收入水平越接近的国家，其产业内贸易就越多，企业总是会选择市场规模最大的地区进行投资。此外，该理论认为技术差距也是导致地区贸易的一个重要动因。

（三）大市场理论

该理论最早由斯巴克于1956年在完全竞争条件下的规模经济发展模式基础上提出，后来由西托夫斯基（Scitovsky）和德纽（Deniau）发展完善。这一理论指出，随着经济一体化程度的不断提高，在经济发展到共同市场时，不仅贸易活动不受限制，妨碍生产要素流通的因素也将消失，从而促使生产要素资源得到充分利用。如果地区间要素的边际生产率不一致，生产要素就会自发并持续从低收益地区向高收益地区流动，使生产在共同市场的范围内沿着生产可能性曲线重新组合，从而有效提高资源配置效率。同时，随着地区贸易和生产规模的扩张，生产可能性边界会向外部扩展，并使得生产率提升和市场范围扩大。

（四）协议性分工理论

日本经济学家小岛清率先提出这一理论，其基本内容是独立生产的两个地区因市场需求的限制而无法扩大生产规模，致使生产成本很高，但是经过协议性分工后，各自生产一种产品，实现了生产规模的扩大，单位成本下降，各地区都享受到了规模经济的好处。不过协议性分工的实行需要一定的前提条件，小岛清认为协议分工只有在要素比例差异不大且工业化相近的两个地区实行时，才会给协议方带来规模经济的好处。也有学者对此提出不同观点，认为并不是所有协议性分工都有助于地区经济的发展，如果一个国家或地区的生产规模本来就已经最优，此时若再成立一个区域一体化组织使原有生产规模继续扩大，反而会进一步增加生产成本，出现规模报酬递减的问题。

第三节　文献综述

一　市场分割相关文献综述

自 Young（2000）提出中国存在较为严重的市场分割现象之后，我国的地方保护主义与市场分割行为逐渐成为众多学者分析的热点问题，并延续至今。目前，围绕市场分割的内涵及测算方法、市场分割的影响因素及其所产生的经济后果形成了丰硕的研究成果。市场分割的测算方法多种多样，采用的测算方法与样本区间不同，研究结果也会不同。余东华和刘运（2009）对市场分割的测算方法进行了较为全面的综述，具体来说，关于市场分割的测算方法主要有贸易流量法、生产法、经济周期法、调查问卷法、相对价格法。

(一) 市场分割的测算方法

1. 贸易流量法

贸易流量法即从贸易流通的角度来考察地区市场分割程度，直接反映地区间的贸易壁垒。Poncet（2002）借助边界效应的方法，通过构建贸易壁垒综合指标，对我国国内市场分割的程度以及各省份参与国际贸易的程度进行了测算和比较。通过研究发现，我国 1987~1997 年省际贸易强度与欧盟各国家的情况相当。行伟波和李善同（2010）对 Poncet（2003）的研究进行了拓展，在引力模型的设定下对我国省域间的各种贸易结构及省际边界效应进行了测度，较大的边界效应反映出我国省域间确实存在较为严重的贸易壁垒。范剑勇和林云（2011）在引力模型的基础上，利用区域间贸易的边界效应来衡量国内市场的分割程度。然而，采用上述两种模型测度贸易结构和贸易强度均存在不足之处，即难以控制要素禀赋和规模经济等指标对动态贸易流量所发挥的作用。

2. 生产法

生产法即基于各地产业结构相似度、专业化分工水平以及资本边际产出差异等生产领域指标来反映市场分割程度。Young（2000）分析了我国改革开放后各区域的 GDP 结构与制造业的产出结构，通过生产法测算了我国区域之间的市场分割程度，并指出下放财权的渐进式改革使得地方政府为了保护地方利益而造成了严重的资源配置扭曲与地区市场分割现象。郑毓盛和李崇高（2003）、路江涌和陶志刚（2006）也采用生产法来衡量地区间的市场分割程度。付强（2017）则在之前研究的基础上引入价格法，将两者联结在一起分析辨别差异条件下的市场分割，同时采用相对价格法较为准确地辨识出市场分割对促进区域经济增长的影响机制。虽然生产法简单易行，但地区专业化分工程度、产业同构度等指标易受其他因素（如产业政策等）影响，故用来测度国内市场分割程度缺乏一定的准确性。

3. 经济周期法

经济周期法即通过测算并比较各地区经济周期的相关程度来间接反映各地区间的市场分割情况。Xu（2002）从经济周期的角度研究了中国经济一体化的程度，即当各省份经济波动的同步性较高时，则可以认为各省份的经济一体化程度较高。陈昆亭和龚六堂（2004）对我国经济增长的周期性与波动性进行了探讨。经济周期法没有考虑我国处于转轨经济的特殊时期，这一时期有很多不确定的宏观因素会导致经济周期的波动，因此直接通过各地经济周期波动的同步性来判别国内市场分割的程度难免会出现偏差。

4. 调查问卷法

调查问卷法即通过向地方企业和科研院所等非企业单位发放问卷来直接获得关于国内市场分割的第一手资料。李善同等（2004）针对我国地方保护主义问题进行了抽样调查，旨在全面了解我国地方保护的形式和现状，为削弱地区间的贸易流动壁垒、抑制地方保护行为对企业竞争与市场一体化的消极影响提供政策依据。此外，王晓鲁等（2018）针对各地区市场化相对进程编写了中国市场化指数报告，为研究国内市场一体化以及市场分割问题提供了参考。虽然问卷调查法的结果更接近事实，说服力更强，但其存在费时耗力、可操作性较差等缺陷。

5. 相对价格法

相对价格法即采用省际商品价格指数，以其波动差异来衡量省际市场分割程度。该方法的理论依据来源于以"一价定律"（Law of One Price）为基础并改进的"冰山成本"模型（Samuelson，1954）。其经济学逻辑是，运输成本、贸易壁垒等交易成本的存在，使得商品的一部分价值在运输交易的过程中像冰山一样"融化"消失，即使完全套利，两地商品的价格也不会相同，其相对价格会被限制在某一范围内浮动。此时，若在一定区间范围内商品的相对价格波动幅度大，则意味着市场分割程度高，反之则意味着市场分割程度低。桂琦寒等（2006）、陆铭和陈钊（2009）以全国28个省份的9类商品零售价格指数为数据来源构造了相邻省份的相对价格方差，以此来测算每个省级单位的市场分割程度。张杰等（2011）、曹春方等（2015，2018）、赵玉奇和柯善咨（2016）、徐保昌和谢建国（2016）等都采用相对价格法来测算我国省际市场分割程度，这也是目前学者采用的最为广泛的衡量国内市场分割程度的方法。

（二）市场分割的影响因素

影响我国市场分割的因素较为复杂，通过对现有相关文献的梳理可以发现，各地区的自然条件以及技术、经济、社会制度等差异都能对市场分割的形成产生影响，这些因素可以归纳为自然因素、技术因素、制度因素。

1. 自然因素

不同区域之间的地理距离，以及地理区位差异、气候环境等因素，都会造成自然性的市场分割。我国幅员辽阔，各区域间地理距离较远，区位差异较大，商品的运输因而要付出较高的成本，使得同类商品在进入外地市场时因较高的价格而缺乏竞争力，再加上一些商品由于特定的自然属性而不宜异地销售，进而增大了市场间有效融合的难度。即使政府不采取行政性措施，地理距离作为原始限制条件仍然会妨碍产品或生产要素的流通。Daumal 和 Zignago（2010）在研究中指出，地理距离在一定程度上决定了地区间在行政、法律等方面的差异，从而构成了潜在的贸易障碍。此外，不同地区的消费者具有不同的地方传统思想、风俗习惯以及文化背景，由此会形成不同的消费方式、生活习惯以及产品价值观，因此对待同一商品，一般会有不同的消费需求与偏好。企业也会根据区域偏好进行资源要素分配，最大限度地发挥其优势，进而形成自然性的国内市场分割。

不过，我国政府在交通基础设施方面的支持与投入大幅降低了产品在不同地区间的运输成本。范欣等（2017）基于新经济地理学理论对我国基础设施建设与市场分割的关系进行了考察。研究结果表明，基础设施的大力建设削弱了空间因素对我国市场一体化的不利影响，成为降低自然性市场分割程度的重要物质基础。因此，自然因素对市场分割的不利影响会随着我国交通基础设施的不断发展而逐步弱化。

2. 技术因素

不同区域之间劳动者素质、技术成熟度等技术因素的差异也是导致市场分割的因素之一，尤其是我国东西部地区经济发展不均衡，技术水平差异大等问题表现得更为突出。陆铭等（2004）认为，发达地区因技术水平较高且进步迅速而在高科技领域占有比较优势，故其与落后地区相比在贸易收益分配中拥有更大的话语权。对此，一方面，非发达地区为了在日后的利益分工商谈中处于有利位置，会通过设置贸易壁垒以及暂时退出分工体制等方法加大对当地"战略产业"的扶持力度。另一方面，掌握核心技术的产业通常会进行自我封锁，以防止其流出本地市场，故存在技术差异的不同区域在短期内难以实现技术融合，进而造成技术壁垒。不过，在现阶段发展过程中，中央政府努力通过转移支付等措施来促进区域间均衡发展，各地区之间的技术水平与劳动者素质差距也会逐渐缩小。因此，技术因素所造成的市场分割也将逐渐被弱化，但短期内还会存在于我国经济社会的发展过程中。

3. 制度因素

我国市场分割背后往往受到政府行为的支配，可以认为制度因素比自然因素与技术因素更能影响我国的市场分割现状。众多学者从改革开放以来的财政分权、经济国有化、政府竞争以及对外开放等方面剖析了我国市场分割的深层次原因。

一是财政分权。在有关我国市场分割的研究中，大多数学者将财政分权视为导致我国市场分割现象的重要因素之一。20 世纪 80 年代的财政分权改革，一方面刺激了地方政府致力于本地经济建设的积极性，另一方面强化了其为维护扶持本地经济而设置贸易壁垒的动机，这促使地方政府之间的经济增长竞争陷入了一种市场分割的"囚徒困境"（银温泉、才婉茹，2001）。刘小勇和李真（2008）以我国 1986～2005 年的省级面板数据为样本，通过实证重点考察了财政分权对我国市场分割的影响。研究结论表明，财政分权中的收入分权导致国内市场分割更加严重，阻碍了国内商品市场一体化的进程，而经济分权则起到了相反的削弱作用。李国璋和刘津汝（2010）对我国市场分割、财政分权以及经济增长三者间的关系进行了分区域探讨。结果发现，财政分权对我国三大区域的经济增长均起到了不同程度的促进作用，尤其是在区域合作更为广泛与深入的东部地区表现得更为显著，但是财政分权所引起的市场分割会对其促进作用有所削弱，且这种削弱作用对于基本已成区域一体化的东部地区而言影响更大。

二是经济国有化。地方政府为了保护当地具有承担社会福利与政策性任务职能的国有企业，会对外来竞争性企业设置高税收等贸易壁垒，进而导致市场分割。换句话说，一个地区的国有经济占比越高，当地政府为之提供的隐形补贴程度也越高，故而该地区的市场分割现象越严重（刘瑞明，2012）。此外，也可能是由于当地政府对国有企业的控制力更强，可以从国有企业中获得优待，因此政府出于利己的目的而进行扶持（白重恩等，2004）。宋书杰（2016）在关于市场分割影响因素的研究中发现，一个地区的国有经济比重越高，当地政府就越倾向于维护本地国有企业的资源配置与利益，以保证当地的经济发展与社会稳定。

三是政府竞争。20 世纪 80 年代以来，我国地方官员的选拔和晋升以辖区内的经济绩效为考核标准（Li，Zhou，2005），各地地方官员之间产生的激烈竞争，不仅表现在经济领域的 GDP 和税收上，而且表现在政治晋升方面。在政治晋升博弈中，地方官员为了在这场零和博弈中胜出而获得晋升机会，他们往往拒绝彼此间合作而选择进行这种恶性竞争，进而导致地方保护主义与市场分割现象（周黎安，2004）。换言之，这种"以邻为壑"的政治博弈刺激了国内的市场分割。曹春方等（2017）进一步提出，加强官员的异地交流可以在整合区域市场中发挥积极的作用。

四是对外开放。对外开放程度对国内市场分割的影响较为复杂，不同的学者持有不同的观点。陈敏等（2007）的实证研究显示，对外开放程度与市场分割之间呈倒"U"形关系。具体来看，当经济开放水平处于较低阶段时，国际贸易活动的扩大会"挤出"国内省际贸易，从而加剧国内省际市场分割程度。而当对外开放程度超过某一界限时，地方政府因所处的市场环境竞争愈加激烈而增加其地方保护主义的成本，从而对国内市场分割起到了一定的抑制作用。范爱军等（2007）在控制地方保护等因素后，研究发现外资利用规模与进口会加剧国内市场分割程度，而出口则会促进国内市场整合。但是，宋书杰（2016）指出上述研究均没有考虑内生性问题，故其估计结果可能有误。因此，他利用工具变量与系统广义矩估计等方法，在克服内生性的基础上再次估计了二者之间的关系，发现我国对外开放与国内市场分割之间并无显著的相关性。

（三）市场分割的经济后果

1. 市场分割对微观企业层面的影响

一是市场分割对企业生产效率的影响。张杰等（2011）采用国家统计局 1999～2007 年的中国工业企业数据，实证检验了市场分割程度较高省份的企业比市场分割程度较低省份的企业拥有更低的生产效率。申广军和王雅琦（2015）也得出了市场分割会抑制工业企业生产率的结论，并进一步探究发现，企业全要素生产率提升所受到的约束主要来自市场分割所带来的规模经济下降、研发投入减少和寻租行为等。此外，市场分割还可以通过影响资源配置效率和技术外溢效应来影响企业生产率。一方面，本地的市场分割会降低省际要素配置效率（郑毓盛、李崇高，2003），阻碍外部市场中较低价格的生产要素流入，增加本地企业的生产成本，在保持其他条件不变时，企业的生产率将会下降。另一方面，非本地企业会通过技术溢出效应来影响本地企业（Javorcik，2004），而市场分割会阻碍技术外溢效应对本地企业生产率的提升作用。除此之外，还有学者得出不同的结论，徐保昌和谢建国（2016）在一个垄断模型的基础上，得出市场分割程度与本地企业生产率并非简单的线性关系，而是呈倒"U"形关系，即当市场分割程度较低时，地方政府的保护主义可以起到促使产业升级从而提升企业生产率的作用，而超过一定强度的市场分割则被视为阻碍技术引进和企业生产率提升的短视之举。刘维刚等（2017）使用生产阶段数来衡量生产分割，实证检验了生产分割对我国工业企业全要素生产率的正向促进作用，并进一步将生产分割细化，研究得出整体及国内生产分割与企业全要素生产率呈倒"U"形关系，而国际生产分割与企业全要素生产率呈"U"形关系。

二是市场分割对企业跨区经营的影响。现有关于市场分割对企业跨区经营影响的研究中，大多数学者认为市场分割阻碍了企业的跨区经营。地方政府为保护本地企业利益而对外来企业设置诸如经营限制、销量控制及价格歧视等制度障碍，增大了企业国内跨区经营风险和交易管理成本（吴小节等，2012），使得我国企业在很大程度上宁愿进入国际市场也不选择在国内进行跨区经营（Boisot，Meyer，2008）。在此基础上，宋渊洋和黄礼伟（2014）以我国证券企业为样本，基于制度理论分析制度环境、制度距离以及市场分割对企业跨区经营的影响。研究发现，企业所在地与目的地市场的制度距离以及市场分割程度会阻碍企业前往目的地市场开展业务，具体表现为缩减目标区域子部门的数量。进一步来看，曹春方等（2015）指出宋渊洋和黄礼伟（2014）的研究难以分析市场分割之外的政府动机对本地企业的影响，而异地子公司的分布能够跨越市场分割观察到其背后的政府定位，故有必要检验市场分割对企业异地子公司分布及效果的影响。其研究发现，政府实施市场分割，使得依靠政府获得更多资源的国有企业会更少在异地设立子公司，以免其税收和就业机会流失外地。同时，市场分割的"掠夺之手"效应也造成了地方国有企业的过度投资与公司价值的降低。但是，也有文献表明市场分割会对企业的跨区经营起到促进作用。罗党论和李晓霞（2014）将制造业上市公司作为研究对象，利用 2003～2011 年的数据检验了我国企业成立跨省联盟所受到的影响。研究表明，市场分割程度越高，外地企业越想通过与当地企业建立联盟来突破地方市场分割的限制，而本地企业也需要与外地企业加强合作来克服资源跨区域流通的限制，这使得双方在面临地方市场分割时都有强烈的动机进行跨省联盟。

2. 市场分割对宏观经济层面的影响

中国经济的高速增长与 20 世纪 80 年代实施的分权制改革有着密不可分的关系，这种改革也成为国内市场分割形成的重要影响因素（银温泉、才婉茹，2001）。由此所引起的市场分割对我国宏观经济层面所造成的影响成为诸多学者研究的热点。

张维迎和栗树和（1998）在研究我国 20 世纪 80 年代初的地方分权政策时指出，在分权初期，许多地方政府为了应对地区间的竞争，试图通过设置贸易壁垒来维护本地企业的利益。然而，地方规模经济呈现下降趋势，而相邻地区的经济总量却不断上升，两者差距逐渐拉大致使贸易壁垒的成本远高于其带来的收益，从而使得竞争越来越激烈。这种"以邻为壑"的地方保护主义行为可能在短期内是有效的，但长期来看则降低了经济增长的效率。银温泉和才婉茹（2001）指出地方市场分割会导致国民经济运行机制扭曲，无法实现社会资源最优配置，妨碍市场体系建设，从而可能导致全国性的市场失灵。同时，从局部的角度来看，这种做法给当地带来的好处仅是暂时的，其最终结果是阻碍了当地资源配置效率的提升。此外，市场分割给宏观技术效率带来的损失也不容忽视。郑毓盛和李崇高（2003）测算了我国 1978～2000 年整体的宏观技术效率，并将其分解为省内技术效率、产出结构的配置效率及省际要素配置效率。研究表明，自实施地方分权制改革以来，各省份的技术效率虽有所改进，但产出结构与要素配置效率的损失则高达 20%。

既然市场分割不利于国内市场形成规模经济，容易导致宏观效率的损失，那么为什么政府仍然有地方保护主义和市场分割的经济政策呢？陆铭等（2004）的研究对该问题进行了深层次的阐释。他们认为，当一个地方政府在面临与其他地方政府的博弈时，这种"以邻为壑"的市场分割政策对于该地方政府来说是一个占优策略，尤其是对于落后地区而言，由于其与拥有比较优势的发达地区相比在贸易收益分配方面处于劣势地位，因此落后地区会选择设置贸易壁垒以及暂不加入分工体系，通过市场分割和地方保护主义来发展本地的"战略产业"，以期提高自身在未来分配分工收益谈判中的地位，甚至可能实现对发达地区的赶超。陆铭和陈钊（2009）的实证结果还显示，市场分割与当期及未来的地方经济增长呈倒"U"形关系，且超过90%的样本处于市场分割有利于地方经济发展的区间内。但市场分割在促进区域经济增长的同时，也以总体经济的不规模与宏观效率的损失为代价。陆铭和陈钊（2009）的实证研究虽然检验了市场分割是可以在一定区间内促进区域增长的，但缺乏具体的影响机制。鉴于此，付强（2017）通过将产品差异化厂商引入寡占模型之中，从理论层面考察了市场分割对区域经济增长的影响。其研究表明，高水平的产业同构会促进区域经济增长，且这种促进作用在一定程度上受开放程度与经济周期的制约。同时，他还利用面板变系数模型对其理论分析进行了佐证。

二　区域创新相关文献综述

（一）创新效率的测度方法综述

目前，学术界对创新效率的测度大多利用前沿分析的思想。而按照前沿生产函数里的参数估计与否，将估计方法区分为非参数方法、参数方法和半参数方法。其中，非参数方法有数据包络分析（DEA）法和自由处置包分析（FDH）法两种，参数方法有随机前沿分析（SFA）法、厚边界分析（TFA）法和自由分布（DFA）法三种，半参数方法则综合了非参数方法与参数方法各自的优势。

1. 非参数方法

非参数方法以 Chames 等（1978）提出的 DEA 方法为代表。该方法不要求在研究之前假定函数模型，只是采用数学规划模型对具有多个投入或产出变量的决策单元展开相对有效性分析，很多学者将 DEA 方法融入创新效率的研究当中，通过测度实际创新效率与样本最优效率间的距离来评价创新效率相对值。

Nasierowski 和 Arcelus（2003）构建了一个二阶段 DEA 模型，对全球45 个国家的创新系统进行了效率测度。具体而言，他们先测定了 R&D 产出效率，随后又测定了 R&D 生产率，以度量技术创新的经济绩效，并由此得出国家创新效率受技术创新规模与相关资源配置的显著影响。Lee 等（2009）利用 DEA 模型对亚洲 6 个国家的 R&D 项目绩效进行测量和比较后发现，新加坡的创新总效率在被测算的亚洲国家中居于首位，而中国及其他国家则未达到有效前沿面。Guan 和 Chen（2009）以中国 30 个省份的省级研发活动面板数据为样本，采用非径向 DEA 模型对省级的各种研发效率指标（即技术效率、纯技术效率和规模效率）以及全要素研发生产率变化情况进行基准测试。此后，Chen 和 Guan（2012）又拓展和深化了关系网络 DEA 模型和多阶段 DEA 模型的理论与应用，将中国区域创新系统的创新过程分解为技术开发和技术商业化两个子过程，并对其创新效率进行系统评价。分析指出，在技术开发直至实现商用的整个流程中，我国只有 1/5 的区域创新系统处于经验最佳效率前沿，且大多数地区的上游研发能力与下游商业运营能力存在显著的不匹配问题。

国内对创新效率的研究虽然起步较晚，但随着我国创新步伐的加快，创新效率的测度与路径提升逐渐成为国内研究的热点。池仁勇等（2004）、虞晓芬等（2005）较早利用 DEA 方法对我国 30 个省份的技术创新效率进行了测算，并分析了导致我国地区间效率差异显著的成因。随着研究的逐步深入，学者们又从不同角度出发对创新过程进行分解，以期更深入细致地考察测度创新过程中各子阶段的效率。庞瑞芝等（2010）在 Guan 和 Chen（2010）研究的基础上对创新过程的要素流动机理进行重新剖析，运用 DEA 方法，利用相对效率法对我国八大经济区创新过程中的效率进行了测算，具体包括整体层面、创新资源转换层面和知识转化层面等。白俊红和蒋伏心（2011）指出以往的测算方法并未控制环境变量，其结果势必出现偏误。因此，他们将环境因素纳入分析框架，并选择三阶段 DEA 方法研究我国区域创新的效率问题，以最大限度地减小数据结果与现实的偏差。然而，大部分 DEA 模型属于未考虑投入产出松弛量的径向 DEA 模型，因而在投入过度或产出不足时，容易出现研究主体效率偏高问题。鉴于此，王春枝和赵国杰（2015）采用非径向超效率 DEA 模型（非径向 $SE - C^2R$）对我国省域 2000～2013 年的创新效率进行评价，以解决 DEA 模型评价效率时无法考虑松弛量的问题。同时，利用谱系聚类法对各个省域的创新效率进行梯度分类，以期为各区域提供具有针对性的创新政策。张斌等（2016）研究指出原有的 DEA 模型存在不足，为了更加客观地评价我国区域创新效率，利用 DEA 交叉效率模型进行重新测度，并且与原有方法所得数据进行深入的对比分析。

尽管以上学者所得到的研究成果表明 DEA 能够较好地测度创新效率，但是也存在缺陷，最为明显的问题是一旦与前沿函数出现偏差，这一方法便会将其视为没有效率，而且在估计过程中忽略了随机扰动项的影响。同时，由于 DEA 模型考虑的是所有决策单元的投入和产出，故其对样本中的异常值非常敏感。

2. 参数方法

参数方法指的是通过设立生产函数和随机误差分布形式来估计创新投入参数及测算效率，以 Aigner 等（1977）提出的 SFA 方法为代表。在 SFA 的作用下，出现偏离前沿函数的部分将被区分为非负无效率和随机扰动两部分，进而剔除了后者给创新效率评估带来的干扰，在测量误差与经济环境不确定性等问题比较严重的发展中国家更加适用（何小钢、张宁，2015）。

Fritsch（2000）运用 SFA 方法对欧洲 11 个区域的企业技术创新活动、区域差异和创新效率进行了比较。Diaz 和 Sanchez（2008）运用随机前沿生产函数对德国制造业中小企业的技术效率进行了测度，并分析了影响企业技术效率的组织因素。Fu 和 Yang（2009）将专利数量作为单一产出，利用随机前沿分析法对 21 个经合组织成员国的专利前沿进行了估计，结果显示欧洲和世界领先国家在基本专利能力方面的差距仍然很大。近年来，日本和西欧等国家或地区专利效率的竞争优势不断显现。Bai（2013）采用超越对数形式的随机前沿模型测算了 1998～2007 年中国 30 个省份的创新效率。实证结果表明，中国的创新效率与国外发达国家相比仍处于较低水平，且各区域的创新效率表现出较强的差异性。Barasa 等（2018）使用 2013 年世界银行企业调查和创新后续调查的截面数据，利用异方差半正态随机前沿模型对非洲 418 家企业研发投入的技术效率进行了测度，并探讨了内部研发、人力资本开发与外来技术引进对技术效率的影响。

国内学者张宗益等（2006）、史修松等（2009）运用 SFA 方法对我国区域创新效率及空间差异进行了测算，研究发现我国区域创新效率总体处于较低水平，且东、中、西部地区区域创新效率差距明显。王锐淇等（2010）利用 SFA 方法测算了我国区域技术创新效率，并使用 Malmquist 指数法得出我国技术效率的"纯"效率与规模效率间的差距有扩大趋势，同时利用空间计量方法证实了区域技术创新效率存在空间相关性。孙建和吴利萍（2012）在利用 SFA 模型测算区域创新效率时对样本进行了空间过滤处理，并将模型中的区域异质性与非效率项分离，缓解了以往研究中对非效率项高估的问题。此外，我国区域发展差异明显，若将不同区域的省份放置在相同的技术水准框架下，会使生产前沿函数和创新效率产生偏差（黄奇等，2014）。因此，黄奇等（2014）在考虑不同区域存在技术差距的前提下，运用 O'Donnell 等（2008）提出的共同前沿模型，更为精确地测算了我国 2002～2012 年三大区域的创新效率及其区域差异。马大来等（2017）采用随机前沿模型，从产出视角入手，通过设定效率函数测算我国区域间的创新效率。结果显示，总体看，我国产出效率水平呈现持续提高的态势，但地区间的差别也十分明显。此外，基于空间自回归模型（SAR）的分析表明，我国区域创新效率存在绝对 β 收敛与条件 β 收敛特征。刘俊等（2017）基于创新二阶段的 SFA 模型，对我国各省份在技术开发阶段和技术转化阶段的创新效率进行了测算，发现两种效率尚具有较大的提升空间，且技术开发阶段的效率均低于技术转化阶段的效率。

虽然 SFA 方法有诸多优点，但它的缺陷在于必须事先假定 SFA 模型的参数形式，若在参数假定与实际相背离的情况下采用 SFA 模型进行推断，拟合效果就会很差，即其无法避免模型误设问题。

3. 半参数方法

半参数模型（方法）是在参数模型的基础上，加入表示模型误差的非参数分量，用以克服参数模型在表达客观事实方面的局限性，故而该模型兼顾了线性参数模型和非参数模型的优点。大量研究表明，半参数模型弥补了参数模型和非参数模型各自的不足，对实际情况的解释力度更大。

Banker 和 Maindiratta（1992）首次提出将 DEA 和 SFA 结合到一个随机前沿模型中，并采用极大似然估计法对其进行估计，但是由于模型的复杂性而难以在实际中应用。随后，Fan 等（1996）、Park 等（2003，2007）都尝试运用半参数模型，但是在实际中仍存在无法得到估计值等一系列问题。为了对随机前沿半参数函数进行很好的估计，Kuosmanen（2006）提出随机非参数数据包络分析（StoNED）法，这是一种半参数前沿分析法，采用了两步估计法：第一步是利用凹面非参数最小二乘（CNLS）来估计边界；第二步是基于 CNLS 残差，利用矩方法对无效率项的条件期望进行估计。该方法不仅可以将随机误差项和非效率项进行有效分离，而且能够避免函数形式预设导致的偏差，即结合了 DEA 和 SFA 模型的优点。Kuosmanen 和 Kortelainen（2012）将 StoNED 模型运用到芬兰电力行业规制效率的测度中，通过利用非参数方法设定该行业的成本函数，同时加入随机干扰项和环境变量，从而构建了一种能够综合两种方法各自优势的分析模式。此外，Sun 等（2015）运用半参数随机成本前沿模型估计了挪威农场的生产率，该模型将要素投入变量的弹性系数设为可随时间变化的非参数形式，截距项也采用非常灵活的形式，是随企业和时间特征变化的待估计参数。他们将无效率项分解为时变效应和非时变效应，将生产率变化分解为无效率变化、技术变化和规模变化，以此来更加细致全面地分析技术效率与生产力的变化。

而国内对利用半参数方法来评价效率方面的引用和修正分析还较少，主要有以下文献。张蕊等（2012）借鉴 Li 等（2002）的方法研究发展的半参数平滑系数模型（SPSCM）以 CD 生产函数为主体，同时辅以包含行业与时间异质性的非参数部分，以 1999 ~ 2008 年制造业为研究对象，测算了要素产出弹性和全要素生产率。袁丽静和杨琼（2015）采用 Kuosmanen（2006）提出的 StoNED 模型，从成本函数的角度对我国钢铁行业的技术效率进行了评估，并将异质性与影响因素纳入模型中，对参数的分布也进行了更为宽泛的假设。陈浪南等（2017）在借鉴 Kuosmanen 和 Kortelainen（2012）研究的基础上，进一步改善并构建了随机前沿半参数模型，并从该模型出发构建了基金的投入产出模型，较好地避免了资本资产定价模型（CAPM）设定及前提假设带来的测量误差，从而准确全面地评价了我国基金的投资效率。在以往的研究中，StoNED 模型多用于截面数据，属于静态 StoNED 模型。范德成和杜明月（2018）将时间变量纳入生产函数，运用两阶段动态 StoNED 模型测度了我国 2011 ~ 2014 年高端装备制造业整体及阶段的技术创新资源配置效率。研究发现，我国高端装备制造业全行业的技术创新资源配置效率总体处于中等偏上水平，而技术研发效率与转化效率不匹配的问题则是导致整体效率未能实现最优的重要因素。

（二）区域创新效率影响因素的文献综述

区域创新效率受多种因素影响，综合学术界现有研究成果，可以将影响因素大致划分为区域人力资本、区域产业结构特征、区域开放程度、区域经济社会发展、政府干预以及创新要素组织流动等。

1. 区域人力资本

区域人力资本主要包括劳动者素质、科研机构人力资源投入以及科技人才集聚等因素。创新是一项知识与技术密集型活动，劳动者作为创新活动的主要参与者，其素质水平直接影响自身学习与创新能力，进一步影响其所在地区的创新效率。同时，劳动者素质的差异也是导致我国东西部地区技术创新效率存在差距的原因之一（池仁勇等，2004）。李婧等（2009）研究了我国 1998 ~ 2005 年 30 个省份的创新效率及其影响因素，结果显示，R&D 人力资本投入和劳动者素质正向作用于区域创新效率。岳书敬（2008）将人均受教育年限作为人力资本的衡量指标，研究发现，人力资本的提高不仅有助于促进区域创新效率的提升，而且有利于增强该地区对国外先进技术溢出效应的吸收能力。程广斌和张雅琴（2017）的研究指出，劳动者素质对创新两阶段的影响效果不同，其在提升技术研发效率阶段发挥了显著的正向作用，而在成果转化阶段的影响并不显著。

2. 区域产业结构特征

区域产业结构特征包括企业群体结构等因素。池仁勇等（2004）通过 DEA 模型发现我国区域技术创新效率呈现东高西低的差异，并就其原因进行了探讨。他们认为，西部地区以重工业为主的产业结构以及大中型企业占比较高的企业群体结构均不利于区域创新能力的发挥，是导致西部地区技术创新效率远低于东部地区的原因之一。虞晓芬等（2005）指出产业结构的变迁会对创新效率产生一定的影响。具体而言，处于成熟期的产业与成长期的产业相比，其技术演进接近当前技术范式的饱和值，故在相同的创新投入下，其技术创新成果会相对较少。因此，对于一个地区来说，若成熟产业占比较高，则该地区的技术创新效率就会受到一定程度的抑制。李婧等（2009）以高技术产业规模以上企业增加值占全国比重来衡量各省份的产业结构，研究发现一个地区的产业结构对其创新效率有显著的负向影响，即一个地区的创新效率会随着高技术产业所占比重的上升而下降。导致这一结论的原因可能在于，该文献以专利数来衡量高技术产业的创新能力，而高技术产业出于技术保密的缘故，可能未将所有创新成果申请专利。

3. 区域开放程度

区域开放程度包括外商直接投资（FDI）、对外开放程度及国外技术引进等因素。Blomström 和 Persson（1983）考察了墨西哥的技术创新效率与外商直接投资的关系，回归分析发现，外商直接投资具有技术溢出效应，能够提升本国的技术创新效率。具体而言，外商直接投资会通过投资国之间的模仿、人才流动及技术引进等渠道的溢出效应对两国的技术创新效率产生重要影响（Kokko et al.，1996）。我国学者岳书敬（2008）的研究发现，外商直接投资和对外贸易的溢出效应都在提高我国创新效率方面起到了积极作用。同时，人力资本的提升能够进一步强化二者对创新效率的溢出作用。王锐淇等（2010）在从外生性角度考察我国区域技术创新效率的影响因素时发现，较高的市场开放度可以使得更多的科学管理方法和高层次人才有机会作用于技术效率的改进，从而对区域技术效率值的提升产生了显著的推动作用。进一步研究显示，科技创新活动并不是一个单一的技术研发过程，其后续的创新成果转化阶段也是创新系统的重要构成部分。程广斌和张雅琴（2017）在研究丝绸之路经济带沿线省份的科技创新效率与影响因素时指出，对外开放程度与技术研发效率呈显著的正相关关系，而与成果转化效率呈显著的负相关关系。关于国外技术引进对我国区域创新的影响效果，肖利平和谢丹阳（2016）在研究我国创新增长主要机制时指出，国外技术引进对国内创新的提升同时具有互补效应和替代效应，对技术的学习吸收能力决定了哪种效应更大。

4. 区域经济社会发展

区域经济社会发展包括基础设施建设水平、经济金融发展水平、产权保护意识以及信息化水平等因素。张宗益和张莹（2008）考察了地区技术创新效率所受到的环境作用，结果表明，基础设施、市场需求以及金融环境对区域技术创新效率有显著的正向影响。王锐淇等（2010）也指出基础设施的改善可以使信息与资源的流动与配置更加合理，从而为高层次人才的聚集以及整体技术创新效率的提升提供良性平台。此外，地区的经济发展水平也与其研发创新能力有着密切的联系（Fagerberg，Srholec，2008），良好的经济基础是提高研发创新能力的有力保障。而金融发展水平对我国区域创新效率的影响则会因区域与创新阶段的不同而表现出差异（赵增耀等，2016）。曹霞和于娟（2015）基于投影寻踪和随机前沿方法，实证检验了区域经济发展水平、产权保护意识以及信息化程度均是提升区域研发创新效率的积极因素。

5. 政府干预

关于政府干预是否会促进创新效率提升仍存在争议，不同学者持有不同的观点。李习保（2007）认为一个地区对教育的投入程度和政府对科技的支持力度是能否提升该地区创新效率的重要因素。曹霞和于娟（2015）的实证结果显示，政府的支持行为能够在一定程度上降低创新活动的研发成本与风险，激发地方企业进行创新的积极性，从而对地方创新效率的提升起到促进作用。而白俊红等（2009）则认为政府资助是一把"双刃剑"，一方面，地方政府的资助可以降低企业研发成本，并克服技术外溢带来的收益不对等问题；另一方面，由于研发资源的供给在短期内缺乏弹性，政府的资助仅会导致研发资源价格（如研发人员的工资）上升，而对研发成果产出并没有多大的提升作用，进而可能使企业转向其他的盈利项目，反而挤出了企业的研发投资。肖文和林高榜（2014）认为政府的支持行为容易造成寻租和腐败现象，进而可能导致创新效率的损失。此外，相关文献显示，政府支持在创新活动的不同阶段所发挥的效果也不同。程广斌和张雅琴（2017）在研究中分别考察了政府支持对技术研发效率与成果转化效率的影响。实证结果显示，政府的支持行为在成果转化阶段起到了显著的促进作用，而在技术研发阶段的影响不显著。李政等（2018）认为以上研究仅考察了政府参与对创新活动的整体效果，而忽略了政府参与创新建设的方式不同对区域创新效率的异质性影响。因此，他们对创新活动中政府的参与行为进行了深化。研究发现，政府主导的创新环境建设以及直接参与创新环境建设这两种方式对提升区域创新效率均有显著的促进作用，而政府战略引领对区域创新效率的影响则不显著。

6. 创新要素组织流动

各区域内创新主体的协同互动以及不同区域之间创新要素的流动，也是影响区域创新效率的重要因素。白俊红等（2009）基于区域创新系统的角度，考察了区域创新系统内部各主体要素及其联结关系对创新效率的影响。研究发现，无论是作为创新支持变量的政府补贴和金融支持，还是直接作为创新主体的企业、高校、科研机构以及它们之间的联结关系，都会对创新效率产生显著的负面影响，这意味着我国区域创新系统内部各主体及主体之间的联结并不理想，这也是导致各区域的创新效率处于较低水平的原因之一。余泳泽和刘大勇（2013）发现以往研究大多将各区域视为独立的系统，没有考虑区域之间的空间关联效应。鉴于此，他们利用空间计量方法，分别考察了创新过程中三个阶段效率的空间外溢效应和价值链外溢效应。研究发现，空间外溢效应在创新效率各阶段均表现明显，而价值链外溢效应在科研创新效率与知识创新效率之间表现不显著。白俊红和蒋伏心（2015）在此前研究的基础上，从创新要素区际流动这一新的动态空间视角出发，利用空间计量技术对区域创新系统之间的内在联结机制进行了考察，得出区域间创新要素的流动会对知识的空间溢出起到一定的促进作用，进而促进区域创新绩效的提升。

三 文献评述

国内外已有文献对市场分割和创新效率的关系进行了有益探索，在学术和实践上都产生了广泛且有益的影响（Young，2000；Poncet，2003；陆铭、陈钊，2009；刘小勇、李真，2008；余东华，2008；Balassa，2013；付强，2017；刘瑞明，2012）。但总体来看，现有相关研究成果还存在如下局限。第一，现有文献更多关注消费品市场分割对创新的影响，关于劳动力市场分割和资本品市场分割虽然有所提及，但是未予实证检验，或者将三者混为一谈。事实上，劳动力市场分割、资本品市场分割和消费品市场分割影响创新的机理有很大差异，这样处理可能并不妥当。第二，现有关于创新效率测度的研究大多采用 DEA 或者 SFA 方法，考虑到中国经济增长中的不确定性、要素价格数据的缺乏以及统计过程中难以避免的观测误差，无论单纯采取哪一种方法都将导致效率估计存在偏差，但是现有文献普遍忽略了这一影响。

第三章 我国区域市场分割的测度与历史演变

第一节 市场分割的制度演变及成因分析

一 劳动力市场分割的制度演变及成因

(一) 中国劳动力市场的发展历程

新中国成立初期,我国的经济基础比较薄弱,采取的是重工轻农、优先发展重工业的非均衡发展战略,长期实行城乡分割的劳动力资源配置制度。这一制度的实施,使我国的劳动力市场在一定程度上一直处于被割裂的状态。1978 年党的十一届三中全会以后,以市场经济为导向的改革开放不断深入,推动我国的要素市场和产品市场不断向前发展,但随着中央政府简政放权改革的推进,地方经济在获得快速发展的同时,地方政府竞争和地方保护现象频频出现,市场分割现象也逐渐出现在人们的视野当中。从我国劳动力市场的发展过程来看,从新中国成立初期到改革开放,再到今天,我国劳动力市场的自由化程度得到了极大的改进和提升,市场一体化改革也在不断深入。但不可否认,由于制度改革不够深入,地方之间的劳动力市场一直处于或轻或重的分割状态。

1. 第一阶段:1949 ~ 1984 年

从新中国成立初期到社会主义改造时期,我国实行的就业政策是政府分配和市场自由配置相结合。在城市,政府进行工商企业社会主义改造,

32

给予企业一定的自主权,企业可以自由地雇用工人,但是不能随便解雇工人。对于中学、大中专毕业生实行工作分配,安排毕业生到国有部门去工作。1951 年,公安部颁布《城市户口管理暂行条例》,规定城市一律实行户口登记。1954 年,政府要求建立农村户口登记制度,加强人口统计,但这一时期政府并没有限制居民的迁徙自由,只是从社会管理角度加强了居民的流动性管理,无论是城市居民还是农村居民都可以自由地寻找工作。随着社会主义改造的逐步完成和计划经济体制的确立,原来的政府安排工作和市场自由配置相结合的就业政策逐步由政府分配工作的方式所取代。1958 年,《中华人民共和国户口登记条例》的颁布,不仅标志着政府限制城乡流动的二元分割户籍制度的确立,而且意味着政府掌握着居民就业的决定权。1958 ~ 1978 年,农村居民只有在"大跃进"时期才可以进城工作,但在 1961 ~ 1963 年,政府实行经济调整政策,农村居民进入城市工作几乎不太可能。此时的城市劳动力市场,由于计划经济和优先发展重工业等各种制度因素的存在,劳动力被人为的各种制度安排在各行业之中,劳动力移动或转移都是管理部门计划安排的结果。

在户籍制度的严格控制下,城乡之间几乎没有人口移动或转移,此时劳动力市场被划分为农村和城市两个市场。拥有城镇户口的居民享受国家分配的工作,大多被安排在国有企业或国家事业单位,不用担心被解雇,并且拥有稳定的收入,还享有各种社会福利和保障,如住房分配、医疗保障、子女教育等。但同样是在城市中,也存在劳动力市场的分割,不同单位之间的工资水平和社会福利也不同,国有企业、国家事业单位的职工福利待遇要好于集体所有制企业。与此同时,中央为了刺激农村居民自主生产劳作的积极性而实行家庭联产承包责任制,快速增加的收入使得他们安于在自己的土地上劳作。虽然农村居民的收入有了很大提高,但是相比城市居民,农村居民没有社会保障和社会福利,由于户籍制度的存在,农村居民没有办法流入工资收入稳定、社会福利高的城市部门。由此,劳动力市场就在农村与城市之间被分割开来。

2. 第二阶段:1985 ~ 1991 年

在这一时期,中央政府对城市经济进行改革,降低对各类企业的管制要求。我国的劳动力市场被划分为三类,分别是城市不完全竞争劳动力市场、城市完全竞争劳动力市场和农村完全竞争劳动力市场。1986 年 7 月,国务院发布《国营企业实行劳动合同制暂行规定》，放宽对企业管制，扩大企业的招工自主权，国有企业大量招收合同农民工，在建筑、纺织领域吸收了大量的农村劳动力。与此同时，拥有城市户口的居民更多的是在收入稳定、社会福利待遇较好的国有企业或集体企业工作。因此，这部分拥有城市户口且由政府安排工作的劳动力组成的市场可以看作城市不完全竞争劳动力市场。与之相对应的，城市完全竞争劳动力市场一方面是由集体所有制企业、国有企业招收的合同工或轮换工组成，他们不仅工资收入低，无法享受社会福利，而且工作也不稳定，随市场的需求而变化；另一方面是由以"三资"企业和私营企业为需求主体招收的从业人员构成。这一时期，农村劳动力市场是完全竞争的劳动力市场，乡镇企业和私营企业需要的劳动力大多是简单的技术工人和手工劳动者，劳动力市场竞争比较激烈，工资水平不是很高，而且没有福利保障。

3. 第三阶段：1992～1997 年

在这一时期，满足城市居民生产生活需求的各类商贩活跃在城市的市场上，无论是产品市场还是要素市场都得到了一定程度的发展。大量的城市居民可以自由地选择在非正式部门工作，农村居民也可以相对自由地选择在乡村务农或者去城市务工。1993 年，党的十四届三中全会确立了我国建立社会主义市场经济体制的目标。之后，国有企业改革也加快步伐进入建立现代企业制度的新阶段，国有企业通过改革不仅缓解了中央和地方政府的财政压力，而且提高了企业的经济效益，但也给经济社会发展带来了一些负面影响。城市居民的就业体制发生了根本性的变化，原来国有企业就业只进不出的情况发生了改变。下岗制度实施后，竞争激烈的纺织、建筑等行业大批员工下岗，而金融、保险、房地产、通信等行业员工下岗并不严重，这一现象反映了下岗存在于某些竞争比较激烈的行业当中，劳动力市场的分割有所加剧。不过，这一时期的分割不同于前文的劳动力市场分割，主要是指行业方面的劳动力分割，我国市场运行中的垄断不仅仅是市场竞争的结果，还是我国高度集中的行政权力和不彻底的改革造成的。同期，农村劳动力市场也出现了不同于之前的新形势，乡镇企业、农村个体经营小企业有了一定的发展。农村劳动力分为两类，即传统农业从业居民和非农业从业居民。所以，这一阶段我国的劳动力市场可以划分为以下三个市场：一是城市不完全竞争劳动力市场，以城市中垄断行业为主；二是城市完全竞争劳动力市场，由相对放开的行业劳动力市场构成；三是农村完全竞争劳动力市场。

4. 第四阶段：1998~2004 年

1997 年党的十五大之后，我国逐步建立了社会主义市场经济体制，改革后的国有企业已经初步具备自主经营、自负盈亏的特点，职工的工资收入也在一定程度上通过个人能力来调节，现代企业制度由此逐步建立。这一时期，事业单位开始实施大规模精简公务员制度，由原来的"只进不出"变成"能进能出"。在非公有制经济中，企业自 1995 年起向职工提供生育保险，1996 年提供工伤保险，1997 年提供养老保险，1999 年提供失业保险、医疗保险。我国在 2001 年加入世界贸易组织，市场结构发生了一系列积极变化，地方政府开始参照国际经济合作的模式，积极推动各省份、各地区之间的合作，建立区域合作机制，主动推动区域内互惠互利，促进区域之间企业投资与合作；各级地方政府纷纷制定相关的优惠政策吸引国内其他地区的优秀企业到本地投资，如土地和税收方面的优惠政策。对于城市非正规部门，国家也建立相应的社会保障，鼓励个体人员参与社会保险。不同类别的企业在招收员工方面大多通过市场配置劳动力资源，制度因素导致的劳动力市场分割逐渐弱化。随着市场经济的不断发展，劳动力市场内部被划分为两个等级的劳动力市场：一级劳动力市场主要是一些资本密集型的大型公司，其中的工人可以得到较高的工资、舒适的工作环境和较好的晋升机会；二级劳动力市场主要是劳动密集型的中小型企业，其中的工人工资水平相对较低，面临较差的工作环境以及较少的晋升机会。这一时期的农村，与之前时期的情况相比没有太大变化，农村居民的工资收入低于城市居民，就业机会不稳定并且缺乏社会保障。

5. 第五阶段：2004 年之后

2004 年之后，随着经济的持续发展和改革的不断深化，城乡劳动力市场之间的分割虽然继续存在，但总体趋势由原来的限制性流动变成自由性流动。城市的劳动力市场由于市场经济的作用，非公有制经济在经济发展中的作用越来越大，增加了城市居民的就业机会。在我国的劳动力结构中，农村劳动力比城市劳动力的占比更高，而且农村劳动力人口的增长速度也要高于城市劳动力人口，加上城乡之间经济增长速度与教育资源不平衡的差距一直存在，导致城市无法吸收大量低技能劳动力。而且，地方政府为了增加当地就业和提高居民收入，也会对邻近的省份实行劳动力市场保护，致使农村劳动力更难进入城市就业。随着科技的快速进步和农业现代化的发展，农村经济中非农业经营取得了极大的进步，地方政府也在发展农村就地城镇化，使得农村的劳动力市场被划分成两个类型，即从事传统农业生产的劳动力市场和从事非农业生产的劳动力市场。这一时期的劳动力市场是"四元制"，即城市正规部门的劳动力市场、城市非正规部门的劳动力市场、农村传统部门的劳动力市场和农村非农产业部门的劳动力市场。中国的劳动力市场在不断波动中整合，由原来的限入、限出硬性壁垒变为地区歧视、部门分割的无形壁垒。

（二）劳动力市场分割的成因分析

劳动力市场分割的成因主要包括户籍制度、产业政策、所有制结构以及社会因素等。

1. 户籍制度

在当时的计划经济体制和经济发展战略背景下，劳动力被控制在国有 - 非国有企业部门之间和城乡之间，各个行业之间的工资水平和社会福利的差距都是显著存在的。1956 年，政府为了解决"盲流"问题，召开关于户口管理的会议。1958 年，国务院颁布的《中华人民共和国户口登记条例》明确规定，公民由农村迁往城市，必须持有城市劳动部门的录用证明，学校的录取证明，或者城市户口登记机关的准予迁入的证明。20 世纪 60 ~ 70 年代，政府对户籍的管控非常严格，不仅控制了农村劳动力流向城市，而且从农业户口转向非农业户口也很困难。1964 年，《公安部关于处理户口迁移的规定（草案）》彻底阻止了农村人口迁往城市，以立法的形式限制农民进城的二元户籍管理制度由此形成，并在此后的 20 年里，以城乡分割和二元户籍管理制度为特征的二元社会结构进一步得到固化，农村人口向城市迁移受到了严格的限制。改革开放之后，政府不需要像之前那样根据户籍制度对劳动力流动进行严格限制，户籍对劳动力的流动阻力有所减弱。但对于企业来说，不同户籍的员工会有差别对待，企业出于对员工工作稳定性和长期利益的考虑，会更加倾向于招聘本地劳动力。同时，对于农村的劳动力人口，由于经济条件落后，教育资源分配不均衡，受教育程度也低于城市居民，所以农村劳动力的素质和工作能力大多不如城市居民。农村劳动力可选择的岗位，更多的是城市劳动力不愿进入的行业。

2. 产业政策

长期以来，我国劳动力市场缺乏流动性的一个重要原因在于，我国早期基于优先发展重工业的产业政策，忽视了轻工业和第三产业的发展，导致我国的经济发展不平衡，这不仅影响了人民生活水平的提高，而且由于重工业所创造的劳动岗位远不如轻工业和第三产业，政府为了减少失业情况的出现，对城市劳动者的工作进行了指令性的安排，从而限制了劳动力的自由流动。同时，为了缓解农村劳动力流入城市挤占城镇劳动力的就业机会，便对人口流动进行了一定程度的限制。随着改革开放的推进，我国的产业政策由原来着重发展重工业向轻工业及高加工度工业倾斜，由此催生了大量的中小企业，促进了私营企业和第三产业的快速发展，这不仅为劳动者提供了更多的就业岗位，缓解了政府安排就业的压力，而且提高了劳动者的工资水平。同时，轻工业加工产业吸引了私人投资者，城市经济中出现的大量非公有制经济面向劳动力市场进行招工，不同于国有企业由政府安排工作，因此产生了公有制经济和非公有制经济的就业差别。而且，随着高新技术产业的发展，现代企业制度改革加速升级，但也使得企业之间的相互竞争更加激烈，从而导致一些竞争力弱、规模小的企业被更强大的企业收购和淘汰，中小企业和大型企业并存导致内外部劳动力市场的分割。

3. 所有制结构

在改革开放以前，我国实行高度集中的计划经济体制，各个单位和企业招收员工以及用人标准都由政府按照计划进行分配，劳动力自由流入和流出的难度很大。在当时的劳动关系中，企业和单位都由国家统一经营，招收的劳动力也与政府存在直接的关系。因此，改革开放之前的劳动力市场也就不存在所有制结构不同导致的劳动力市场分割。改革开放之后，我国开始实行市场经济体制，涌现了大量的私有制企业和个体经济，企业不再是国家行政机构的附属产品，而是成为自主经营的经济主体。城市仍然是国有企业和集体经济招收劳动力的主要来源，一些新兴的私有制企业还是受到户籍制度的影响。直到1992年邓小平南方谈话之后，农村劳动力开始大量涌入城市，充实了城市劳动力市场，为私有制企业的发展做好了铺垫。之后进行的国有企业改革，虽然原来在国有企业工作的员工大量失业下岗，但是推动了城市完全竞争的劳动力市场的发展。非公有制经济的快速发展，为劳动力市场提供了大量的就业岗位，加上私营经济更多的是利用市场力量配置劳动力资源，而国有经济的劳动力资源配置更多受到政府管制，这样就使得不同所有制经济的劳动力市场产生了不同的配置方式。不过，随着市场化改革的不断深入，政府逐渐减少对国有企业的控制，所有制结构导致的劳动力市场分割的情况也在不断改善。

4. 社会因素

社会因素包括家庭背景、受教育程度以及文化背景等多个方面，这些因素都会影响劳动力选择工作的标准。由于我国经济发展不均衡，城乡之间的差距显著存在，多数农村居民的生活水平和受教育程度不如城市居民，这种情况的长期存在使得城市居民对农村居民形成歧视，导致城市人戴着有色眼镜看待农村务工人员，从心理上排斥农村居民进入城市工作。农村劳动力也自然形成了卑微的心理，渐渐地接受比实际价值更低的工资。农村劳动力大量涌入城市劳动力市场，增强了城市劳动力市场的竞争力，农村劳动力的低生活成本和可接受的低水平工资，使得企业更愿意选择农村劳动力作为企业的员工，由此抢占了城市劳动力市场，也使得城市劳动力对其更加排斥。这种非正式的制度导致劳动力难以实现在城市和农村之间的自由流动，从而造成城乡之间的劳动力市场分割。

二 资本品市场分割的制度演变及成因

（一）中国资本市场的发展历程

我国资本品市场分割程度与我国资本市场发展历程有着莫大的关系。随着我国资本市场从萌芽、产生、发展，到如今的更加规范，我国资本品市场分割也逐渐走向一体化。本部分主要对我国资本市场的发展历程进行总结梳理，以期探讨我国资本品市场分割的制度成因。我国资本品市场分割主要体现为地区间资本流动的障碍，一个具体表现是地区间资本品价格的差异。一般而言，资本品市场分割会扭曲资本价格，增加企业的融资成本。资本具有规避风险的本质以及追求利益最大化的特征，通常会根据市场收益和风险在市场中自由流动。但是在中国，由于地方政府的政策限制，资本要素并没有实现完全的自由流动。例如，资本要素流动受阻的一个表现是，地方政府为了避免辖区内企业遭受外来企业的竞争而对外来企业收取高额税收或者通过行政手段阻止外来企业进入，甚至会为了促进本地就业水平提高和本地企业生存发展而阻碍外地企业收购本地企业，阻碍外来资本进入本地。不过，随着资本市场的规范化发展，资本品市场分割也逐渐被打破。

1. 1949～1991 年：萌芽阶段

在新中国成立之前的 1948 年 12 月 1 日，当时的华北银行、西北农民银行和北海银行合并成立中国人民银行，这一时期以中国人民银行为核心的金融体系的主要工作是稳定物价、控制通货膨胀、统一币制和发行货币。在新中国成立初期，以中国人民银行为核心的单一金融体系对实体经济增长做出了重大贡献，也为后期五年计划的开展奠定了良好基础。1952年之后，我国进入社会主义建设时期，中央政府大力动员各阶层力量，推动国家工业化发展，在这样的经济背景下，我国逐步形成了高度集中、垂直单一的金融体系。在当时资本极度匮乏且与国际金融体系几乎完全隔绝的背景下，这种高度控制的金融体系有力地促进了当时的经济发展，一些大型的工程项目和基础设施都得以顺利完成。

直至 1979 年，我国对金融体系进行了一系列重大改革。中国人民银行开展短期设备贷款业务，打破了只允许银行流动资金贷款的业务限制。中国国际信托投资公司作为中国第一家信托投资公司也在同年成立，信托业务逐渐出现在资本市场中。1985 年，银行业开始发行金融债券，企业债券、股票以及各种政府债券等金融工具也陆续出现，拉开了债券融资的序幕。1990 年上海证券交易所营业，1991 年深圳证券交易所营业，标志着我国资本市场的发展进入正式轨道。在这一阶段，源于中国经济转轨初期的内生需求，我国资本市场开始萌芽并发展。但由于资本市场缺乏有效的监管机制，这一时期的中国资本市场基本处于自我演进、自我发展的阶段。

2. 1992～1998 年：初步形成阶段

1992 年邓小平在南方谈话时指出，证券、股票的发展要采取实验式放开，做对了就继续做下去，做错了就进行纠正，关了也无妨。邓小平南方谈话掀起了新一轮改革浪潮，推动了资本市场的发展，打开了资本市场进一步发展的空间。1997 年底，中国人民银行颁布《关于改进国有商业银行贷款规模管理的通知》，标志着中国金融体制改革进入一个新的阶段。该通知取消了对国有商业银行贷款限额的控制，实行资产负债比例管理和风险管理，允许银行总部改变特定省份的信贷配置。自此，国有银行资本充足，引入外国战略投资者，银行管理体制和银行信贷市场竞争加剧。

3. 1999～2006 年：规范化发展阶段

1998 年底，酝酿 5 年多的《中华人民共和国证券法》通过，并于 1999 年 7 月 1 日正式实施。《中华人民共和国证券法》的颁布和实施，标志着我国资本市场逐渐走上正轨。2004 年 1 月，国务院发布《关于推进资本市场改革开放和稳定发展的若干意见》，首次提出了建立多层次资本市场的要求，对资本市场的发展提出了更高的要求。与此同时，四大国有银行也相继在海外上市，促使国有银行以政府融资为主的行政性目标向追求营利性的商业化目标转变，更倾向于选择回报丰厚、风险较小的项目和企业。国有商业银行在信贷政策上通常采取更为保守的政策，使得研发资金更难从国有商业银行获得贷款。相比之下，非四大国有商业银行受政策性影响较小，很多地方性商业银行依托地方，在企业的现金流、投资项目等方面具有更多的信息优势。与国有商业银行相比，非四大国有商业银行对企业创新投资有更高的信贷积极性。这种所有权制度的安排在一定程度上导致我国企业融资难度有所不同。

4. 2007～2020 年：快速发展阶段

从 2007 年开始，我国的资本市场进入快速发展阶段。2009 年 10 月 30 日，创业板正式拉开了帷幕。2010 年 3 月 31 日，深圳证券交易所和上海证券交易所开通融资融券业务，两融交易正式进入市场操作阶段。同年 4 月，股指期货合约交易也正式上线。2012 年 9 月 20 日，国务院批准全国中小企业股份转让系统（以下简称新三板）为全国性证券交易所，并于 2019 年从发行融资制度、完善市场分层等五个方面对新三板进行了全面改革，改革后的新三板允许符合条件的创新层企业向不特定的合格投资者公开发行股票。

在 2014 年 4 月 10 日举办的博鳌亚洲论坛上，国务院总理李克强发表重要讲话，指出中国将着重推动新一轮对外开放，不断提升对外开放的水平和层次，其中资本市场对外开放是重要方面，要建立上海与香港股票市场交易的互联互通机制，促进中国内地与香港资本市场双向开放和发展。同年 11 月 17 日，沪港通正式启动，进一步巩固了上海和香港两个金融中心的地位，沪港通的推动有力提升了我国资本市场的综合实力和对国际投资者的吸引力，对拓展两地投资者的投资渠道和提升市场竞争力发挥了重要作用。在此基础上，2016 年 12 月 5 日，深圳证券交易所和香港联合交易所有限公司建立技术连接，深港股票市场交易实现互联互通。2017 年 6 月，MSCI（明晟公司）宣布，将中国 A 股纳入 MSCI 新兴市场指数，标志着中国资本市场开启了走向全球的大门。一年后，全球第二大指数公司富时罗素也宣布，将中国 A 股纳入其全球股票指数体系，标志着中国资本市场获得了国际认可。

（二）资本品市场分割的成因分析

影响资本品市场分割的因素主要包括官员晋升激励制度、财政分权制度、地区开放政策等。

1. 官员晋升激励制度

我国的经济体制比较特殊，新中国成立时期实行的是计划经济体制，这在当时符合历史的发展趋势，我国国民经济得以快速恢复。但随着时代的发展，其弊端逐渐显露出来，企业不能自主经营，一切都附属在行政部门之下，这就不能很好地发展经济。于是，我国开始转型，逐渐重视市场的作用。为了提高企业生产活力，政府主要在财政分权方面进行改革。在财权与事权上实行分权制，在政治上仍然是集中制，中央对地方发展方向进行控制，对社会稳定以及官员任免负责。正是这种对人事绝对的任命权，形成了特有的晋升锦标赛模式。这种模式将那些看重仕途的地方官员置于强力的激励之下，他们为了升职而做出成绩。一般来说，一个地方的国民生产总值可以代表该地方的经济发展水平，所以地方官员会全身心投入促进地方经济发展的工作中，甚至只关注经济的增长，而忽略其他方面的建设。地方政府为了在晋升锦标赛模式中取得胜利，可能会故意与相邻区域相互"拆台"，搞市场分割。

2. 财政分权制度

自 1949 年新中国成立以来，我国的财政税收体制改革大体经历了以下阶段。1949 年到改革开放之前，这一时期实行的主要是统收统支的集中式财政体制，这一体制的优势是可以调动全国资源，集中力量办大事，但其弊端也十分明显。地方政府既无财政收入，也缺乏财政支出的决策权，中央政府在信息方面的劣势不可避免地造成了资源误配的现象。而且，由于缺乏财政激励，地方政府的积极性也难以得到有效激发和提升。地方财政激励和财政平衡问题迫切要求进行财政体制改革，在局部试点的基础上，中央政府于1978年开始进行中央和地方的权力分配改革，采取分成和财政包干的模式，但这一模式并没有从根本上提高地方的积极性，无论是中央财政收入占国家财政收入的比重，还是国家财政收入占国内生产总值的比重都显著下降，在此背景下，税制改革进入新的阶段。此阶段主要是确定中央和地方的事权与支出范围，划分中央税、地方税和共享税，分设国税、地税两大征收机构，在此基础上又进行了一系列的税费改革，不断调整中央和地方的分享比例。进入2003年，我国着手筹划增值税转型，开始了新一轮的税制改革。总的来说，我国的市场化改革本身就是一个放权的过程，分权只是放权的一种手段。财政放权导致地方征税激励有所提升，但同时同级地方政府之间存在的税收竞争和公共品竞争也在一定程度上导致地方保护和市场分割现象更加严重。

3. 地区开放政策

新中国成立初期，我国重工业基础非常薄弱，落后的经济状况只有靠优先发展重工业才能改善，而钢铁等基础重工业的发展是机器制造业所需原料以及轻工业装备来源的保障，所以我国大力发展重工业。从1953年起，开始执行国家建设的第一个五年计划，此时期的主要任务是集中力量发展重工业，建立国家工业化和国防现代化的初步基础。由于历史原因，重工业聚集在东北地区，因而自发地造成了地区市场分割。改革开放之后，国家政策偏向东南沿海地区，在广州、福建两个省份实行对外开放，鼓励技术创新，由于国家采取了各种优惠政策，吸引了不少外商投资，这两个省份发展迅速，与内陆地区的差距越来越大，政府一直在强调要发挥市场的作用，市场能够优化资源配置，而资本的特征是追求利益最大化，所以相对于内陆地区来说，沿海地区能够吸引更多的资本流入。从一开始，政府就计划让沿海地区先致富，再带动全国的经济发展，所以2000年国务院成立了西部地区开发领导小组。2006年12月，国务院审议通过了《西部大开发"十一五"规划》，经过十多年的开发建设，西部地区经济和社会发展取得了显著成就。2004年，国家提出中部崛起战略，2016年国务院批复《促进中部地区崛起"十三五"规划》，西部大开发与中部崛起战略都在很大程度上推动了区域经济的平衡发展，但是就全国而言，西部地区与中部、东部地区的经济差距还是存在的，因而导致了资本品市场分割。

三　消费品市场分割的制度演变及成因

（一）中国消费品市场的发展历程

我国消费品市场同样存在市场分割，表现为产品跨区域无法自由流动。新中国成立初期，国家经济比较落后，人民生活条件很差，产品匮乏。改革开放之后，随着经济的不断发展，产品市场逐渐丰富，但交通条件以及地方政府的分权改革都影响着产品市场的整合。近年来，产品市场分割的主要形式也在不断变化，由严格的政策管制逐渐变为隐蔽无形的措施，如技术壁垒、质量监管等。地方政府的这种举措在短期来看确实取得了一些成果，但长远来看，市场分割阻碍了商品的自由流动，削弱了市场资源配置效用，导致资源错配，使得地区之间的产业结构趋同，不利于我国市场的多元化发展。随着时间的变迁，从家族分工到部落分工，甚至到区域分工，都是市场的不断扩大化，是产品交换空间的无限延伸，更是市场从分割到整合的一个变化过程。

新中国成立初期，我国经济十分脆弱，国民经济几近停滞，采取的是以计划经济为主、其他经济形式为辅的发展方式，全国实行北方发展重工业、南方发展轻工业的模式，这一时期产品市场中各种物资都十分匮乏，人们吃饭、穿衣要用粮票、布票去购买，此时的商品并非真正意义上的商品，由国家统一调拨。1956 年 10 月，国务院发布《关于农业生产合作社粮食统购统销的规定》，国家对农业生产合作社的粮食统购统销数量统一计算和核定；所有的粮食都在计划供应之内，日用品及工业品实行"三级批发""三固定"。这一时期产品市场分割比较严重，产品跨区域流动性非常弱。

20 世纪 80 年代中期，中央实行的放权让利范围不断扩大，促进了各个地方经济的发展，政府也在积极进行商品市场改革，之后国家的商业改革有了一定的进展。但是，当时的商业贸易流通环境仍然存在严重的政策阻碍，只有打破之前计划经济安排的粮食统购统销，增加贸易市场、批发市场，让人民按照自己的需求购买，才能发挥市场经济的作用。这一阶段，中央政府也在大力推进个体经济和私营经济的发展，3/4 的小型企业已经放开。随着财政分权改革的进行，地方保护主义逐渐凸显，地方政府掌握着对关键资源的定价权和分配权，使得企业为了保护自己在本地的利益而将更多的资源转向与政府官员建立政治联系等非生产性寻租活动，进而导致产品市场的分割。

1993 年 11 月，党的十四届三中全会确立了社会主义市场经济目标，大力发展商品经济，创立了一些批发市场，我国的产品市场进入了一个新的成长阶段。我国的商品市场快速发展，一直到我国加入世界贸易组织，产品市场的发展实现了从数量到质量的转化，产品市场和各个产业都非常重视新技术的投入。这一时期的产品市场仍存在市场分割，一方面是因为地方政府对国有企业的隐性福利；另一方面是因为地域之间的产品市场存在地理位置的差异。东部地区地形平坦，交通设施完善，产品之间的流通比较便捷，所以产品运输成本较低，产品市场分割不是很严重；而西部地区地形崎岖，大多是山区，交通不便利，产品的运输成本相对较高，不利于产品的流通，产品市场分割相比东部地区要严重。

随着改革的不断深化，经济也在飞速发展。2001 年，政府将商品市场作为整治的重点。其中，整治的主要内容有：打击假冒伪劣商品，严防制假售假行为，严整商贩偷税漏税，取缔非法买卖，等等。我国商品市场正在经历结构性调整，在经济比较发达的东部地区，商品市场相对开放，功能较多；而在经济比较落后的西部地区，商品市场相对传统，功能也较少。地方保护主义变得越来越隐蔽，政府为了实现政策目标，会设置很多规制和审批手续，这往往导致行政规制的数量增加、复杂性上升，政府的行政负担也会加重，制度性障碍和复杂的行政审批程序使得企业成本大幅上升，浪费了大量的时间和金钱，进而导致产品市场分割。企业追求技术创新是时代的要求，在产品市场规模大、竞争激烈的东部地区，企业的技术水平也在不断提升；而在经济比较落后的地区，市场竞争压力比较小，加上进行技术创新需要投入大量的财力、物力，因而企业不可能主动进行技术创新，甚至为了避免受到外来高新技术产业的冲击而采取市场分割。

（二）消费品市场分割的成因分析

消费品市场存在空间上的间断性，由于地理距离会直接影响运输成本，进而影响产品的销售价格，所以当两地之间距离较远时，交通运输状况会降低产品在市场上的流动性，提高交通运输成本，从而导致该产品进入外地市场的价格较高，使产品缺乏竞争力。即使政府不以强制性手段分割市场，产品的流动还是会受到空间距离这一"天然"屏障的限制，无法实现产品市场的融合。例如，东部地区和西部地区消费品市场分割水平是不同的，东部地区地势平坦，铁路、公路等交通设施完善，运输成本低、难度小，产品在区域间的流动性高。与之相反，西部地区山路崎岖不平，交通基础设施条件差，地形比较复杂，产品在区域间的流动比较困难，贸易流动更加困难。从这个角度来看，东部地区产品市场分割水平远低于西部地区。同一个地区发展的辐射能力有限，不可能仅仅依靠个别先进的地区来实现整个区域的协调发展。两地之间的空间距离不仅增加了产品的运输成本，而且存在信息壁垒，阻碍了地区之间的贸易活动，从而导致贸易产品的本地偏好。随着交通基础设施的不断完善，不同市场间的运输成本大幅降低，这种地域之间的变化只是体现在市场扩张上，市场融合程度不断提升，但是这种自然因素导致的市场分割并不会完全消失，只是在不断弱化。

影响产品市场分割的因素还有不同地区间的技术差异，包括两地之间的技术水平差异和劳动者素质差异。区域之间的经济发展不平衡，技术水平也不同，经济发达的地区技术水平较高，市场容量较大，但是市场准入门槛也较高；而经济落后地区的技术水平较低，市场容量较小，市场准入门槛也较低。从比较优势来看，两个地区可以实现资源互补，但现实是，核心技术往往会被封锁，无法自由地流出本地市场，两地之间的技术无法实现融合。在特定的高科技产业利润增加的情况下，低技术水平地区可能不会加入全国的分工体系，而是通过市场分割和地方保护来发展本地产业。所以，那些技术水平落后的企业，有更大可能性实行市场分割。

边界效应不仅涉及地理边界，而且涉及政治边界和文化边界。地理边界确实造成了产品市场的分割，政治边界和文化边界对产品市场分割也存在一定的影响。以宗教文化的地域性差异和方言的异质性为例，一方面，宗教文化的地域性差异可能导致不同地区对产品的需求不同，如藏族地区大部分人信仰佛教，所以该地区对相关产品的需求量就比较大。西部地区如新疆、西藏、青海等地的产品市场发展极其薄弱，文化和民族习惯与东部地区存在较大的差异，经济开放程度比较低，经济资源在不同地区之间的流动不顺畅，产品市场发展也受到一定的影响。另一方面，方言的异质性可能导致产品之间的流通出现障碍。政治边界与文化边界会导致经济的碎片化和产品市场分割。

从行政性贸易壁垒角度来看，一个地区的国有化程度也会影响产品市场的分割。在我国的经济转型过程中，地方政府考虑的公共利益是就业目标，而就业目标与一个地区的国有化程度有关，我国现有的就业体制使得国有部门中存在大量的城市隐性失业。当地政府为了提高本地的就业率而采取地区保护，从而导致更严重的产品市场分割。国有化程度高的地区通常会压缩该地区民营企业的生存空间，导致本地区民营企业的市场空间越来越小。

第二节　我国区域市场分割的测度与演变

根据现有文献的研究，我国市场究竟是趋于整合还是处于分割状态，一直是一个有争议的话题。早期的研究表明我国市场分割程度越来越严重，如 Young（2000）、Poncet（2002，2003）、郑毓盛和李崇高（2003）等研究表明我国市场分割逐步加深。近年来，更多的文献表明我国市场逐步呈现整合的迹象，市场分割程度有所减弱（桂琦寒等，2006；盛斌、毛其淋，2011）。但是，无论何种判断，都认为我国区域之间的市场仍旧存在分割，影响了经济和社会的发展。本书采用现有文献常用的相对价格法对我国市场分割程度进行测算，为后续实证检验市场分割对区域创新效率的影响奠定基础。

一　市场分割程度指标构建及测度方法

与现有测度市场分割的多数文献（赵奇伟，2009；邓明，2014）保持一致，本书采用相对价格法对我国的市场分割程度进行测算，使用各地区的职工平均实际工资指数、固定资产投资价格指数和居民消费价格分类指数来分别测算劳动力市场、资本品市场和消费品市场的地区市场分割程度。为了保证数据的连续型和完整性，共选择了八大类消费品，分别是食品类、烟酒及用品类、衣着消费类、家用设备及其用品类、医疗保健用品类、交通和通信工具类、娱乐教育文化用品类、与居住相关的产品及服务类。固定资产投资品包括建筑安装工程类、设备工程及器具类、其他资本品类三类。职工平均实际工资也包含三大类，分别是国有单位职工平均工资、城镇集体单位职工平均工资和其他单位职工平均工资。原始数据来自《中国统计年鉴》中 1998～2017 年 30 个省份的环比价格数据。[①] 具体采用如下方法进行测算。[②]

第一步：计算地区 i 和地区 j 之间相对价格的绝对值 $|\Delta Q_{ijt}^k|$。

$$\Delta Q_{ijt}^k = \ln(p_{it}^k/p_{jt}^k) - \ln(p_{it-1}^k/p_{jt-1}^k) = \ln(p_{it}^k/p_{it-1}^k) - \ln(p_{jt}^k/p_{jt-1}^k) \qquad (3-1)$$

对式（3-1）的测算需要选取三维（$t \times m \times k$）的面板数据。其中，t 表示年份，m 表示省份，k 表示产品类别。p_{it}^k 表示地区 i 的第 k 种商品在第 t 年的价格；ΔQ_{ijt}^k 为商品价格与自然对数比值的一阶差分，该值度量了在第 t 年地区 i 和地区 j 的价格相对于第 $t-1$ 年价格变动的差异情况，该值取绝对值的原因是为了避免两个地区的置放顺序影响相对价格的大小。

第二步：进一步剔除 $|\Delta Q_{ijt}^k|$ 中商品异质性导致的不可加性。假设与商品种类相联系的固定效应为 a^k，对于给定年份 t，给定商品种类 k 的 $|\Delta Q_{ijt}^k|$ 在 $m \times (m-1)/2$ 组相邻省份间求平均值 $|\Delta \overline{Q_{ijt}^k}|$，然后再用 $m \times (m-1)/2$ 个 $|\Delta Q_{ijt}^k|$ 减去 $|\Delta \overline{Q_{ijt}^k}|$，进而得到：

$$|\Delta Q_{ijt}^k| - |\Delta \overline{Q_{ijt}^k}| = a^k - \bar{a^k} + \varepsilon_{ijt}^k - \bar{\varepsilon_{ijt}^k} \qquad (3-2)$$

其中，ε_{ijt}^k 表示与地区 i 和地区 j 相关联的其他随机因素。进一步地，令：

$$q_{ijt}^k = \varepsilon_{ijt}^k - \bar{\varepsilon_{ijt}^k} = |\Delta Q_{ijt}^k| - |\Delta \overline{Q_t^k}| \qquad (3-3)$$

第三步：求 q_{ijt}^k 的方差，记为 var(q_{ijt}^k)。该方差可以反映国内市场分割所导致的套利区间，k 种商品之间的价格波动范围越大，即该方差越大，那么套利空间就越大，国内的市场分割程度也越高。桂琦寒等（2006）、赵奇伟（2009）认为相邻地区的市场是否分割是判断整个国家是否分割的

---

① 鉴于西藏地区数据缺失严重，本书并未对西藏地区的市场分割程度进行测算。
② 更加详细的市场分割指数测算过程可以参考桂琦寒等（2006）、赵奇伟（2009）的研究。

主要信息。本书也遵循这种思路，对劳动力市场、资本品市场和消费品市场分别计算 1998 ~ 2017 年我国 30 个省份的相对价格方差，在此基础上，将一个地区相邻省份的指数合并后取平均值，作为当地的市场分割水平。

二 我国区域市场分割的演变趋势

（一）劳动力市场分割的演变趋势

1. 我国劳动力市场分割的整体演变趋势

按照相对价格法，对我国的劳动力市场分割程度进行定量测度，结果见表 3 - 1。表 3 - 1 第（9）列呈现了样本期内我国各省份劳动力市场分割的均值排名情况。可以看到，在样本期内，山东、江苏、上海、重庆和湖南的劳动力市场分割程度较低，在所有省份中排在前五位；青海、甘肃、新疆、吉林和内蒙古的劳动力市场分割程度较高，在所有省份中排在后五位。

表 3 - 1　我国劳动力市场分割程度

（1）	（2）	（3）	（4）	（5）	（6）	（7）	（8）	（9）
省份	金融危机发生前	排名	金融危机发生期间	排名	金融危机发生后	排名	均值	排名
山东	1.414	8	0.999	8	0.934	2	1.115	1
江苏	1.441	9	0.974	7	0.939	3	1.118	2
上海	1.311	5	1.493	22	0.824	1	1.209	3
重庆	1.135	4	1.041	10	1.472	10	1.216	4
湖南	1.315	6	0.940	5	1.407	8	1.221	5
河北	0.980	2	1.322	20	1.490	11	1.264	6
广东	1.589	11	0.934	4	1.534	14	1.353	7
贵州	1.699	13	0.848	3	1.622	16	1.390	8
安徽	2.012	17	1.100	12	1.079	6	1.397	9
福建	1.742	14	0.530	1	1.959	19	1.410	10
四川	2.026	18	1.305	18	1.117	7	1.483	11
海南	1.695	12	1.276	17	1.624	17	1.531	12
河南	1.345	7	1.376	21	2.023	20	1.581	13

续表

（1）	（2）	（3）	（4）	（5）	（6）	（7）	（8）	（9）
省份	金融危机发生前	排名	金融危机发生期间	排名	金融危机发生后	排名	均值	排名
辽宁	2.836	22	0.960	6	1.038	4	1.611	14
浙江	2.161	19	1.270	15	1.430	9	1.620	15
广西	1.513	10	0.915	3	2.627	28	1.685	16
山西	1.821	16	1.210	13	2.126	21	1.719	17
云南	1.782	15	1.068	11	2.312	24	1.721	18
北京	1.103	3	2.088	26	2.571	27	1.921	19
陕西	2.514	21	1.266	14	2.283	23	2.021	20
湖北	2.488	20	1.313	19	2.525	26	2.109	21
天津	0.810	1	2.138	27	3.384	30	2.111	22
江西	3.825	24	1.036	9	2.464	25	2.442	23
宁夏	2.977	23	1.664	23	3.266	29	2.636	24
黑龙江	5.162	26	1.700	24	1.053	5	2.639	25
内蒙古	6.363	28	1.825	25	1.509	13	3.232	26
吉林	7.177	29	1.271	16	1.612	15	3.353	27
新疆	4.128	25	4.811	30	1.673	18	3.537	28
甘肃	6.325	27	2.362	28	2.221	22	3.636	29
青海	8.483	30	3.259	29	1.501	12	4.414	30

考虑到金融危机对国内劳动力市场的影响，将样本期分为三个阶段：金融危机发生前（2007年及以前）、金融危机发生期间（2008～2010年）和金融危机发生后（2011～2017年）。金融危机发生前，天津、河北和北京的劳动力市场分割程度较低，京津冀是中国的首都经济圈，地缘相接、文化一脉，作为我国北方经济规模最大、活力最强的地区，具有很强的协同性和融合性，劳动力市场分割程度较低；相比之下，青海、吉林和内蒙古的劳动力市场分割程度排在后三位，表明这3个省份的劳动力市场一体化程度较低，劳动力市场分割较为严重。表3-1第（5）列呈现了金融危机发生期间我国各省份劳动力市场分割的排名情况。可以看到，相较于金融危机发生前，劳动力市场分割的排名有了明显变化，福建、贵州、广西、广东和湖南5个省份的劳动力市场分割程度较低，这可能是因为受金

融危机冲击，出口依赖度较高的广东等地更加依赖本地市场，逐步放开了对国内劳动力市场分割的保护，因此市场分割程度显著降低；新疆、青海、甘肃、天津和北京反而成为劳动力市场分割较为严重的5个省份。表3－1第（7）列报告了金融危机发生后我国各省份劳动力市场分割的排名情况。可以看到，上海、山东和江苏的劳动力市场分割程度较低，跃居前三位；天津、宁夏和广西的劳动力市场分割程度在所有省份中排在后三位。

根据不同年份我国劳动力市场分割的均值，绘制劳动力市场分割时序图，以进一步考察我国劳动力市场分割的时间变化趋势（见图3－1）。整体而言，在样本期内我国劳动力市场分割程度呈现波动式下降趋势，其中2000年之前下降趋势较快，随后进入波动式上升阶段；2008年金融危机爆发后，我国劳动力市场分割程度有所下降，一直相对稳定到2010年；随后又进入一个上升的阶段，到2012年达到最大值；从2013年开始，我国的劳动力市场分割程度有所下降。

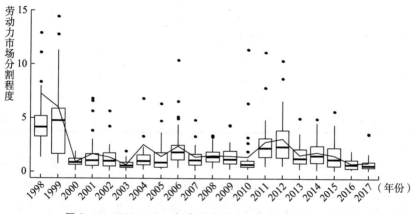

图3－1　1998～2017年我国劳动力市场分割的演变趋势

图3－1同时绘制了1998～2017年我国劳动力市场分割的箱线图。可以看到，1998～1999年，我国劳动力市场分割箱线图的箱体较长，表明这两年我国劳动力市场分割较为分散。2000～2010年，箱线图的箱体相对较短，表明这些年份我国劳动力市场分割较为集中。2011～2012年，箱线图的箱体相对较长，表明这两年我国劳动力市场分割较为分散。从2013年开始，劳动力市场分割又呈现集中的趋势。

2. 各地区劳动力市场分割的演变趋势

图 3 - 2 绘制了 1998 ~ 2017 年我国各地区劳动力市场分割的演变趋势图，从中可以得到如下结论。第一，2000 年以前，无论是东部地区还是中部和西部地区，劳动力市场分割程度都相对较高；2000 年之后，各地区的劳动力市场分割程度基本呈现波动式调整状态。第二，整体而言，除了在金融危机发生期间东部地区的劳动力市场分割程度相对要高于中部和西部地区外，在其他时间段东部地区的劳动力市场分割程度都低于中部和西部地区。第三，样本期内中部地区的劳动力市场分割程度波动幅度较大，且在多数年份要高于东部和西部地区。第四，东部、中部和西部地区的劳动力市场分割程度在金融危机发生期间都有明显的下降。2008 年国际金融危机使得外贸依存度超过 60% 的中国受到严重影响。《中国统计年鉴》数据显示，由于金融危机的冲击，从 2007 年第二季度开始，我国 GDP 增速连续 7 个季度减缓，从 2007 年第二季度的 14.9% 连续下滑到 2009 年第一季度的 6.2% 。金融危机的冲击使得国际市场的需求量大幅减少，国内市场一体化程度有所提升。

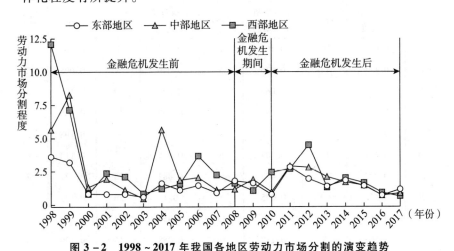

图 3 - 2　1998 ~ 2017 年我国各地区劳动力市场分割的演变趋势

(二) 资本品市场分割的演变趋势

资本市场作为社会主义市场发展中的重要内容，既是现代经济社会的重要构成要素，也是推动技术革新和经济高质量发展的基础性力量，还是资源配置的核心和枢纽。改革开放以来，尤其是 20 世纪 90 年代以来，我国资本市场的成熟度大幅提升。但不可否认，为了保护地方经济的发展，资本流动限制、所有权限制等资本市场保护措施仍旧普遍存在，对于中国这一新兴市场而言，资本品市场分割是一把"双刃剑"，资本市场的发展和整合对促进经济发展具有重要作用。本部分对我国资本品市场分割进行定量测度，并从时间维度对资本品市场分割的演变趋势进行分析。

1. 我国资本品市场分割的整体演变趋势

按照相对价格法，对我国的资本品市场分割程度进行测度，结果见表3-2。表3-2第（9）列呈现了样本期内我国各省份资本品市场分割的均值排名情况。可以看到，在样本期内，上海、安徽、天津、山东和湖北的资本品市场分割程度较低，在所有省份中排在前五位；海南、福建、新疆、宁夏和广东的资本品市场分割程度较高，在所有省份中排在后五位。

表3-2 我国资本品市场分割程度

（1）	（2）	（3）	（4）	（5）	（6）	（7）	（8）	（9）
省份	金融危机发生前	排名	金融危机发生期间	排名	金融危机发生后	排名	均值	排名
上海	0.056	1	0.107	7	0.032	1	0.065	1
安徽	0.171	11	0.076	3	0.046	5	0.098	2
天津	0.161	8	0.062	1	0.078	22	0.101	3
山东	0.167	9	0.089	4	0.059	16	0.105	4
湖北	0.161	7	0.114	8	0.05	9	0.108	5
河南	0.197	16	0.104	6	0.035	2	0.112	6
北京	0.207	18	0.073	2	0.082	23	0.121	7
江苏	0.168	10	0.095	5	0.1	26	0.121	8
浙江	0.145	4	0.167	13	0.057	14	0.123	9
辽宁	0.156	6	0.172	14	0.058	15	0.129	10
广西	0.222	22	0.13	10	0.048	7	0.133	11
山西	0.132	3	0.225	19	0.048	6	0.135	12
重庆	0.182	13	0.192	16	0.041	3	0.138	13
河北	0.243	26	0.118	9	0.054	11	0.138	14
湖南	0.191	14	0.161	12	0.088	24	0.147	15

（1）	（2）	（3）	（4）	（5）	（6）	（7）	（8）	（9）
省份	金融危机发生前	排名	金融危机发生期间	排名	金融危机发生后	排名	均值	排名
云南	0.176	12	0.235	20	0.057	13	0.156	16
贵州	0.235	23	0.198	17	0.051	10	0.161	17
黑龙江	0.192	15	0.258	23	0.049	8	0.166	18
江西	0.203	17	0.236	21	0.064	19	0.168	19
吉林	0.235	24	0.242	22	0.069	20	0.182	20
陕西	0.352	29	0.149	11	0.055	12	0.186	21
内蒙古	0.289	28	0.198	18	0.111	29	0.199	22
四川	0.244	27	0.316	25	0.061	17	0.207	23
甘肃	0.239	25	0.282	24	0.108	27	0.21	24
青海	0.208	19	0.358	27	0.069	21	0.211	25
广东	0.213	20	0.319	26	0.109	28	0.214	26
宁夏	0.41	30	0.186	15	0.063	18	0.22	27
新疆	0.214	21	0.401	28	0.091	25	0.235	28
福建	0.153	5	0.543	30	0.045	4	0.247	29
海南	0.11	2	0.5	29	0.137	30	0.249	30

考虑到金融危机对国内资本市场的影响，以下进一步分析在金融危机发生的三个不同阶段我国资本品市场分割情况。金融危机发生前，上海、海南、山西、浙江和福建的资本品市场分割程度较低，在所有省份中排在前五位；宁夏、陕西、内蒙古、四川和河北的资本品市场分割程度较高，在所有省份中排在后五位。金融危机发生期间，天津的资本品市场分割程度最低，排在第一位；其次是北京和安徽，分别排在第二位和第三位；山东和江苏位列其后，分别排在第四位和第五位。福建、海南、新疆、青海和广东的资本品市场分割程度较高，在所有省份中排在后五位。金融危机发生后，我国资本品市场分割程度的排名出现了较大的变化，上海成为资本品市场分割程度最低的省份，其次是河南，接下来是重庆和福建，分别排在第三位和第四位。海南的资本品市场分割程度在所有省份中排在最后，其次是内蒙古和广东，甘肃和江苏分别排在倒数第四位和倒数第五位。

综合而言，根据表 3 - 2 可以得到如下结论。①我国各省份资本品市场分割程度差异较大，如海南作为我国资本品市场分割程度最高的省份，是资本品市场分割程度最低的上海的 3.83 倍。②除了金融危机发生期间外，在绝大多数年份中，上海的资本市场发展和开放程度都要高于其他省份，资本市场一体化程度最高。这是因为上海作为我国的金融中心，其金融市场体系与其他省份相比更加完善。根据中国证监会统计，截至 2018 年底，上海共有 25 家证券公司、54 家基金管理公司和 4806 家私募基金管理公司，均居全国首位，为企业和投资者提供了丰富多元的投融资和财富管理服务。③湖北、甘肃、江西和吉林等省份的资本品市场分割在金融危机发生的不同阶段排名相对比较稳定，表明金融危机对其资本市场的影响相对较小；而海南、福建、江苏、北京和天津等省份的资本品市场分割在金融危机发生的不同阶段排名变化较大，表明金融危机对其资本市场的冲击较大。

图 3 - 3 绘制了 1998~2017 年我国资本品市场分割的演变趋势图。在样本初期，2001 年我国资本品市场分割程度呈现下降趋势，一直稳定到 2004 年，2005 年资本品市场分割程度有所提高，2006 年又开始下降。金融危机发生后，我国资本品市场分割程度呈现上升趋势，一直持续到 2009 年，并达到最高值，随后进入稳定下降阶段。金融危机发生期间我国资本品市场分割程度有明显提升，原因可能在于以下两个方面。第一，信用危机导致企业的投融资成本上升。受国际金融危机的影响，我国企业的生产成

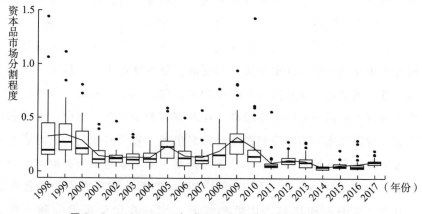

图 3 - 3　1998~2017 年我国资本品市场分割的演变趋势

本大幅上升。2008年上半年，全球能源和初级原材料价格不断上涨，导致国内原材料价格上涨，企业的生产成本明显增加。与此同时，全球资本市场业务疲软使得国内企业在向外部融资时不得不支付更高的融资成本。第二，金融危机的冲击使得人民币升值压力变大，企业出口难度增大。企业投融资成本日益增加，创造利润的能力不断降低，使得各地区优先保护本地企业，导致地区之间的资本品市场分割程度提高。

图3-3同时绘制了1998~2017年我国资本品市场分割的箱线图。可以看到，1998~2000年，我国资本品市场分割箱线图的箱体较长，表明在样本初期，我国的资本品市场分割较为分散。2001~2004年，箱线图的箱体逐渐变短，表明我国资本品市场分割的差异相对较小，资本品市场分割更加集中。从2005年开始，一直持续到2010年，我国资本品市场分割又呈现逐年分散的态势，这几年主要是因为受金融危机的冲击，地区之间的资本品市场分割呈现分异化的状态。2011年以后，箱线图的箱体变短，表明我国资本品市场分割渐渐趋于集中，各地区之间的资本品市场分割差异化相对较小。

2. 各地区资本品市场分割的演变趋势

图3-4绘制了1998~2017年我国各地区资本品市场分割的演变趋势图，从中可以得到如下结论。第一，金融危机发生前，无论是东部地区还是中部和西部地区，资本品市场分割程度基本呈现波动式下降的趋势；金融危机发生期间，我国资本品市场分割程度有所提升；金融危机发生后，

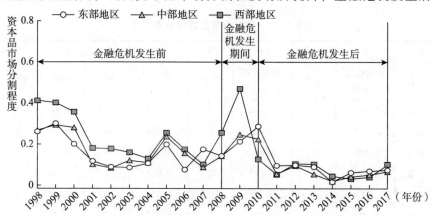

图3-4　1998~2017年我国各地区资本品市场分割的演变趋势

我国资本品市场分割程度进入稳定的下降阶段。第二，金融危机发生前，我国东部地区的资本品市场分割程度几乎处于最低水平，西部地区的资本品市场分割程度几乎处于最高水平；金融危机发生期间，东部、中部和西部地区的资本品市场分割程度都有所提升，其中西部地区的资本品市场分割程度提升最快；金融危机发生后，西部地区的资本品市场分割程度进入快速下降阶段，成为全国资本品市场分割程度较低的地区。

（三）消费品市场分割的演变趋势

1. 我国消费品市场分割的整体演变趋势

按照相对价格法，对我国的消费品市场分割程度进行定量测度，结果见表 3 - 3。表 3 - 3 第（9）列呈现了样本期内我国各省份消费品市场分割的均值排名情况。可以看到，在样本期内，河南、湖南和湖北的消费品市场分割程度较低，居全国前三位。这 3 个省份的一个共同特征是都属于中部地区，且河南的郑州、湖北的武汉均是全国重要的交通枢纽，可以有效提高地区之间产品的交通便利性，降低地区之间产品的市场分割程度。北京、吉林和河北的消费品市场分割程度较高，居全国后三位。北京的消费品市场分割程度最高，这一点与桂琦寒等（2006）、邓明（2014）的研究结论基本保持一致。如邓明（2014）运用同样的方法对 1992～2010 年我国的消费品市场分割程度进行了测算，其测算结果也表明北京的消费品市场分割程度在所有省份中排名最后。

表 3 - 3　我国消费品市场分割程度

（1）	（2）	（3）	（4）	（5）	（6）	（7）	（8）	（9）
省份	金融危机发生前	排名	金融危机发生期间	排名	金融危机发生后	排名	均值	排名
河南	0.152	1	0.066	1	0.053	5	0.09	1
湖南	0.185	3	0.083	3	0.086	16	0.118	2
湖北	0.257	8	0.085	5	0.05	4	0.13	3
宁夏	0.221	4	0.143	15	0.053	6	0.139	4
陕西	0.23	5	0.127	13	0.078	11	0.145	5
天津	0.267	11	0.095	6	0.095	17	0.152	6

续表

（1）	（2）	（3）	（4）	（5）	（6）	（7）	（8）	（9）
省份	金融危机发生前	排名	金融危机发生期间	排名	金融危机发生后	排名	均值	排名
安徽	0.239	6	0.178	18	0.047	3	0.155	7
重庆	0.26	9	0.098	7	0.116	21	0.158	8
山东	0.359	15	0.079	2	0.045	1	0.161	9
甘肃	0.344	13	0.084	4	0.082	14	0.17	10
广东	0.286	12	0.103	9	0.142	24	0.177	11
山西	0.26	10	0.227	27	0.045	2	0.178	12
江西	0.159	2	0.299	29	0.082	13	0.18	13
江苏	0.366	17	0.114	10	0.071	9	0.184	14
四川	0.243	7	0.212	24	0.099	19	0.184	15
黑龙江	0.378	18	0.116	11	0.082	15	0.192	16
海南	0.482	21	0.101	8	0.059	7	0.214	17
内蒙古	0.44	20	0.143	16	0.071	8	0.218	18
贵州	0.428	19	0.193	22	0.152	25	0.257	19
辽宁	0.352	14	0.324	30	0.098	18	0.258	20
上海	0.548	25	0.133	14	0.107	20	0.263	21
广西	0.365	16	0.184	19	0.268	30	0.272	22
新疆	0.525	24	0.215	25	0.081	12	0.274	23
青海	0.496	22	0.192	21	0.142	23	0.277	24
浙江	0.523	23	0.287	28	0.124	22	0.312	25
福建	0.555	26	0.209	23	0.221	29	0.328	26
云南	0.636	27	0.187	20	0.176	28	0.333	27
河北	0.846	29	0.125	12	0.072	10	0.348	28
吉林	0.880	30	0.149	17	0.175	27	0.401	29
北京	0.826	28	0.217	26	0.162	26	0.402	30

　　表3-3第（3）列呈现了金融危机发生前我国各省份消费品市场分割的排名情况。可以看到，河南、江西和湖南的消费品市场分割程度较低，居全国前三位；相比之下，吉林、河北和北京的消费品市场分割程度较高，居全国后三位，表明这3个省份的消费品市场一体化程度较低，消费品市场分割较为严重。表3-3第（5）列呈现了金融危机发生期间我国各

省份消费品市场分割的排名情况。可以看到，相较于金融危机发生前，消费品市场分割的排名有了明显变化，河南、山东和湖南的消费品市场分割程度较低，而辽宁、江西和浙江成为消费品市场分割程度较高的 3 个省份。表 3-3 第（7）列报告了金融危机发生后我国各省份消费品市场分割的排名情况。可以看到，山东、山西和安徽的消费品市场分割程度较低，跃居全国前三位；广西、福建和云南的消费品市场分割程度较高，在所有省份中排在后三位。

综合而言，根据表 3-3 可以得到如下结论。①我国各省份消费品市场分割程度差异较大，如北京作为我国消费品市场分割程度最高的省份，是消费品市场分割程度最低的河南的 4.47 倍。②在样本期的绝大多数年份中，河南作为中部地区的交通枢纽，消费品市场分割程度一直相对较低；相比之下，北京的消费品市场分割程度则较高。③在金融危机发生的不同阶段，河南、湖北等省份的消费品市场分割程度排名相对靠前，而且比较稳定；北京、青海等省份的排名也很稳定，但是其消费品市场分割程度相对较高。江西、山西和河北等省份的消费品市场分割程度排名变化相对较大，尤其是江西，在金融危机发生前，其消费品市场分割程度排在第二位，但在金融危机发生期间，其排名降到倒数第二位。这意味着金融危机的发生对这些省份消费品市场分割的影响相对较大。

图 3-5 绘制了 1998~2017 年我国消费品市场分割的演变趋势图。整体而言，在样本期内，我国消费品市场基本呈现"先整合、后分割、再整合"的过程，这一点与邓明（2014）测算的 1992~2010 年我国消费品市场分割的趋势基本保持一致。我国的消费品市场分割程度在 2001 年之前总体呈现上升趋势，2001 年之后呈现波动式下降趋势。

图 3-5 同时绘制了 1998~2017 年我国消费品市场分割的箱线图。可以看到，在样本期间内，我国消费品市场分割箱线图的箱体在 2006 年及以前都相对较长，尤其是 2001 年，我国消费品市场分割程度在地区之间的差异最大。2006 年之后，箱线图的箱体普遍变短。这意味着金融危机发生前，我国地区之间的消费品市场分割程度差异较大；金融危机发生后，消费品市场分割程度在地区之间的差异相对变小。

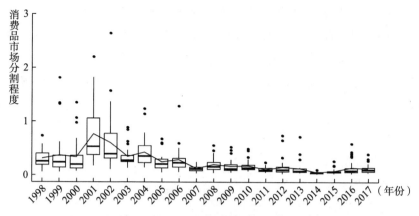

图 3 - 5　1998 ~ 2017 年我国消费品市场分割的演变趋势

2. 各地区消费品市场分割的演变趋势

图 3 - 6 绘制了 1998 ~ 2017 年我国各地区消费品市场分割的演变趋势，从中可以得到如下结论。第一，在整个样本期内，无论是东部地区还是中部和西部地区，消费品市场分割程度基本呈现波动式下降的趋势。第二，总体来看，西部地区的消费品市场分割程度在样本期内普遍高于东部和中部地区，而且波动幅度较大；中部地区的消费品市场分割程度在样本期内则相对较小。第三，金融危机发生期间，东部、中部和西部地区的消费品市场分割程度变化相对比较平稳。改革开放以来，尤其是自 2001 年我国加入 WTO 之后，经济全球化程度进一步加深，我国的外贸依存度快速提高，

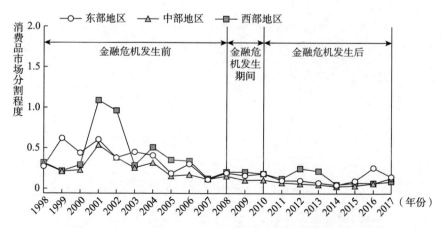

图 3 - 6　1998 ~ 2017 年我国各地区消费品市场分割的演变趋势

2002 年突破 50%，2005 年达到 63%。金融危机发生后，作为中国重要贸易伙伴的美国消费需求减少，我国出口行业遭受重创，纺织、皮革、金属制品、电气机械等行业增速明显放缓。国际市场需求的疲软迫使各省份更加重视国内市场的发展，这在一定程度上促进了国内市场一体化程度的提高。

第四章　我国区域创新效率的测度及演化

党的十九大确立了创新是引领发展的第一动力的重要地位，并提出要坚持创新驱动，大力加强国家创新体系建设，加快建设创新型国家。我国作为最大的发展中国家，研究与试验发展（R&D）经费总支出占当年国内生产总值（GDP）的比重逐年提升，从 2000 年的 1.0% 逐步上升到 2017 年的 2.13%。2017 年我国 R&D 经费投入总量为 17606.1 亿元，年净增量超过经济合作与发展组织（OECD）各成员国增量的总和，研发投入强度已达到中等发达国家水平，技术创新能力与技术创新效率在全球的排名不断攀升，关键技术领域实现跨越式发展。但不可否认，我国技术创新仍旧存在区域失衡严重、空间差异显著的情况。本章首先从时间维度对我国的创新投入和创新产出进行分析，其次采用半参数变系数面板随机前沿模型对我国的区域创新效率进行定量测度，分析我国区域创新效率的演化趋势，从而为优化创新资源配置、提升区域创新效率提供决策依据。

第一节　我国区域创新效率的测度

一　测度方法

目前，对创新效率进行测度与分解的方法主要包括数据包络分析（DEA）方法和随机前沿分析（SFA）方法。DEA 方法在估计过程中没有考虑随机干扰项的影响，且其对数据准确性的要求较高，估计结果受数据统计误差的影响较大，如果数据不够准确，DEA 方法的估计会带来一定程度的偏差（何小钢、张宁，2015）。此外，DEA 方法的另一个不足之处是模型的参数是计算出来的而不是估计出来的，也就无法提供结论一致性所需的统计准则，因而可能导致度量偏误，特别是产出在受到随机冲击影响的情形下（Kumbhakar et al.，2000）。相比之下，SFA方法可以将随机误差项和无效率项加以分离，在测量误差与经济环境不确定性等问题比较严重的发展中国家更加适用（Fries，Taci，2005；韩晶，2010；何小钢、张宁，2015）。

但是综观已有研究，仍存在如下缺憾。第一，虽然SFA方法有诸多优点，但SFA模型必须事先假定模型的参数形式，仍无法避免模型误设问题。而且，现有SFA模型假设各类要素的产出弹性在样本期间内固定不变，显然这个假设是很强的，技术进步的变化会导致要素投入的产出弹性发生变化，但是现有的SFA模型普遍忽略了这个问题。虽然通过取差分的形式可以将区域个体效应和非时变效应消掉，不会直接影响创新效率，但忽略这些因素会导致其他参数估计出现偏误，进而导致创新效率与其组成部分的估计不准确（Sun et al.，2015）。第二，现有运用SFA模型测度创新效率的文献更多地关注要素投入对创新产出的影响，而忽略了环境变量对产出前沿的影响，诸如政策制度、区域文化等环境变量显然会影响地区的资源配置，进而影响创新产出，这些环境变量作为外生因素既可能是中性的也可能是非中性的（Sun et al.，2015）。对于处于转型期的中国而言，制度、文化等环境因素的变化对产出前沿的影响可能是至关重要的。第三，在测度创新效率过程中并没有区分时变效率和非时变效率。我国幅员辽阔，不同地区之间资源禀赋差异较大，如果没有对区域自身特征的效率进行剥离，会导致总体效率产生偏差。

考虑到我国经济增长中的不确定性、要素价格数据的缺乏以及统计过程中难以避免的观测误差，无论单纯采取哪一种方法都将导致效率估计存在偏差。鉴于此，本书运用更切合我国转型特征的半参数变系数面板随机前沿模型效率测度方法对区域创新效率进行测度。

二　半参数变系数面板随机前沿模型设定

（一）模型设定

本书借鉴Sun等（2015）的研究，引入更灵活的半参数化模型对生产前沿进行设定，设定的创新产出基础模型为：

$$\ln Patents_{it} = \theta(i,t) + \varphi'(t)\ln B_{it} + v_{it} \qquad (4-1)$$

其中，$Patents_{it}$ 为各省份专利申请数量，B_{it} 为投入变量。从我国各区域进行创新生产的过程来看，其创新投入要素主要包括两类：一类是 R&D 经费投入；另一类是科技人员投入。本书选择 $B_{it} = (\ln Labor_{it}, \ln RD_{it})$，分别代表各省份 R&D 存量和研发人员投入量，$i$ 代表省份，t 为年份。截距项 $\theta(i,t)$ 为随时间和区域特征变化的待估计参数。$\varphi(t)$ 反映投入变量的产出弹性，为时间趋势变量的非参数函数，可以反映环境变量的变化对技术进步的影响。v_{it} 为随机干扰项。由于上述模型的投入产出系数是参数化的，而这些参数又是环境变量的非参数形式，所以本书称式（4-1）为半参数变系数面板随机前沿产出模型。

本书允许产出前沿可以随时间变化，但在给定年份，不同企业的产出前沿是一样的。具体来说，设定如下模型：

$$\ln Patents_{it} = \alpha(t) + \varphi'(t)\ln B_{it} + m_{it} + v_{it} \qquad (4-2)$$

其中，$\alpha(t) = \max_i \theta(i,t)$，$m_{it} = \theta(i,t) - \alpha(t)$。在这里，不同地区的产出前沿系数是不同的，因此每一年都有独立的产出前沿，除非所有的系数每年都不再变动。

面板模型的产出前沿函数为：

$$\ln Patents_{it} = \theta(i,t) + \beta_1(t)\ln Labor_{it} + \beta_2(t)RD_{it} + v_{it} \qquad (4-3)$$

这里需要说明的是，模型中的待估参数是一种很灵活的设定形式，是 i 和 t 的函数，可以捕捉到区域特征以及时间特征对它的影响。

（二）参数估计

模型（4-3）与 Fan 和 Zhang（1999）提出的半参数平滑系数（Semi-parametric Smooth Coefficient，SPSC）模型很相似，不同之处在于，传统的 SPSC 模型假定包括截距项和斜率在内的所有系数的影响因素是一样的，在本书的模型中，截距项是区域和时间的函数，但是斜率是时间的非参数函数。

为估计式（4-3），本书借鉴 Robinson（1988）的方法进一步将式

（4 - 3）改写为：

$$\ln Patents_{it}^{*} = \beta_1(t)\ln Labor_{it}^{*} + \beta_2(t)\ln RD_{it}^{*} + v_{it} \qquad (4-4)$$

其中，$\ln Patents_{it}^{*} = \ln Patents_{it} - E(\ln Patents_{it} \mid i,t)$，$\ln Labor_{it}^{*} = \ln Labor_{it} - E(\ln Labor_{it} \mid i,t)$，$\ln RD_{it}^{*} = \ln RD_{it} - E(\ln RD_{it} \mid i,t)$。条件期望 $E(\ln Patents_{it} \mid i,t)$、$E(\ln Labor_{it} \mid i,t)$、$E(\ln RD_{it} \mid i,t)$ 可以采用 Nadaraya-Watson 核估计方法进行估计。求出 $\ln Patents_{it}^{*}$、$\ln Labor_{it}^{*}$、$\ln RD_{it}^{*}$ 之后，可以进一步估计式（4 - 4），这是一个没有截距项的 SPSC 模型。定义 $\rho(t) = [\beta_1(t), \beta_2(t)]$，$X_{it} = [\ln Labor_{it}^{*}, \ln RD_{it}^{*}]$，则式（4 - 4）可以表示为 $\ln Patents_{it}^{*} = X'_{it}\rho(t) + v_{it}$，运用总体矩估计条件 $E(X_{it}v_{it} \mid t) = 0$，可以得到：$\rho(t) = [E(X_{it}X'_{it} \mid t)]^{-1}E(X_{it}\ln Patents_{it}^{*} \mid t)$。进而可以估计出 $\hat{\rho}(t) = [\sum_{j=1}^{N}\sum_{t=1}^{T}X_{jt}X'_{jt}K_{jt}(t)]^{-1}\sum_{j=1}^{N}\sum_{t=1}^{T}X_{jt}\ln Patents_{jt}^{*}K_{jt}(t)$，其中 $K_{jt}(t)$ 为高斯核函数。为了对式（4 - 4）进行估计，需要选择合适的带宽，根据 Li 和 Racine（2010）的研究，本书采用最常用的最小平方交叉验证（Least Squares Cross Validation，LSCV）方法，该方法的优势是完全由数据驱动选择带宽。不失一般性，假设外部环境变量用 Z_{it} 表示，在本书中，Z 为时间趋势变量，带宽向量可以表示为 $h = [h_1, \cdots, h_s]$，即：

$$CV_{lc}(h) = \min\sum_{i=1}^{N}\sum_{t=1}^{T}[\ln Patents_{it}^{*} - X'_{it}\hat{\gamma}_{-it}Z_{it}]^2 M(Z_{it})$$

其中，$CV_{lc}(h)$（即 Cross Validation）决定了局部常量估计量的带宽向量 h，$X'_{it}\hat{\gamma}_{-it}Z_{it} = X'_{it}\left[\sum_{j\neq i}^{N}\sum_{\tau\neq t}^{T}X_{j\tau}X'_{j\tau}K\left(\frac{Z_{j\tau} - Z_{it}}{h}\right)\right]^{-1}\sum_{j\neq i}^{N}\sum_{\tau\neq t}^{T}X_{j\tau}\ln\left[Patents_{it}^{*}K\left(\frac{Z_{j\tau} - Z_{it}}{h}\right)\right]$ 为留一法核条件均值（Leave-One-Out Local-constant Kernel Conditional Mean），$0 \leq M(\cdot) \leq 1$ 为权重函数。

根据式（4 - 4）构造 $R_{it} = \ln Patents_{it}^{*} - \hat{\beta}_1(t)\ln Labor_{it}^{*} - \hat{\beta}_2\ln RD_{it}^{*}$，然后进行非参数回归估计 $R_{it} = \theta(i,t) + \varepsilon_{it}$，进而得到 $\theta(i,t)$ 的估计值，这里等同于假设 $E(\varepsilon_{it} \mid i,t) = 0$ 条件下估计 $E(R_{it} \mid i,t)$。

（三）效率分解

得到截距项 $\theta(i,t)$ 的估计值后，可以进一步对效率进行分解。定义产出无效率水平为：$m_{it} = \theta(i,t) - \alpha(t)$，其中 $\alpha(t) = \max_i \theta(i,t)$，这里的定义与 Cornwell 等（1990）、Sun 等（2015）的定义类似，区别在于他们采用的是参数化生产前沿，而本书采用的是半参数化产出前沿。

由于区域特征以及环境变量都有可能影响 m_{it} 的大小，本书假定区域特征不随时间变化，因此有必要将其进行分离，进一步将 m_{it} 分解为区域固定效应和无效率项两部分：

$$m_{it} = \mu_i - \eta_i - u_{it} \tag{4-5}$$

其中，μ_i 为均值为 0 的随机区域固定效应，$\eta_i \geq 0$ 为不随时间变化的产出无效率项，$u_{it} \geq 0$ 为随时间变化的产出无效率项。本书采用下面的步骤估计 η_i 和 u_{it}。

第一步：估计区域固定效应。定义 $\varepsilon_{it} = m_{it} + v_{it}$，根据式（4-5），可以将其改写为单向误差面板模型，即：

$$\varepsilon_{it} = \alpha_0 + \psi_i + \chi_{it} \tag{4-6}$$

其中，$\alpha_0 = E(\eta_i) + E(u_{it})$，$\psi_i = \mu_i + [-\eta_i - E(\eta_i)]$，$\chi_{it} = v_{it} + [-u_{it} - E(u_{it})]$。在估计过程中，$\varepsilon_{it}$ 由 $\hat{m}_{it} + \hat{v}_{it}$ 代替，而 $\hat{m}_{it} = \hat{\alpha}(t) - \hat{\theta}(i,t)$，$\hat{v}_{it}$ 可以由式（4-4）得到。通过对式（4-6）进行单向面板固定效应模型估计，可以得到 $\hat{\psi}_i$ 和 $\hat{\chi}_{it}$。

第二步：估计时不变无效率项。根据定义 $\psi_i = \mu_i - \eta_i - E(\eta_i)$，估计如下的面板随机前沿模型：

$$\psi_i = \alpha_0 + \mu_i - \eta_i \tag{4-7}$$

这里用 $\hat{\psi}_i$ 代替 ψ_i，用 $\alpha_0 = -E(\eta_i)$ 表示常数项，μ_i 为干扰项，$\eta_i \geq 0$ 为时不变无效率项。根据 Jondrow 等（1982）的研究，可以得到每个地区的无效率项 $\hat{\eta}_i$，进而得到时不变技术效率 $TE_{0i} = E[\exp(-\eta_i \mid r_{0i})]$，其中 $r_{0i} = \mu_i - \eta_i$ 为式（4-7）的回归残差。

第三步：估计时变无效率项。根据定义 $\chi_{it} = v_{it} - u_{it} - E(u_{it})$，估计如下的面板随机前沿模型：

$$\chi_{it} = b_0 + v_{it} - u_{it} \tag{4-8}$$

其中，$b_0 = -E(u_{it})$ 为常数项，v_{it} 为随机干扰项，$u_{it} \geq 0$ 为无效率项。

用 $\hat{\chi}_{it}$ 代替 χ_{it} 对式 （4 – 8） 进行估计，进而可以得到 $\hat{u}_{it}$。得到的技术效率 $TE_{pit} = E[\exp(-u_{it} \mid e_{it})]$，其中 $e_{it} = v_{it} - u_{it}$ 为式 （4 – 8） 的估计残差。

最后，总体的技术效率 $TE_{it} = TE_{0i} \times TE_{pit}$。需要说明的是，$TE_{it}$ 严格小于 TE_{0i} 和 TE_{pit}，除非其中一项的效率值为 1。

三　变量选择和数据来源

（一）被解释变量

衡量创新产出的指标有专利、新产品销售收入等。新产品销售收入是衡量创新产出较好的指标，但《中国统计年鉴》中缺乏分地区的统计数据，而专利不仅富含大量有关发明技术方面的信息，而且数据容易得到 （Malerba，Orsenigo，1995）。《中国统计年鉴》提供了专利申请量和授权量两类数据，但是由于专利授权审批时间较长，时间长达 3 年之久，学者们普遍认为采用专利授权量指标不能很好地反映实际创新产出 （马军杰等，2013）。因此，本书将专利申请量作为创新产出指标，这符合目前大多数文献在考察创新产出时的选择 （马军杰等，2013），也使得本书的研究结论与已有文献具有可比性。

（二）解释变量

1. 研发资本存量

本书采用永续盘存法对研发资本存量进行测算，具体为：

$$RD_{it} = E_{i(t-1)} + (1 - \delta) RD_{i(t-1)} \tag{4 – 9}$$

其中，RD_{it} 和 $RD_{i(t-1)}$ 分别表示 i 省份第 t 年和第 $t - 1$ 年的研发投入，$E_{i(t-1)}$ 表示 i 省份第 $t - 1$ 年折现的研发投入。$RD_{i0} = E_{i0} / (g + \delta)$，其中 g 为 E 的年均增长率，δ 为折旧率。国内外文献广泛使用的折旧率为 15%，本书也采用该值。本书基年为 2003 年，在测算研发资本存量前，已用 2003 年固定资产投资价格指数将研发经费平减成不变价格研发支出。与已有研究不同的是，考虑到企业、高校以及科研机构在区域创新系统中扮演着不同的角色，具有不同的功能定位 （Buesa et al.，2006；白俊红等，2009），在成熟的市场经济条件下，企业按照市场机制配置创新资源进行生产并取得收益，是参与创新活动最为活跃的因素和最重要的组成部分，而高校和科研机构则是创新的知识库与知识源，其功能主要体现在知识的生产、传播和转让等方面（白俊红等，2009），在创新过程中同样起到了重要作用。因此，本书同时选择企业 R&D 经费投入和高校 R&D 经费投入作为 R&D 经费投入指标，用以考察二者对区域创新产出的影响。

2. R&D 人员投入

研发创新的另一个重要投入指标是 R&D 人员投入，本书参考现有文献（白俊红等，2009），选择 R&D 人员全时当量来衡量，其值为报告期内R&D 全时人员加非全时人员按照工作量折算成全时人员数的总和。

第二节　我国区域创新投入和产出的演变趋势分析

一　区域创新投入的演变趋势

（一）R&D 经费投入

在样本期间，我国 R&D 经费支出呈现逐年增长的趋势。从 2003 年的1539.6 亿元到 2017 年的 17606.1 亿元，14 年间增长 10.4 倍，年均增长率达到 19.0%，远高于经济增长速度。图 4－1 和图 4－2 分别绘制了 2003～2017 年我国各地区 R&D 经费投入及其增长速度的时序图。从整个趋势来看，东部地区的 R&D 经费投入远远高于中部和西部地区，西部地区的R&D 经费投入最低。从增长速度来看，2008 年以前，我国 R&D 经费投入增长速度较缓慢；2008～2010 年，三个地区的 R&D 经费投入增长速度明显变快，尤其是中部和西部地区的增长速度超过东部地区；2010 年之后，三个地区的 R&D 经费投入增长速度基本持平，中部地区的增长速度略高于东部和西部地区。总体而言，在样本期间内，东部地区 R&D 经费投入总量继续保持优势地位，中部地区 R&D 经费投入增长速度提升显著。

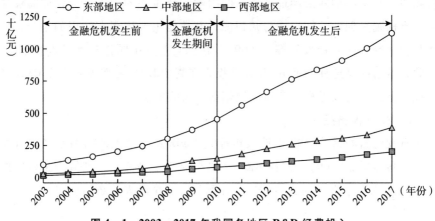

图 4 - 1   2003 ~ 2017 年我国各地区 R&D 经费投入

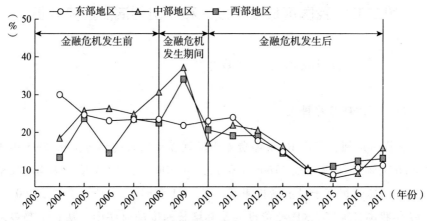

图 4 - 2   2003 ~ 2017 年我国各地区 R&D 经费投入增长速度

（二）R&D 人员全时当量

21 世纪以来，我国 R&D 人员全时当量的增长趋势十分迅猛。从 2003 年的 1064576 人年增加到 2017 年的 4032349 人年，14 年间增长了 2.79 倍。图 4 - 3 呈现了 2003 ~ 2017 年我国各地区 R&D 人员全时当量情况。从整个趋势来看，无论是东部、中部还是西部地区，我国 R&D 人员全时当量都呈现上升趋势。分地区来看，我国东部地区 R&D 人员全时当量远远超过中部和西部地区，西部地区的 R&D 人员全时当量最低。从增长率来看，我国东部地区的 R&D 人员全时当量增长率在样本期内多数年份高于中部和西部地区。2011 年及之前，东部、中部和西部地区的 R&D 人员全时当量增长率差异较大；2011 年之后，三个地区的 R&D 人员全时当量增长率基本保持一致，总体处于下降趋势。

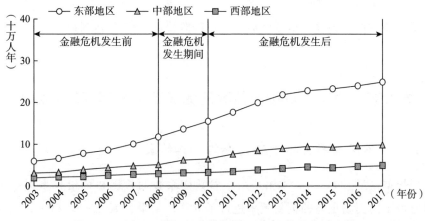

图 4 - 3 2003～2017 年我国各地区 R&D 人员全时当量

二 区域创新产出的演变趋势

我国的专利产出在近十多年间增长十分迅速，专利授权量从 2003 年的136664 件增加到 2017 年的 1720828 件，年均增速达到 19.8%。图 4 - 4 呈现了 2003～2017 年我国各地区专利授权量情况。从整个趋势来看，我国东部、中部和西部地区的专利授权量都呈现明显的增长趋势。分地区来看，

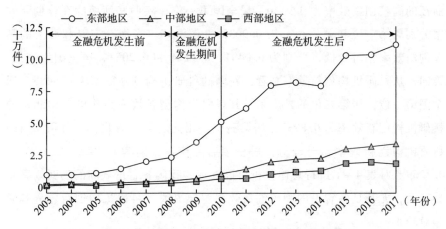

图 4 - 4 2003～2017 年我国各地区专利授权量

我国东部地区的专利授权量远远超过中部和西部地区，西部地区的专利授权量最少。从增长率来看，我国东部、中部、西部地区的专利授权量增长率基本保持相同的趋势。2008 年之前三个地区的专利授权量增长率都呈上升趋势，2008 年略有下降，随后呈现上升态势，2010 年三个地区的专利授权量增长率都达到最大值，随后进入下降阶段，2014 年达到最低点。

第三节　我国区域创新效率的测度结果及演变趋势分析

一　不同创新主体创新效率的测算结果

根据模型（4－2），本书采用半参数变系数面板随机前沿模型对我国各省份不同创新主体的创新效率进行了测算，结果见表 4－1。第一，从各省份的区域创新效率来看，浙江、重庆和广东的区域创新效率居全国前三位，其中浙江的区域创新效率远高于其他省份；青海、甘肃和陕西的区域创新效率分别为 0.1797、0.2447 和 0.2502，居全国后三位。第二，从企业创新效率来看，重庆的企业创新效率为 0.9000，居全国第一位；浙江和广东的企业创新效率分别为 0.8654 和 0.7128，居第二位和第三位。海南的企业创新效率最低，仅为 0.1364；青海和山西的企业创新效率分别居倒数第二位和第三位，为 0.1569 和 0.2167。第三，从高校创新效率来看，浙江的高校创新效率为 0.9540，居全国第一位；陕西和河南的高校创新效率分别居第二位和第三位，为 0.9035 和 0.8840。青海、宁夏和海南的高校创新效率相对较低，分别为 0.0481、0.1124 和 0.2053，居全国后三位。第四，从科研机构创新效率来看，新疆的科研机构创新效率为 0.9488，居全国第一位；居第二位的是广东，其科研机构创新效率为 0.9075；北京的科研机构创新效率为 0.8937，居第三位。相比之下，河北、云南和江西的科研机构创新效率相对较低，居全国后三位，分别为 0.3095、0.3197 和 0.3269。对表 4－1 进行总体分析可以发现，我国各省份之间的创新效率差异较大，尤其是各省份的高校创新效率差异更大，科研机构创新效率差异相对较小。

表 4 - 1 我国各省份不同创新主体的创新效率

（1）	（2）	（3）	（4）	（5）	（6）	（7）	（8）	（9）
省份	区域创新效率	排名	企业创新效率	排名	高校创新效率	排名	科研机构创新效率	排名
浙江	0.9002	1	0.8654	2	0.9540	1	0.7843	7
重庆	0.6889	2	0.9000	1	0.6691	8	0.4898	20
广东	0.6848	3	0.7128	3	0.4869	15	0.9075	2
福建	0.5650	4	0.4395	12	0.7146	6	0.8304	4
新疆	0.5571	5	0.3605	17	0.2812	26	0.9488	1
江苏	0.5534	6	0.5410	7	0.8523	4	0.6154	13
上海	0.5126	7	0.5174	9	0.5446	12	0.8104	5
贵州	0.5087	8	0.3632	16	0.3529	22	0.5823	16
四川	0.4822	9	0.4989	10	0.3290	23	0.3672	26
山东	0.4690	10	0.4463	11	0.6875	7	0.7647	8
湖南	0.4509	11	0.5443	6	0.4332	20	0.4332	25
云南	0.4303	12	0.3353	18	0.6125	9	0.3197	29
安徽	0.4222	13	0.6278	5	0.4494	19	0.6051	14
海南	0.3927	14	0.1364	30	0.2053	28	0.6923	11
河南	0.3862	15	0.4012	13	0.8840	3	0.4578	23
黑龙江	0.3849	16	0.2412	26	0.4845	16	0.4498	24
河北	0.3834	17	0.3094	19	0.4523	18	0.3095	30
广西	0.3829	18	0.3728	15	0.4939	14	0.4707	21
江西	0.3664	19	0.2584	21	0.5559	11	0.3269	28
天津	0.3657	20	0.6495	4	0.8033	5	0.5523	17
辽宁	0.3639	21	0.2576	22	0.4565	17	0.7949	6
湖北	0.3482	22	0.3746	14	0.5916	10	0.5447	18
宁夏	0.3171	23	0.2359	27	0.1124	29	0.4900	19
吉林	0.2991	24	0.2486	23	0.3235	24	0.6434	12
内蒙古	0.2844	25	0.2474	25	0.2297	27	0.3293	27
山西	0.2734	26	0.2167	28	0.3575	21	0.7434	9
北京	0.2682	27	0.5224	8	0.3144	25	0.8937	3
陕西	0.2502	28	0.2849	20	0.9035	2	0.4659	22
甘肃	0.2447	29	0.2478	24	0.5222	13	0.5852	15

续表

（1）	（2）	（3）	（4）	（5）	（6）	（7）	（8）	（9）
省份	区域创新效率	排名	企业创新效率	排名	高校创新效率	排名	科研机构创新效率	排名
青海	0.1797	30	0.1569	29	0.0481	30	0.7419	10
均值	0.4239		0.4105		0.5035		0.5983	

图 4-5 呈现了 2003～2017 年我国不同创新主体的创新效率。第一，从区域创新效率来看，在样本期内，我国区域创新效率呈现稳定的上升趋势。第二，从企业创新效率来看，我国的企业创新效率与区域创新效率保持相同的增长态势。第三，从高校创新效率来看，我国的高校创新效率在样本期内呈现下降的趋势。2014 年及之前，高校创新效率一直高于企业创新效率；2014 年之后，企业创新效率超过高校创新效率。第四，从科研机构创新效率来看，我国的科研机构创新效率在 2009～2017 年呈现上升趋势，而且在整个区间内都高于企业创新效率和高校创新效率。

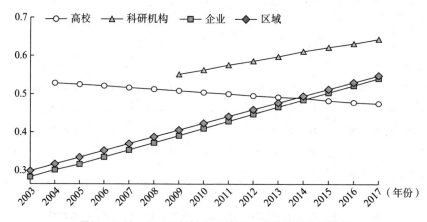

图 4-5　2003～2017 年我国不同创新主体的创新效率

注：个别年份数据缺失。

二　各省份创新效率的特征

图 4-6 呈现了我国 30 个省份的区域创新效率。可以看到，在整个样本期内，所有省份的区域创新效率都呈现上升的趋势。其中，广东、江苏、山东、上海、新疆、浙江和重庆等省份，在样本初期区域创新效率就相对较高，尤其是浙江，在所有省份中区域创新效率一直处于较高水平。

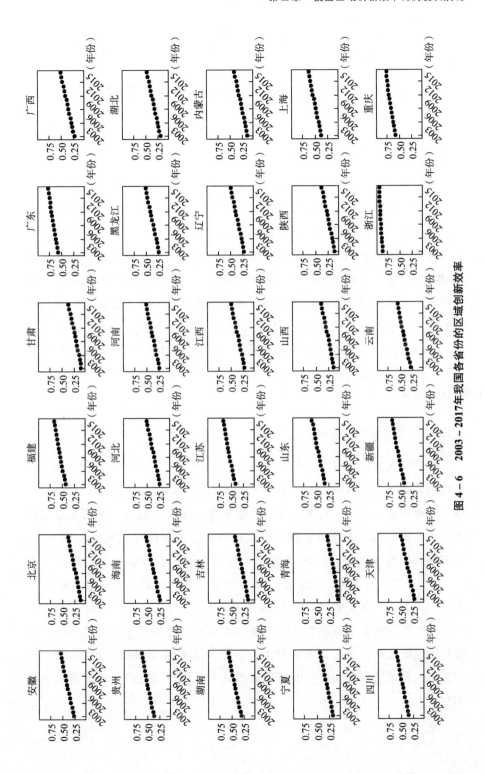

图 4 - 6　2003 ~ 2017年我国各省份的区域创新效率

第四节　我国区域创新效率存在的问题分析

一　研发水平整体不高

我国 R&D 经费投入逐年提高，有力地推动了我国创新发展战略的实施，夯实了我国创新型国家建设的基础，但与发达国家相比，我国的研发水平整体不高。我国的基础研究占比与发达国家（15% ~ 20%）相比仍有较大差距，研发投入强度与创新型国家（2.5% 以上）相比也存在一定差距。我国应进一步激发各创新主体的创新动力，引导社会资本积极参与创新过程，尤其是对于前瞻性和应用性研究更应予以重视。在加大研发投入的基础上，应进一步优化创新资源配置，突出以企业为主体、市场为导向、产学研深度融合的创新体制，重视市场机制对创新主体的激励作用。同时，中央政府也应积极进行顶层设计，完善国家创新体系，不断深化科技体制改革。

二　创新效率较低

我国的区域创新效率均值仅为 0.4239，企业创新效率均值为 0.4105，高校创新效率均值为 0.5035，科研机构创新效率均值为 0.5983。无论是从整体来看还是从各个创新主体来看，创新效率水平都不高，尤其是企业创新效率水平最低。这意味着我国企业在创新过程中还存在资源利用率低、研发投入浪费等问题。区域创新效率高于全国均值的省份只有浙江、重庆、广东、福建、新疆、江苏、上海、贵州、四川、山东、湖南和云南12个省份，大部分省份的区域创新效率低于全国均值，有很大的改善空间。我国企业在发展规模不断壮大的过程中需要提高技术水平和管理水平，有效利用创新资源，提高技术创新效率，特别需要注意科技与市场的结合，创造出满足市场需求和具有市场价值的成果，使高科技成果顺利转化为现实生产力。

三 区域创新效率失衡严重

首先，从创新投入来看，我国东部地区的创新投入远远大于中部和西部地区，西部地区的创新投入最低，地区之间的创新投入差距非常明显。2003 年，东部地区 R&D 经费投入分别是中部和西部地区的 3.25 倍和 4.91倍；东部地区 R&D 人员全时当量分别是中部和西部地区的 1.96 倍和 3.14倍。2017 年，东部地区 R&D 经费投入分别是中部和西部地区的 2.89 倍和5.61 倍，三个地区的 R&D 经费投入差距进一步拉大；东部地区 R&D 人员全时当量分别是中部和西部地区的 2.56 倍和 5.24 倍，R&D 人员投入的差距仍旧显著存在。其次，从创新产出来看，2003 年，东部地区专利授权量分别是中部和西部地区的 4.35 倍和 7.34 倍；2017 年，东部地区专利授权量是中部和西部地区的 3.28 倍和 5.98 倍。最后，从创新效率来看，2003 年，东部地区的创新效率均值为 0.3757，分别是中部（0.2331）和西部（0.2691）地区的 1.61 倍和 1.40 倍；2017 年，东部地区的创新效率均值为 0.6121，分别是中部（0.5005）和西部（0.5183）地区的 1.22 倍和 1.18 倍，区域创新效率的差距有所缩小，但依然存在。具体到省份，西部地区如青海、甘肃等省份的区域创新效率与东部地区的浙江、广东等省份相比差距较大。

第五章 区域异质性视角下的市场分割、资源错配与区域创新效率提升

我国幅员辽阔，要素资源丰富，但地区之间发展差异巨大，在不同的资源禀赋下，市场分割对区域创新效率的影响可能并不一致。鉴于此，本章试图从区域异质性视角探讨市场分割对区域创新效率的影响，探寻适合区域自身特征的市场发展策略和创新能力提升路径。

第一节 劳动力市场分割、资源错配 与区域创新效率提升

党的十九大报告提出要加快实现经济发展方式从要素积累驱动向生产率驱动转变，如何有效配置创新资源、促进生产率提升成为经济新常态下中国落实创新驱动战略、建设创新型国家过程中亟待解决的关键问题。学者们就如何提升区域创新效率进行了较为深入的探讨（白俊红、卞元超，2016；解晋，2019；戴魁早、刘友金，2016），也有学者开始关注我国社会主义市场经济发展过程中劳动力市场扭曲这一特征，对此进行了定量测度，并就劳动力市场分割产生的一系列问题进行了详细的讨论。然而遗憾的是，现有文献鲜有从劳动力市场分割的视角系统性分析其对区域创新效率的影响。鉴于此，本章基于资源错配的视角，探讨劳动力市场分割对区域创新效率的影响机理，并对此进行实证检验。

一 劳动力市场分割影响区域创新效率的理论机理

在新古典经济学中，企业获取利润最大化的情形出现在生产要素的边际收益等于其边际成本的位置。但是在现实世界中，严格的户籍管理制度阻碍了劳动力要素的自由流动，由此产生的城乡二元经济结构特征导致劳动力市场的分割和扭曲，加上地方政府对当地市场的保护，使得劳动力市场分割的情形更加严重，这都会导致劳动要素的实际价格与其均衡价格有所偏离。企业在生产过程中的要素使用和配置并没有达到最优状态，导致劳动要素的配置效率低下，其实际生产点也不是帕累托最优效率点。具体到创新过程中，劳动力市场分割不仅会扭曲工资价格，进而扭曲人力资本投资，而且会导致消费需求下降，不利于企业创新活动的开展，从而对创新效率的提升产生重大影响。具体来说，劳动力市场分割可能会通过以下三个途径影响区域创新效率（见图5-1）。

图5-1 劳动力市场分割影响区域创新效率的机理

（一）工资价格扭曲效应

改革开放以来，虽然我国的户籍制度不断放开，人口大规模流动开始涌现，但不可否认，我国的城乡二元经济结构问题依然存在，劳动力市场分割现象并未完全消除，劳动力无法跨区域自由流动，从而产生了劳动力要素市场的扭曲，作为现代劳动力要素重要组成部分的创新人才的流动也会因此而受到影响。在这种情形下，劳动力价格，尤其是创新人才的工资价格无法准确反映创新要素市场供求关系的调整状况，劳动力价格可能会因此而长期处于被低估的状态（蒲艳萍、顾冉，2019）。根据诱致性技术创新理论，要素禀赋结构变化将引起要素相对价格的变动，进而诱发要素节约偏向的技术创新活动，这种扭曲最终偏向劳动密集型行业或者向劳动密集型生产环节转移，导致企业的生产长期被锁定在附加值较低的价值链低端环节，不利于企业创新效率的提升。熊彼特的技术创新理论认为，创新活动源于生产者行为的变化。在面对选择通过较低成本的劳动要素还是较高风险的研发投资活动来提高企业生产率和竞争力的问题时，生产者通常会选择前者。劳动力市场分割导致的工资价格扭曲为企业提供了依靠成本优势获利和生存的机会，而不会通过高风险、高投入的研发创新来追求产品竞争力。而且，劳动力工资价格扭曲会造成劳动要素配置效率的损失，导致企业 R&D 投入产出低效，无法获得市场均衡状态下的创新收益，进而抑制企业创新动力，挤出创新投资。基于以上分析，本书提出如下假说。

假说 1：劳动力市场分割会扭曲劳动力工资价格，降低区域创新效率。

（二）人力资本投资扭曲效应

创新是一项复杂的知识生产活动，人力资本是创新活动的核心要素。在其他投入要素既定的情形下，高人力资本投资对新知识和研究成果的吸收能力更强，更能推动其转化为生产所需的新技术和面向市场的新产品，特别是在现代技术和机器设备更新换代速度较快的时代，高人力资本对技术创新的促进作用更加重要（蒲艳萍、顾冉，2019）。但在劳动力市场存在分割的情形下，劳动者的报酬可能并不能匹配人力资本和生产率应得水平。对于一个理性劳动者而言，在人力资本收益无法获得均衡的市场收益时，可能会选择降低人力资本投资水平，挤压自身和子代的人力资本投资，长期来看，会阻碍地区人力资本水平的提高。另外，从企业角度来看，劳动力市场分割使得企业可以用更低的成本获得更大的利润空间，会更倾向于采取廉价的人力资源策略，而不是进行企业员工的投资和培训，这不利于企业创新能力的提升。基于以上分析，本书提出如下假说。

假说 2：劳动力市场分割会扭曲人力资本投资，进而降低区域创新效率。

（三）消费需求扭曲效应

劳动力市场分割通过消费市场扭曲影响区域创新效率的逻辑基础来自 Schmookler（1966）提出的需求拉力理论。科技创新蕴含的发明创造最终能否转化为新产品和新技术取决于市场的预期收益，只有在市场规模和需求层次达到一定程度时，生产者才会有足够的激励去增加创新投资。但在劳动力市场存在分割的情形下，我国的劳动收入占比与发达国家相比处于较低水平，工资向下扭曲导致劳动收入低于潜在的均衡值，在面对家庭预算约束的条件下，会限制家庭消费，压缩对新产品的需求，尤其是对价格高昂的高技术产品的需求。市场有效需求规模的缩小意味着企业进行研发投资用于生产新产品、开发新技术的潜在利润会变小，此时生产者倾向于选择更加稳健的生产策略，而不是进行高风险的研发投资活动。基于以上分析，本书提出如下假说。

假说3：劳动力市场分割会限制消费市场规模，进而抑制区域创新效率提升。

二 劳动力市场分割影响区域创新效率的实证结果分析

（一）数据来源与数据处理

本书选取的研究样本为 2003 ~ 2019 年我国 30 个省份①的面板数据。实证研究选取的劳动力市场分割数据由第三章的测算方法测得，各省份的 GDP、进出口贸易额、外商直接投资、年末城镇人口数、平均受教育年限、文教娱乐消费支出等数据来自历年《中国统计年鉴》，技术市场交易额数据来自《中国科技统计年鉴》。另外，部分缺失数据来自《中国教育经费统计年鉴》和各省份的统计年鉴。

（二）模型设定与变量选择

借鉴戴魁早和刘友金（2016）的研究方法，构建如下计量模型对研究假说进行检验：

$$EcyInno_{it} = \beta_0 + \beta_1 LaborSeg_{it} + \delta_i Z_{it}^* + \nu_i + \varepsilon_{it} \qquad (5-1)$$

其中，$EcyInno_{it}$ 为被解释变量，表示各省份的区域创新效率。$LaborSeg_{it}$ 为兴趣变量，表示各省份的劳动力市场分割水平。Z_{it}^* 为控制变量，根据技术创新相关文献，本书选择知识产权保护程度、R&D 投入强度、人力资本

---

① 不含港澳台地区，由于西藏地区部分年份数据缺失，所以也未包含在本书的研究样本中。

水平、贸易开放度、外商直接投资、政府干预度、城市化水平和地区经济发展水平等变量。①知识产权保护程度（ipr）。良好的知识产权保护可以为企业研发创新提供良好的制度保护环境，形成知识产权壁垒，获取研发创新高额收益，激发企业的创新动力。根据 Lin 等（2010）的研究，知识产权保护是影响技术创新的重要因素。与韩先锋等（2019）的方法保持一致，本书选择技术市场交易额与 GDP 的比值来刻画。②R&D 投入强度（$rdqd$）。通常情况下，R&D 投入强度会直接影响区域创新能力，所以本书用研发经费投入占 GDP 比重的相对指标来表示。③人力资本水平（$lnhc$）。根据李平等（2007）的研究，一个地区的创新能力与其人力资本水平直接相关，因为人力资本是技术吸收能力的重要决定因素。Xu（2000）的研究也表明，一个国家或地区的人力资本水平是决定区域技术吸收能力的重要因素，决定了一个地区从模仿向创新的转变能力，人力资本匮乏的地区只能模仿，自主创新能力难以得到有效提升，所以本书引入人力资本水平控制变量，用地区的平均受教育年限来刻画。④贸易开放度（tra）。贸易开放对区域创新效率的影响已经得到学者们的广泛关注，贸易开放会通过市场扩张效应和竞争效应对区域创新效率产生影响（Grossman，Helpman，1993；Aghion et al.，2018；Bloom et al.，2016；Holmes et al.，2012），本书选择进出口总额占 GDP 的比重作为代理变量。⑤外商直接投资（$lnfdi$）。关于外商直接投资对区域创新能力影响的文献较多，但是其对创新能力影响的结论不一致。有的学者认为外商直接投资给东道国带来了充裕的资金，会通过技术溢出效应促进所在地区创新能力的提升（Yam et al.，2011）；还有一些学者认为外商直接投资对区域创新能力的影响需要进行全面分析，不能简单地用促进或阻碍来表示。冉光和等（2013）研究发现，外商直接投资对区域创新能力提升存在门槛效应，只有在超过一定门槛之后，外商直接投资才能显著促进区域创新能力提升。虽然外商直接投资对区域创新能力的影响结论不一致，但其对区域创新能力具有重要影响基本得到了已有文献的证实。本书采用各地区外商直接投资额的对数来表示地区外商直接投资水平。⑥政府干预度（gov）。对于处于转型期的中国而言，诸多创新资源单纯依靠市场自由配置无法达到最优，区域创新能力的提升离不开政府的干预和支持。本书参考韩先锋等（2019）的模型，引入政府干预控制变量，用地区财政支出占 GDP 的比重来表示。⑦城市化水平（urb）。较高的城市化水平意味着可以为创新主体提供更加合理的创新要素禀赋结构，这不仅有助于提升创新要素的交易效率，而且更容易形成专业化和多样化的创新网络，有利于区域创新效率的提升，本书采用地区年末城镇人口占总人口的比重作为城市化水平的代理变量。⑧地区经济发展水平（ln-pgdp）。本书用人均 GDP 来表示地区经济发展水平。主要变量的描述性统计见表 5 - 1。

表 5 - 1　主要变量的描述性统计

变量符号	变量名称	观测值	均值	标准差	最小值	最大值
EcyInno	区域创新效率	510	0.42	0.17	0.08	0.93
LaborSeg	劳动力市场分割	510	0.0017	0.0019	0.0001	0.0234
ipr	知识产权保护程度	420	0.01	0.02	0.00	0.16
rdqd	R&D 投入强度	420	0.01	0.01	0.00	0.06
lnhc	人力资本水平	420	2.17	0.11	1.89	2.53
tra	贸易开放度	420	0.31	0.38	0.01	1.72
lnfdi	外商直接投资	510	12.37	1.71	6.10	15.09
gov	政府干预度	420	0.22	0.10	0.08	0.63
urb	城市化水平	420	0.54	0.14	0.27	0.90
lnpgdp	地区经济发展水平	510	10.28	0.73	8.22	11.85

（三）基准回归结果分析

表 5 - 2 呈现的是没有加入控制变量时劳动力市场分割影响区域创新效率的回归结果。模型 1 和模型 2 分别报告了混合 OLS 和面板固定效应（FE）的估计结果，可以看到，在两个模型中劳动力市场分割的系数分别在 1% 和 10% 的水平下显著为负，这表明劳动力市场分割会显著降低区域创新效率。考虑到区域创新可能存在一定的路径依赖作用，本书在式（5 - 1）的基础上加入了被解释变量的滞后项。加入因变量的滞后项理论上会导致两个方面的内生性：一是因变量的滞后项可能因与干扰项相关而产生内生性；二是可能存在遗漏变量而导致内生性。Arellano 和 Bover（1995）建议采用广义矩估计（GMM）的方法克服上述两个可能存在的内生性问题。根据 Windmeijer（2005）的研究，两阶段系统广义矩估计（SYS - GMM）方

法相对于一阶差分广义矩估计方法更有效，所以本书主要选择 SYS – GMM 方法进行估计，而且 Arellano-Bond 检验显示工具变量是有效的，也不存在过度识别问题。可以看到，在加入因变量的滞后项（L. EcyInno）后，兴趣变量 LaborSeg 的系数依然在 5% 的水平下显著，表明劳动力市场分割会显著降低区域创新效率。这与戴魁早和刘友金（2016）的研究结论基本保持一致，他们利用中国高新技术企业 1997～2009 年的微观数据研究也表明，要素市场扭曲会显著降低高新技术企业的创新效率。

表 5 – 2　全样本回归结果

变量	模型 1	模型 2	模型 3	模型 4	模型 5	模型 6
	OLS	FE	SYS – GMM	OLS	FE	SYS – GMM
LaborSeg	– 16. 328 *** (– 3. 523)	– 1. 419 * (– 1. 933)	– 0. 165 ** (– 2. 274)	– 40. 612 *** (– 6. 663)	– 0. 349 * (– 1. 937)	– 1. 032 *** (– 3. 270)
L. EcyInno			0. 990 *** (340. 140)			0. 988 *** (314. 669)
TD × LaborSeg				39. 357 *** (5. 862)	0. 305 *** (3. 361)	1. 186 *** (3. 525)
Constant	0. 451 *** (40. 817)	0. 426 *** (77. 748)	0. 022 *** (19. 974)	0. 447 *** (41. 830)	0. 299 *** (122. 493)	0. 023 *** (18. 032)
年份固定效应	否	是	是	否	是	是
地区固定效应	否	是	是	否	是	是

注：*、**和***分别表示在 10%、5% 和 1% 的水平下显著，括号内的数字为相应的 t 值。

考虑到 2008 年全球金融危机对企业的冲击可能存在差异，本书在模型中引入时间虚拟变量 TD（2003～2007 年取值为 0，2008～2019 年取值为 1）。可以看到，时间虚拟变量与劳动力市场分割交互项的系数在 1% 的水平下显著为正，这表明金融危机之后，要素市场的发展弱化了劳动力市场分割对区域创新效率的抑制效应。究其原因，可能有二。第一，金融危机之后，企业更加注重国内市场，国内的要素市场一体化程度有所提升，加速了研发创新资源在要素市场的合理流动，使得企业技术创新效率得以提升。第二，金融危机让企业意识到，只有具有竞争力的产品才能在市场中保持有利地位，所以金融危机激发了企业创新动力，提升了企业创新效率。

在基准回归结果的基础上，本书通过依次加入控制变量的方式对劳动力市场分割的系数进行分析。表 5 - 3 模型 1 至模型 8 中依次加入知识产权保护程度、R&D 投入强度、人力资本水平、贸易开放度、外商直接投资、政府干预度、城市化水平和地区经济发展水平等地区特征变量。可以看到，解释变量劳动力市场分割的系数在所有模型中均为负值，无异常波动，且至少在 10% 的水平下显著，这意味着估计结果具有稳健性。根据模型 8，知识产权保护程度的系数为 0.908，且在 1% 的水平下高度显著，这表明知识产权保护程度越高，区域创新效率就越高。R&D 投入强度的系数为 1.004，在 10% 的水平下显著，这表明 R&D 投入强度越高，区域创新效率就越高。人力资本水平对区域创新效率的提升具有显著的正向影响，人力资本水平的提升有助于地区从模仿向自主创新转变，有助于提高区域创新效率，这与李平等（2007）的研究结论基本保持一致。贸易开放度对区域创新效率的影响在 1% 的水平下显著为负，这表明贸易开放度越高，区域创新效率就越低。陶爱萍等（2020）利用 2000 ~ 2013 中国工业企业微观数据也得到了类似结论，究其原因，可能在于：当前中国鼓励企业进口国内短缺的先进生产设备以及关键零部件的政策措施，很可能导致企业对国外的先进技术和设备形成进口依赖效应，对国内企业的自主创新活动形成替代效应，进而导致国内创新主体通过自主研发提高竞争力的内在动力丧失。外商直接投资对区域创新效率的影响不显著，外商直接投资对区域创新效率的影响不能单纯从阻碍或促进的角度来看，其影响的大小可能受其他因素的制约，比如地区的人力资本水平（李政等，2017）、金融发展规模（冉光和等，2013）等。政府干预度对区域创新效率的影响在 1% 的水平下显著为正，这表明政府干预度越高，区域创新效率就越高，这与韩先锋等（2019）的结论也保持一致。城市化水平和地区经济发展水平对区域创新效率的影响系数也都在 1% 的水平下显著，这表明城市化水平、地区经济发展水平越高，区域创新效率就越高。

表 5 - 3　逐步回归结果

变量	模型 1	模型 2	模型 3	模型 4	模型 5	模型 6	模型 7	模型 8
LaborSeg	- 4.519**	- 3.444**	- 2.732***	- 2.727***	- 3.020***	- 1.831**	- 1.228*	- 1.578**
	(- 2.273)	(- 2.292)	(- 2.756)	(- 2.747)	(- 3.101)	(- 2.074)	(- 1.778)	(- 2.515)

续表

变量	模型1	模型2	模型3	模型4	模型5	模型6	模型7	模型8
ipr	4.473*** (9.174)	2.992*** (7.877)	1.429*** (5.463)	1.391*** (4.986)	1.329*** (4.861)	1.270*** (5.182)	0.997*** (5.187)	0.908*** (5.198)
rdqd		15.256*** (15.759)	5.404*** (6.783)	5.247*** (5.901)	4.599*** (5.196)	4.391*** (5.534)	1.450** (2.224)	1.004* (1.691)
ln*hc*			0.803*** (20.651)	0.805*** (20.544)	0.746*** (18.097)	0.524*** (11.789)	0.149*** (3.438)	0.024*** (3.563)
tra				-0.006 (-0.401)	-0.011 (-0.721)	-0.003 (-0.197)	-0.049*** (-4.312)	-0.039*** (-3.712)
ln*fdi*					0.014*** (3.953)	0.014*** (4.322)	0.008*** (3.023)	0.001 (0.389)
gov						0.451*** (8.977)	0.273*** (6.639)	0.135*** (3.320)
urb							0.783*** (14.418)	0.415*** (6.303)
ln*pgdp*								0.075*** (8.404)
Constant	0.412*** (57.738)	0.204*** (14.306)	-1.381*** (-17.860)	-1.380*** (-17.817)	-1.414*** (-18.543)	-1.030*** (-12.788)	-0.461*** (-6.214)	-0.660*** (-9.252)
年份固定效应	控制	控制	控制	控制	控制	控制	控制	控制
地区固定效应	控制	控制	控制	控制	控制	控制	控制	控制

注：*、**和***分别表示在10%、5%和1%的水平下显著，括号内的数字为相应的t值。

（四）内生性问题处理

1. 加入更多的控制变量

前面章节已经对可能存在的内生性问题进行了相应的处理。例如，第四章采用半参数变系数面板随机前沿模型对区域创新效率进行了测算，以尽可能弱化数据测算方法的偏误导致估计结果出现偏差。对于可能存在的遗漏变量问题，本书在前文估计模型的基础上，进一步加入产业升级、互联网发展水平等因素进行控制。一方面，新一轮产业变革和技术升级推动了新一轮的技术需求，激发了企业提高创新效率的内在动力；另一方面，随着互联网的普及，互联网与经济社会中的诸多领域不断融合，互联网正在对我国的创新驱动发展产生战略性和全局性的影响。韩先锋等（2019）的研究表明，互联网的快速发展显著提高了我国区域创新效率，正在成为区域创新能力提升的新动力。因此，本书在模型中进一步加入互联网发展水平因素，用各省份网民总数的对数来表示。加入更多控制变量的回归结果见表 5 - 4 中的模型 1 至模型 3。模型 1 为加入产业升级（stu）变量，模型 2 为加入互联网发展水平（$lnnetp$）变量，模型 3 为两个变量同时加入。由模型 3 可以看到，产业升级变量的系数为 0.067，且在 1% 的水平下显著，互联网发展水平的系数为 0.011，在 5% 的水平下显著，这表明二者确实会对区域创新效率产生影响。模型 1 至模型 3 的回归结果显示，劳动力市场分割的系数仍旧至少在 10% 的水平下显著，且均为负值，表明本书的回归是稳健的。

表 5 - 4　内生性问题回归结果

变量	模型 1	模型 2	模型 3	模型 4
$LaborSeg$	- 0.721 **	- 1.552 ***	- 0.645 *	- 0.875 *
	(- 2.250)	(- 3.017)	(- 1.831)	(- 2.042)
ipr	0.266	0.929 ***	0.296	0.311
	(1.372)	(4.024)	(1.494)	(1.607)
urb	0.306 **	0.418 **	0.311 **	0.312 **
	(2.256)	(2.296)	(2.257)	(2.317)
tra	- 0.002	- 0.039 **	- 0.001	- 0.000
	(- 0.132)	(- 2.346)	(- 0.101)	(- 0.005)
$rdqd$	0.243	0.977	0.167	0.234
	(0.224)	(0.586)	(0.155)	(0.220)
$lnfdi$	0.002	0.001	0.001	0.001
	(0.594)	(0.118)	(0.356)	(0.456)
$lnpgdp$	0.093 ***	0.069 **	0.080 ***	0.079 ***
	(4.595)	(2.642)	(3.396)	(3.441)
$lnhc$	- 0.025	0.030	- 0.013	- 0.011
	(- 0.671)	(0.566)	(- 0.358)	(- 0.281)
gov	0.025	0.120	- 0.010	- 0.012
	(0.450)	(1.169)	(- 0.213)	(- 0.243)
stu	0.066 ***		0.067 ***	0.067 ***
	(8.162)		(8.883)	(9.035)

续表

变量	模型 1	模型 2	模型 3	模型 4
ln*netp*		0.005 (0.753)	0.011 ** (2.095)	0.012 ** (2.199)
Constant	−0.728 *** (−5.769)	−0.637 *** (−4.212)	−0.681 *** (−4.927)	−0.684 *** (−4.966)
地区固定效应	控制	控制	控制	控制
年份固定效应	控制	控制	控制	控制
调整后的 R^2	0.954	0.926	0.955	0.955

注：*、**和***分别表示在10%、5%和1%的水平下显著，括号内的数字为相应的 t 值。

2. 解释变量滞后一期

借鉴韩先锋等（2019）、郭家堂和骆品亮（2016）处理自变量和因变量互为因果关系可能导致的内生性问题的做法，将解释变量 *LaborSeg* 作为被解释变量进行回归，并选择 *LaborSeg* 的滞后一期作为当期 *LaborSeg* 的工具变量，采用两阶段最小二乘法（2SLS）进行回归，结果见表5-4中的模型4。可以看到，两种估计结果与前文估计的结果没有明显差别，表明本书的研究结论是稳健的。

（五）稳健性检验

为了确保估计结果的稳健性，除了采用上述逐步加入控制变量、进行内生性控制以及采用不同估计方法作为辅助性参考以外，本书还采取了如下方式对前文的估计结果进行稳健性检验。

1. 分地区

考虑到我国各地区之间禀赋差异较大，本书将所有样本分为东部、中部、西部地区三组①分别进行回归，具体结果见表5-5中的模型1至模型3。可以看到，劳动力市场分割对东部、中部、西部地区区域创新效率的影响并不完全一致。具体而言，东部地区劳动力市场分割的系数并不显

---

① 东部地区包括北京、天津、河北、辽宁、上海、江苏、浙江、福建、山东、广东和海南11个省份；中部地区包括山西、吉林、黑龙江、安徽、江西、河南、湖北、湖南8个省份；西部地区包括内蒙古、广西、重庆、四川、贵州、云南、陕西、甘肃、青海、宁夏和新疆11个省份。

著，中部和西部地区的系数仍旧为负，且分别在 1% 和 5% 的水平下显著，这意味着劳动力市场分割并不会显著影响东部地区的区域创新效率，但是会对中部和西部地区的区域创新效率产生显著影响，而且对中部地区区域创新效率的影响最大，是西部地区的 2 倍多。究其原因，可能在于：劳动力市场分割会导致劳动力无法跨区域自由流动，对于高技术人才来说同样也会受到影响。但是东部地区有更好的基础设施、医疗和教育环境，对高技术人才具有更大的吸引力，即使劳动力市场存在分割，东部地区的高技术人才也不会因此而大量流失。但是中部和西部地区则有着不一样的结论，中部和西部地区的基础设施、医疗和教育环境相比东部地区都较差，在存在市场分割保护的情形下，容易导致劳动力尤其是高技术人才流失，最终会显著降低中部和西部地区的区域创新效率。

表 5 - 5　劳动力市场分割影响区域创新效率的稳健性检验

变量	分地区			剔除特殊年份		替换被解释变量
	模型 1	模型 2	模型 3	模型 4	模型 5	模型 6
	东部地区	中部地区	西部地区	剔除 2007 年及以前数据	剔除 2009 年及以前数据	超越对数生产函数测算的效率
$LaborSeg$	- 1.364 (- 1.045)	- 3.873 *** (- 3.776)	- 1.301 ** (- 2.235)	- 2.579 *** (- 4.343)	- 1.054 * (- 1.913)	- 0.474 ** (- 2.382)
ipr	0.872 *** (3.380)	0.111 (0.291)	0.141 (0.489)	0.762 *** (4.001)	0.961 *** (4.245)	- 0.072 (- 1.303)
urb	0.209 * (1.675)	0.551 *** (6.411)	1.014 *** (10.230)	0.460 *** (6.694)	0.655 *** (8.988)	0.161 *** (7.679)
tra	- 0.034 ** (- 2.047)	- 0.236 *** (- 4.072)	- 0.020 (- 1.604)	- 0.048 *** (- 4.047)	- 0.024 ** (- 2.177)	- 0.016 *** (- 4.934)
$rdqd$	0.414 (0.438)	- 4.998 *** (- 4.933)	0.536 (0.416)	0.068 (0.109)	- 1.593 ** (- 2.237)	1.737 *** (9.217)
$\ln fdi$	- 0.012 ** (- 2.019)	0.011 * (1.829)	- 0.003 (- 1.254)	- 0.001 (- 0.375)	- 0.008 *** (- 3.693)	- 0.001 (- 1.159)
$\ln pgdp$	0.101 *** (4.831)	0.076 *** (7.782)	0.011 (0.991)	0.080 *** (7.671)	0.068 *** (5.301)	0.015 *** (5.244)
$\ln hc$	- 0.044 (- 0.448)	0.056 (1.089)	0.033 (0.764)	0.041 (1.012)	0.183 *** (3.824)	0.032 ** (2.370)

变量	分地区			剔除特殊年份		替换被解释变量
	模型1	模型2	模型3	模型4	模型5	模型6
	东部地区	中部地区	西部地区	剔除2007年及以前数据	剔除2009年及以前数据	超越对数生产函数测算的效率
gov	0.457*** (3.749)	0.336*** (3.220)	0.086** (2.530)	0.204*** (4.583)	0.437*** (8.400)	-0.000 (-0.025)
Constant	-0.529*** (-2.984)	-0.894*** (-9.651)	-0.212*** (-2.674)	-0.740*** (-10.166)	-0.993*** (-7.551)	-0.235*** (-10.363)
地区固定效应	控制	控制	控制	控制	控制	控制
年份固定效应	控制	控制	控制	控制	控制	控制
调整后的 R^2	0.897	0.973	0.962	0.912	0.917	0.910

注：*、**和***分别表示在10%、5%和1%的水平下显著，括号内的数字为相应的t值。

2. 剔除特殊年份

考虑到金融危机对国内市场的影响，本书对样本重新进行调整，回归结果见表5-5中的模型4和模型5。其中，模型4为剔除2007年及以前数据，模型5为剔除2009年及以前数据。可以看到，劳动力市场分割对区域创新效率的影响仍旧显著为负，这意味着即使剔除金融危机的影响，劳动力市场分割还是会显著降低区域创新效率。

3. 替换被解释变量

本书采用超越对数生产函数对我国的区域创新效率重新进行测算，并进一步分析劳动力市场分割对我国区域创新效率的影响，结果见表5-5中的模型6。可以看到，劳动力市场分割的系数为-0.474，且在5%的水平下显著，这表明即使采用不同的测算方法，劳动力市场分割还是会降低区域创新效率。

三　劳动力市场分割影响区域创新效率的机制检验

通过前文的实证分析发现，劳动力市场分割会显著降低区域创新效率。根据本章的理论分析，劳动力市场分割会通过扭曲工资价格、人力资本投资、消费需求三个途径影响区域创新效率，本部分将进一步通过构建中介效应模型对其可能的传导机制进行检验，并分析每种机制在其中所起的作用。

（一）模型构建

本书借鉴现有研究检验中介效应的方法（许家云、毛其淋，2016；韩先锋等，2019），采用三步法对中介效应进行检验。首先，将被解释变量对基本解释变量进行回归；其次，将中介变量（工资价格扭曲、人力资本投资和消费需求扭曲）对基本解释变量进行回归；最后，将被解释变量对所有解释变量和中介变量进行回归。

具体来说，为了检验劳动力市场分割对工资价格扭曲效应的中介机制，构建中介效应模型，由如下方程构成：

$$EcyInno_{it} = a_0 + a_1 LaborSeg_{it} + \delta_i Z_{it}^* + \nu_i + \varepsilon_{it} \qquad (5-2)$$

$$DistL_{it} = c_0 + c_1 LaborSeg_{it} + \kappa_i Z_{it}^* + \nu_i + \varepsilon_{it} \qquad (5-3)$$

$$EcyInno_{it} = m_0 + m_1 LaborSeg_{it} + \lambda DistL_{it} + \delta_i Z_{it}^* + \nu_i + \varepsilon_{it} \qquad (5-4)$$

为了检验劳动力市场分割对人力资本投资扭曲效应的中介机制，构建中介效应模型，由式（5-2）加上如下两个方程构成：

$$\ln HCI_{it} = b_0 + b_1 LaborSeg_{it} + \chi_i Z_{it}^* + \nu_i + \varepsilon_{it} \qquad (5-5)$$

$$EcyInno_{it} = m_0 + m_1 LaborSeg_{it} + \varphi \ln HCI_{it} + \delta_i Z_{it}^* + \nu_i + \varepsilon_{it} \qquad (5-6)$$

为了检验劳动力市场分割对消费需求扭曲效应的中介机制，构建中介效应模型，由式（5-2）加上如下两个方程构成：

$$\ln DistC_{it} = d_0 + d_1 LaborSeg_{it} + \tau_i Z_{it}^* + \nu_i + \varepsilon_{it} \qquad (5-7)$$

$$EcyInno_{it} = m_0 + m_1 LaborSeg_{it} + \gamma \ln DistC_{it} + \delta_i Z_{it}^* + \nu_i + \varepsilon_{it} \qquad (5-8)$$

最后，将所有中介效应统一放入模型中，构建全机制中介效应模型，由式（5-2）、式（5-5）和式（5-7）加上下式构成：

$$EcyInno_{it} = m_0 + m_1 LaborSeg_{it} + \lambda DistL_{it} + \varphi \ln HCI_{it} + \gamma \ln DistC_{it} + \delta_i Z_{it}^* + \nu_i + \varepsilon_{it}$$

$$(5-9)$$

其中，下标 i、t 分别表示省份和年份，$DistL_{it}$、$\ln HCI_{it}$ 和 $\ln DistC_{it}$ 分别

表示工资价格扭曲、人力资本投资和消费需求扭曲。正如前文分析所言，劳动力市场分割可能会扭曲工资价格、人力资本投资和消费需求，进而影响区域创新效率，因此如何准确选择三个指标合适的代理变量就成为准确分析机制效应的关键。

1. 工资价格扭曲

劳动力市场分割的一个重要表现是劳动要素无法自由流动，导致工资价格无法与边际产品收益相匹配，生产要素的价格不能准确反映资源的丰裕程度。关于要素价格扭曲的问题，现有文献一般不直接对各种要素的价格进行测度，而是假定区域之间的生产要素价格存在扭曲的事实，然后运用随机前沿生产函数法、C－D生产函数法、影子价格法等，间接对生产要素的扭曲进行估计。如 Atkinson 和 Halvorsen（1984）采用一般化成本函数的形式对一种生产要素价格的扭曲程度进行测度。Hsieh 和 Klenow（2009）以 C－D 生产函数为基准模型，测度了中国和印度的要素错配程度。Skoorka（2000）运用生产可能性边界的方法，对要素价格扭曲程度和产品价格扭曲程度进行了估计。综合而言，参数化的生产前沿分析法和非参数化的数据包络分析法的建模思路在测度要素扭曲过程中得到了广泛的应用。由于生产函数法可以直接测算生产要素的边际产出，而生产要素的价格与边际产出的偏离就是要素扭曲，可以更为客观地反映要素市场扭曲的含义，所以本书采用随机前沿生产函数法测度要素扭曲程度。具体而言，构建如下超越对数生产函数模型：

$$\ln Y_{it} = \lambda_0 + \lambda_1 \ln L_{it} + \lambda_2 \ln K_{it} + 1/2\lambda_3 \ln^2 L_{it} + 1/2\lambda_4 \ln^2 K_{it} + \lambda_5 \ln L_{it} \ln K_{it} + \varepsilon_{it}$$

$$(5-10)$$

其中，Y 为地区的产出变量，本书选择 GDP 来表示，并用 GDP 平减指数核算为 2000 年不变价。L 为地区的劳动力，采用地区年末城镇单位就业人数来表示。K 为地区的资本存量，参考张军等（2004）对我国省际物质资本存量的估计方法，利用永续盘存法对我国地区资本存量进行估计，在估计过程中的折旧率为 9.60%，增长率为 12%。i 表示省份，t 代表年份，ε_{it} 为随机干扰项。

得到式（5－10）的估计结果后，进一步对劳动力 L 求偏导，则可以得到劳动力 L 的边际产出：

$$MP_L = (\lambda_1 + \lambda_3 \ln L + \lambda_5 \ln K)\, Y/L \qquad (5-11)$$

根据要素扭曲的定义，即要素扭曲是指要素价格与要素边际产出的偏离，可以求出劳动力的边际产出与劳动力的工资价格之比：

$$DistL = MP_L/w \qquad (5-12)$$

其中，$DistL$ 表示劳动要素的价格扭曲，即工资价格扭曲。w 表示劳动力的价格，采用地区城镇单位就业人员的平均工资来表示。$DistL$ 的经济含义如下：如果该值小于 1，说明要素的边际产出小于要素价格，换言之，要素应得小于实际所得，要素市场为正向扭曲；反之，如果该值大于 1，则表明要素应得大于实际所得，要素市场为负向扭曲。

2. 人力资本投资

在度量一个地区的人力资本水平时，一个常用的代理变量是当地的人均受教育年限，本书认为人均受教育年限越长，当地的人力资本水平越高。但是人均受教育年限并不是合适的人力资本投资的代理变量，原因在于以下两个方面：第一，人力资本投资的方式很多，既可能是普通的教育投资，也可能是其他的技能培训投资；第二，教育水平仅仅是教育投资的结果，地区人力资本投资可能会影响教育水平，但不是影响教育水平的唯一因素。相比之下，个人的教育培训支出是度量人力资本投资的合适指标，但遗憾的是在公开的统计年鉴中缺乏教育投资的具体数据，仅给出文教娱乐支出数据。考虑到该指标是一个地区加总数据，而教育支出在所有支出中的占比相对稳定，所以本书最终选择文教娱乐支出作为地区人力资本投资的代理指标。

3. 消费需求扭曲

根据前文的理论分析，劳动力市场分割会导致劳动力要素无法自由流动，扭曲劳动者的劳动力价格，进而通过消费需求效应影响地区创新。正如前文分析所言，一项科学研究可能蕴含很多发明创造，但这些专利、技术最终能否转换为产品取决于市场的预期收益，只有在市场蕴含的机会给发明持有人带来正的潜在收益时，发明持有人才有足够的动机和意愿增加创新投入，提高创新效率。但扭曲的劳动力市场会导致要素价格扭曲、供给需求不匹配等层次的矛盾。白重恩和钱震杰（2009）的研究表明，与国外发达国家相比，我国的劳动收入占比处于较低水平，这有可能是导致我国消费低迷的重要原因。劳动力市场分割导致劳动者无法自由流动，无法在要素市场上获取与自身能力相匹配的工资水平，个人收入低于潜在均衡水平，个人可支配收入的减少会降低对消费产品的需求，进而压缩对高技术产品的需求，不利于企业创新收入的增加，降低了企业创新动力。本书选择各地区人均消费支出作为消费支出的代理变量。

（二）结果分析

1. 工资价格扭曲效应

表5－6呈现的是劳动力市场分割影响区域创新效率的中介机制的回归结果。模型1对应的是式（5－2）的回归结果，模型2和模型3分别对应式（5－3）和式（5－4）的回归结果，模型1至模型3共同构成了工资价格扭曲中介效应检验模型。可以看到，在模型2中，劳动力市场分割（LaborSeg）的系数为3.823，且在5%的水平下显著，这表明劳动力市场分割导致地区的工资价格扭曲程度提高。模型3的回归结果显示，劳动力市场分割的系数为－1.077，仍旧在5%的水平下显著。工资价格扭曲（DistL）的系数为－0.123，在1%的水平下显著，这表明工资价格扭曲会显著降低区域创新效率，工资价格扭曲程度每提高1个单位，区域创新效率会降低12.3个单位。而且在加入工资价格扭曲因素后，劳动力市场分割的系数也出现明显下降。所以，工资价格扭曲是劳动力市场分割影响区域创新效率的中介机制之一。具体看，在其他因素保持不变的情况下，劳动力市场分割水平每提高1个单位，区域创新效率会直接降低1.077个单位，同时也会使工资价格扭曲程度提高3.823个单位，从而导致区域创新效率间接降低0.470个单位（3.823×0.123＝0.470），总效应为直接效应与间接效应之和，即1.547个单位（1.077＋0.470＝1.547），所以间接效应在总效应中的占比为30.4%。

表5－6　劳动力市场分割影响区域创新效率的机制检验结果

变量	工资价格扭曲效应			人力资本投资扭曲效应		消费需求扭曲效应	
	模型1	模型2	模型3	模型4	模型5	模型6	模型7
LaborSeg	-1.578** (-2.515)	3.823** (2.210)	-1.077** (-1.999)	-7.855*** (-3.296)	-0.617*** (-3.055)	-1.150** (-2.314)	-1.001** (-2.030)

续表

变量	模型1	工资价格扭曲效应		人力资本投资扭曲效应		消费需求扭曲效应	
		模型2	模型3	模型4	模型5	模型6	模型7
ipr	0.908*** (5.198)	0.534 (0.708)	0.972*** (6.501)	1.100 (0.399)	1.409*** (5.320)	5.634*** (3.380)	0.876*** (3.759)
urb	0.415*** (6.303)	1.836*** (6.406)	0.638*** (10.570)	7.275*** (9.967)	0.444*** (4.848)	3.978*** (9.018)	0.288*** (3.868)
tra	-0.039*** (-3.712)	0.167*** (3.693)	-0.018** (-1.969)	0.128 (1.137)	-0.021* (-1.961)	-0.106 (-1.553)	-0.006 (-0.676)
$rdqd$	1.004* (1.691)	-9.903*** (-3.864)	-0.225 (-0.433)	-20.783*** (-2.635)	-1.355* (-1.746)	-3.435 (-0.721)	-1.714*** (-2.667)
$\ln fdi$	0.001 (0.389)	-0.013 (-1.275)	-0.001 (-0.333)	-0.083*** (-3.774)	-0.006** (-2.522)	-0.063*** (-4.733)	-0.002 (-1.061)
$\ln pgdp$	0.075*** (8.404)	-0.171*** (-4.407)	0.055*** (6.894)	0.295** (2.082)	0.059*** (4.267)	0.558*** (6.501)	0.013 (0.960)
$\ln hc$	0.024 (0.563)	-0.167 (-0.920)	0.003 (0.090)	0.966** (2.075)	0.124*** (2.721)	-0.018 (-0.063)	0.158*** (4.176)
gov	0.135*** (3.320)	-0.821*** (-4.669)	0.033 (0.925)	2.259*** (4.120)	0.322*** (5.771)	2.120*** (6.395)	0.184*** (3.631)
$DistL$				-0.123*** (-11.056)			
$\ln HCI$					0.034*** (4.206)		
$\ln DistC$							0.101*** (8.932)
Constant	-0.660*** (-9.253)					1.604* (1.883)	-1.114*** (-9.597)
地区固定效应	控制	控制	控制	控制	控制	控制	控制
年份固定效应	控制	控制	控制	控制	控制	控制	控制
调整后的 R^2	0.919	0.445	0.941	0.818	0.913	0.899	0.938

注：*、**和***分别表示在10%、5%和1%的水平下显著，括号内的数字为相应的 t 值。

2. 人力资本投资扭曲效应

模型1、模型4和模型5则共同构成了人力资本投资扭曲中介效应检验模型。可以看到，在模型4中，劳动力市场分割（$LaborSeg$）的系数在

1%的水平下显著为负，这表明劳动力市场分割降低了地区人力资本投资水平。模型5的回归结果显示，劳动力市场分割的系数仍旧在1%的水平下显著为负，人力资本投资（lnHCI）的系数为0.034，且在1%的水平下显著为正，这表明人力资本投资会显著提高区域创新效率。而且在加入人力资本投资因素后，劳动力市场分割系数的绝对值也出现明显下降。所以，人力资本投资扭曲是劳动力市场分割影响区域创新效率的中介机制之一。具体看，在其他因素保持不变的情况下，劳动力市场分割水平每提高1个单位，区域创新效率会直接降低0.617个单位，同时也会使人力资本投资降低7.855个单位，从而导致区域创新效率间接降低0.267个单位（7.855×0.034=0.267），总效应为直接效应与间接效应之和，即0.884个单位（0.617+0.267=0.884），所以间接效应在总效应中的占比为30.2%。

3. 消费需求扭曲效应

模型1、模型6和模型7共同构成了消费需求扭曲中介效应检验模型。可以发现，在模型6中，劳动力市场分割（LaborSeg）的系数为-1.150，且在5%的水平下显著，这表明劳动力市场分割导致地区的人均消费水平下降。模型7的回归结果显示，劳动力市场分割的系数为-1.001，仍旧在5%的水平下显著。消费需求扭曲（lnDistC）的系数为0.101，在1%的水平下显著，这表明劳动力市场分割还会通过降低地区的人均消费水平，进而压缩地区的高新技术产品需求来降低区域创新效率。而且在加入消费需求扭曲因素后，劳动力市场分割的系数也出现明显下降。所以，消费需求扭曲也是劳动力市场分割影响区域创新效率的中介机制之一。具体看，在其他因素保持不变的情况下，劳动力市场分割水平每提高1个单位，区域创新效率会直接降低1.001个单位，同时也会使消费需求扭曲程度降低1.150个单位，从而导致区域创新效率间接降低0.116个单位（1.150×0.101=0.116），总效应为直接效应与间接效应之和，即1.117个单位（1.001+0.116=1.117），所以间接效应在总效应中的占比为10.4%。

4. 总体中介效应

借鉴蒲艳萍和顾冉（2019）的研究方法，将所有中介效应全部纳入模型中进行总体中介效应分析，并进一步对各种传导机制的贡献进行分解，具体结果见表5-7。可以看到，模型12中中介变量DistL、lnHCI和lnDistC的估计系数均在1%的水平下显著，表明劳动力市场分割通过工资价格扭曲效应、人力资本投资扭曲效应和消费需求扭曲效应三种机制影响区域创新效率。根据温忠麟和叶宝娟（2014）的方法，将三种中介效应做进一步的分解。由表 5 - 7 的回归结果可以得到劳动力市场分割影响区域创新效率的直接效应为 0.834 个单位，进一步结合模型 9、模型 10 和模型 11 的估计结果，计算出劳动力市场分割经由工资价格扭曲效应影响区域创新效率的间接效应为 0.279 个单位（3.823 × 0.073 = 0.279），劳动力市场分割经由人力资本投资扭曲效应影响区域创新效率的间接效应为 0.181 个单位（7.855 × 0.023 = 0.181），劳动力市场分割经由消费需求扭曲效应影响区域创新效率的间接效应为 0.094 个单位（1.150 × 0.082 = 0.094）。进一步计算出每种效应占总效应的比例，分析传导机制的相对重要性。劳动力市场分割影响区域创新效率的总效应等于直接效应与间接效应的总和，即 1.388 个单位（0.834 + 0.279 + 0.181 + 0.094 = 1.388），其中工资价格扭曲效应解释了劳动力市场分割影响区域创新效率因果链条中的 20.1%，人力资本投资扭曲效应的相对贡献份额为 13.0%，消费需求扭曲效应的相对贡献份额为 6.8%。[①] 可见，工资价格扭曲效应在劳动力市场分割对区域创新效率的抑制效应中起主导作用。

表 5 - 7 劳动力市场分割影响区域创新效率的总体中介效应检验结果

变量	模型 8	模型 9	模型 10	模型 11	模型 12
LaborSeg	- 1.578 ** (- 2.515)	3.823 ** (2.210)	- 7.855 *** (- 3.296)	- 1.150 ** (- 2.314)	- 0.834 * (- 1.733)
ipr	0.908 *** (5.198)	0.534 (0.708)	1.100 (0.399)	5.634 *** (3.380)	0.963 *** (4.234)
urb	0.415 *** (6.303)	1.836 *** (6.406)	7.275 *** (9.967)	3.978 *** (9.018)	0.475 *** (5.445)
tra	- 0.039 *** (- 3.712)	0.167 *** (3.693)	0.128 (1.137)	- 0.106 (- 1.553)	- 0.004 (- 0.398)
rdqd	1.004 * (1.691)	- 9.903 *** (- 3.864)	- 20.783 *** (- 2.635)	- 3.435 (- 0.721)	- 1.615 ** (- 2.545)

---

① 工资价格扭曲效应占比 = 0.279/1.388 × 100% = 20.1%；人力资本投资扭曲效应占比 = 0.181/1.388 × 100% = 13.0%；消费需求扭曲效应占比 = 0.094/1.388 × 100% = 6.8%。

续表

变量	模型 8	模型 9	模型 10	模型 11	模型 12
ln*fdi*	0.001 (0.389)	− 0.013 (− 1.275)	− 0.083 *** (− 3.774)	− 0.063 *** (− 4.733)	− 0.003 * (− 1.773)
ln*pgdp*	0.075 *** (8.404)	− 0.171 *** (− 4.407)	0.295 ** (2.082)	0.558 *** (6.501)	0.008 (0.605)
ln*hc*	0.024 (0.563)	− 0.167 (− 0.920)	0.966 ** (2.075)	− 0.018 (− 0.063)	0.146 *** (3.862)
gov	0.135 *** (3.320)	− 0.821 *** (− 4.669)	2.259 *** (4.120)	2.120 *** (6.395)	0.160 *** (3.276)
DistL					− 0.073 *** (− 3.871)
ln*HCI*					0.023 *** (3.654)
ln*DistC*					0.082 *** (5.581)
Constant	− 0.660 *** (− 9.253)	2.210 *** (7.097)	− 1.320 (− 0.937)	1.604 * (1.883)	− 0.855 *** (− 6.416)
地区固定效应	控制	控制	控制	控制	控制
年份固定效应	控制	控制	控制	控制	控制
调整后的 R^2	0.919	0.445	0.818	0.899	0.943

注：*、**和***分别表示在10%、5%和1%的水平下显著，括号内的数字为相应的 t 值。

四　劳动力市场分割影响区域创新效率的非线性关系检验

国内外相关研究结果显示，诸多影响区域创新效率的因素与区域创新效率之间可能并非简单的线性关系，比如戴魁早和刘友金（2016）利用中国省级创新数据研究发现，要素市场扭曲会阻碍产业创新效率的提高，而且其影响程度与企业规模、技术密集度都有关系。当企业规模较小时，要素市场扭曲程度每提高1%，企业创新效率会下降5%；但是当企业规模较大时，要素市场扭曲程度对企业创新效率的影响反而为正。韩先锋等（2019）的研究发现互联网的发展对区域创新效率的影响存在非线性关系，随着互联网指数的上升，互联网对区域创新的影响程度也不断提高，即互联网的创新溢出效应表现出了显著为正且边际效应递增的非线性特征。那么，区域特征变量与劳动力市场分割的创新抑制效应之间会不会也不是简单的线性关系呢？是否也要超过一定的门槛水平，区域创新效率才能得到有效提升呢？为了回答这些问题，本书采用近年来在研究领域中得到广泛应用的门槛模型对此进行检验。

（一）模型构建

Hansen（1999）提出的面板门槛模型能够根据数据自身特点内生地划分各门槛变量的区间，避免人为划分区间变量带来的偏误，从而可以更有效地分析区域特征变量在不同区间变动时劳动力市场分割是如何影响区域创新效率的。具体而言，首先构建如下单一门槛模型：

$$EcyInno_{it} = \beta_0 + \beta_1 LaborSeg_{it}I(q_{it} \leq \gamma) + \beta_2 LaborSeg_{it}I(q_{it} > \gamma) + \delta_i Z_{it}^* + \nu_i + \varepsilon_{it}$$

$$(5-13)$$

其中，$EcyInno_{it}$ 为被解释变量，表示各省份的区域创新效率。$LaborSeg_{it}$ 为兴趣变量，表示各省份的劳动力市场分割水平。$I(\cdot)$ 为示性函数，满足条件的情况下取值为 1，否则取值为 0。q_{it} 为门槛变量，该值在不同区间变化时会影响劳动力市场分割的创新效率提升效应。γ 为门槛值，对于单一门槛模型，γ 只有一个取值，将观测变量划分为 2 个门槛区间。Z_{it}^* 为区域特征变量，与前文保持一致，选择知识产权保护程度、城市化水平、贸易开放度、R&D 投入强度、地区经济发展水平、人力资本水平、政府干预度、外商直接投资等。ν_i 表示未观测到的个体固定效应，$\varepsilon_{it} \sim N(0, \sigma^2)$ 表示随机干扰项。[①]

式（5-13）仅为假设存在一个门槛值的情形，实际上，门槛变量可能存在多个门槛值，可以对式（5-13）进行拓展，变为多门槛模型：

$$EcyInno_{it} = \beta_0 + \beta_1 LaborSeg_{it}I(q_{it} \leq \gamma_1) + \beta_2 LaborSeg_{it}I(q_{it} > \gamma_1) + \cdots +$$
$$\beta_n LaborSeg_{it}I(q_{it} \leq \gamma_n) + \beta_{n+1} LaborSeg_{it}I(q_{it} > \gamma_n) + \delta_i Z_{it}^* + \nu_i + \varepsilon_{it}$$

$$(5-14)$$

为了进一步解释劳动力市场分割对区域创新效率的非线性效应，本书将劳动力市场分割、知识产权保护程度、R&D 投入强度、人力资本水平、外商直接投资和贸易开放度作为门槛变量。

---

① 门槛模型的详细估计过程可以参考 Hansen（1999）的研究，此处不再赘述。

（二）结果分析

分别将劳动力市场分割、知识产权保护程度、R&D 投入强度、人力资本水平、外商直接投资和贸易开放度作为门槛变量，并采用自抽样 300 次对不存在门槛、单一门槛和双重门槛进行检验和估计，得到的检验统计量的 P 值见表 5-8。从门槛检验的结果来看，所有模型的单一门槛和双重门槛检验统计量的 P 值都至少在 10% 的水平下显著，所以上述区域特征变量在样本期内都包含两个门槛值。

表 5-8 劳动力市场分割影响区域创新效率的门槛效应估计

变量	模型 1 劳动力市场分割	模型 2 知识产权保护程度	模型 3 R&D 投入强度	模型 4 人力资本水平	模型 5 外商直接投资	模型 6 贸易开放度
$LaborSeg\_\gamma_1$	-5.995 (-1.157)	-2.026** (-2.275)	-4.876 (0.662)	-4.168*** (-3.107)	-0.242 (-0.236)	-1.736*** (-2.737)
$LaborSeg\_\gamma_2$	4.989** (2.079)	1.457 (1.008)	-3.692*** (3.852)	2.995*** (4.628)	10.071*** (3.800)	15.137*** (3.502)
$LaborSeg\_\gamma_3$	-0.468 (-0.684)	-1.761** (-2.075)	1.135 (1.394)	3.200 (1.528)	-2.542*** (-3.399)	0.218 (0.112)
ipr	0.913*** (5.377)	0.925*** (5.319)	0.883*** (5.106)	0.832*** (4.968)	0.915*** (5.378)	0.780*** (4.479)
urb	0.440*** (6.788)	0.412*** (6.275)	0.389*** (5.934)	0.410*** (6.516)	0.390*** (6.068)	0.423*** (6.556)
tra	-0.039*** (-3.782)	-0.040*** (-3.846)	-0.039*** (-3.812)	-0.044*** (-4.330)	-0.038*** (-3.689)	-0.048*** (-4.517)
$rdqd$	0.687 (1.182)	1.021* (1.729)	0.826 (1.402)	0.374 (0.641)	0.792 (1.363)	0.855 (1.466)
$\ln fdi$	0.001 (0.398)	0.000 (0.166)	0.001 (0.299)	-0.001 (-0.279)	-0.002 (-0.663)	0.000 (0.054)
$\ln pgdp$	0.074*** (8.480)	0.077*** (8.566)	0.077*** (8.690)	0.076*** (8.900)	0.078*** (8.821)	0.078*** (8.857)
$\ln hc$	0.027 (0.656)	0.016 (0.384)	0.028 (0.677)	0.069* (1.681)	0.023 (0.555)	0.024 (0.587)
gov	0.127*** (3.211)	0.138*** (3.402)	0.165*** (3.963)	0.165*** (4.207)	0.208*** (4.881)	0.122*** (3.050)

续表

变量	模型 1	模型 2	模型 3	模型 4	模型 5	模型 6
	劳动力 市场分割	知识产权 保护程度	R&D 投入 强度	人力资本 水平	外商直接 投资	贸易 开放度
Constant	-0.670 *** (-9.547)	-0.653 *** (-9.188)	-0.675 *** (-9.552)	-0.740 *** (-10.525)	-0.651 *** (-9.185)	-0.675 *** (-9.637)
第一门槛值	0.0007 **	0.0025 **	0.0055 **	7.7468 **	33485 **	0.0551 **
单一门槛检验 统计量的 P 值	0.016	0.048	0.011	0.032	0.028	0.019
第二门槛值	0.0018 **	0.0041 *	0.0102 *	10.6543 *	728563 **	0.7306 *
双重门槛检验 统计量的 P 值	0.035	0.092	0.078	0.068	0.036	0.054
调整后的 R^2	0.923	0.920	0.921	0.926	0.923	0.922

注：*、** 和 *** 分别表示在 10%、5% 和 1% 的水平下显著，括号内为相应的 t 值。

表 5 - 8 中的模型 1 显示了劳动力市场分割既作为门槛变量又作为受影响变量的估计结果，可以看到，劳动力市场分割对区域创新效率的影响存在显著的非线性效应。当劳动力市场分割水平低于第一门槛值 0.0007 时，劳动力市场分割对区域创新效率的影响系数为 - 5.995，但并不显著；当大于这个值时，劳动力市场分割的影响系数由负变正，为 4.989，且在 5% 的水平下显著；随着劳动力市场分割水平跨越第二门槛值 0.0018，劳动力市场分割对区域创新效率的影响系数由正变负，为 - 0.468。由此可见，劳动力市场分割水平较低时，劳动力市场分割并不会对区域创新效率产生显著影响；但是随着劳动力市场分割水平的提高，超过了临界值 0.0007，劳动力市场分割对区域创新效率就会有显著的正向影响；随着劳动力市场分割水平继续提高，直至超过临界值 0.0018，劳动力市场分割将对区域创新效率产生负向影响。其深层次的理论原因在于，劳动力市场分割水平较低时，并不会显著影响地区的人力资本投资水平，对工资价格扭曲程度和消费需求扭曲程度也不会过于严重，此时对企业的创新效率抑制效应并不明显；随着劳动力市场分割水平的提高，适度的劳动市场保护可以在一定程度上降低企业的成本、提高企业的创新效率，但是区域人力资本投资、工

资价格、消费需求的扭曲效应也会被放大，反而削弱了劳动力市场分割对区域创新效率的保护效应。

表 5 - 8 中的模型 2 显示了知识产权保护程度作为门槛变量的估计结果，可以看到，劳动力市场分割对区域创新效率的影响存在显著的非线性效应。当知识产权保护程度低于第一门槛值 0.0025 时，劳动力市场分割对区域创新效率的影响系数为 - 2.026，且在 5% 的水平下显著；当大于这个值时，劳动力市场分割的影响系数由负变正，为 1.457，但并不显著；随着知识产权保护程度跨越第二门槛值 0.0041，劳动力市场分割对区域创新效率的影响系数由正变负，为 - 1.761，仍旧在 5% 的水平下显著。由此可见，知识产权保护程度较低或者较高时，劳动力市场分割都会显著降低区域创新效率；知识产权保护程度处于 [0.0025, 0.0041] 区间时，劳动力市场分割并不会显著影响区域创新效率。其深层次的理论原因在于，在知识产权保护程度达到一个临界值后，知识产权保护带来的创新绩效的改善可以抵消劳动力市场分割带来的创新效率抑制效应，在临界值以上地区，知识产权保护带来的创新效率提升效应大于要素分割效应；但在知识产权保护程度超过第二个临界值时，知识产权保护带来的创新效率提升效应反而会减弱，这时劳动力市场分割带来的创新效率抑制效应又会超过知识产权保护带来的创新效率提升效应。

表 5 - 8 中的模型 3 显示了 R&D 投入强度作为门槛变量的估计结果，可以看到，劳动力市场分割对区域创新效率的影响存在显著的非线性效应。当 R&D 投入强度低于第一门槛值 0.0055 时，劳动力市场分割对区域创新效率的影响系数为 - 4.876；当大于这个值时，劳动力市场分割的影响系数为 - 3.692，且在 1% 的水平下显著；随着 R&D 投入强度跨越第二门槛值 0.0102，劳动力市场分割对区域创新效率的影响系数由负变正，为 1.135。由此可见，R&D 投入强度在达到一个临界值后，其带来的创新效率提升效应才能抵消劳动力市场分割带来的创新效率抑制效应。

表 5 - 8 中的模型 4 显示了人力资本水平作为门槛变量的估计结果，可以看到，劳动力市场分割对区域创新效率的影响存在显著的非线性效应。当人力资本水平低于第一门槛值 7.7468 时，劳动力市场分割对区域创新效率的影响系数为 - 4.168，且在 1% 的水平下显著；当大于这个值时，劳动力市场分割的影响系数由负变正，为 2.995，同样在 1% 的水平下显著；随

着人力资本水平跨越第二门槛值 10.6543，劳动力市场分割对区域创新效率的影响系数变为 3.200，不再显著。由此可见，人力资本水平较低时，劳动力市场分割会显著降低区域创新效率；人力资本水平处于［7.7468，10.6543］区间时，劳动力市场分割会显著提高区域创新效率。其深层次的理论原因在于，在人力资本水平达到一个临界值后，人力资本水平提高带来的创新绩效的改善可以抵消劳动力市场分割带来的创新效率抑制效应。人力资本水平在临界值以上的地区，人力资本水平提高带来的创新效率提升效应大于劳动力市场分割带来的创新效率抑制效应；在人力资本水平超过第二个临界值时，劳动力市场分割带来的创新效率抑制效应不再显著。

表 5-8 中的模型 5 显示了外商直接投资作为门槛变量的估计结果，可以看到，劳动力市场分割对区域创新效率的影响存在显著的非线性效应。当外商直接投资水平低于第一门槛值 33485 时，劳动力市场分割对区域创新效率的影响系数为 -0.242，但不显著；当大于这个值时，劳动力市场分割的影响系数由负变正，为 10.071，在 1% 的水平下显著；随着外商直接投资水平跨越第二门槛值 728563，劳动力市场分割对区域创新效率的影响系数变为 -2.542，在 1% 的水平下显著。由此可见，外商直接投资水平较低时，劳动力市场分割对区域创新效率的影响不显著；外商直接投资水平处于［33485，728563］区间时，劳动力市场分割会显著提高区域创新效率；外商直接投资水平超过第二门槛值 728563 时，劳动力市场分割会显著降低区域创新效率。其深层次的理论原因在于，在外商直接投资水平达到一个临界值之前，外商直接投资带来的创新效率提升效应还不够显著，与劳动力市场分割带来的创新效率抑制效应相互抵消，所以劳动力市场分割的系数不显著；但是随着外商直接投资水平的提高，其带来的创新绩效的改善可以抵消劳动力市场分割带来的创新效率抑制效应；在外商直接投资水平超过第二个临界值时，外商直接投资带来的创新效率提升效应反而不及劳动力市场分割带来的创新效率抑制效应，系数再次变负。

表 5-8 中的模型 6 显示了贸易开放度作为门槛变量的估计结果，可以看到，劳动力市场分割对区域创新效率的影响存在显著的非线性效应。当贸易开放度低于第一门槛值 0.0551 时，劳动力市场分割对区域创新效率的影响系数为 -1.736，在 1% 的水平下显著；当大于这个值时，劳动力市场

分割的影响系数由负变正，为 15.137，同样在 1% 的水平下显著；随着贸易开放度跨越第二门槛值 0.7306，劳动力市场分割对区域创新效率的影响系数变为 0.218，不再显著。由此可见，贸易开放度较低时，劳动力市场分割会显著降低区域创新效率；贸易开放度处于 [0.0551, 0.7306] 区间时，劳动力市场分割会显著提高区域创新效率；贸易开放度超过第二门槛值 0.7306 时，劳动力市场分割对区域创新效率的影响不显著。其深层次的理论原因在于，在贸易开放度达到一个临界值之前，贸易开放带来的创新效率提升效应不足以抵消劳动力市场分割带来的创新效率抑制效应，所以劳动力市场分割的系数为负；随着贸易开放度的提高，其带来的创新绩效的改善可以抵消劳动力市场分割带来的创新效率抑制效应；在贸易开放度超过第二个临界值时，贸易开放带来的创新效率提升效应与劳动力市场分割带来的创新效率抑制效应相互抵消。

第二节　资本品市场分割、资源错配与区域创新效率提升

创新投资不同于一般的投资活动，它是一个长期而持续的过程，不仅投资规模大，而且伴随信息不对称和较高的风险。因此，创新活动更容易面临外源融资短缺的难题（Hall，Lerner，2010）。地区金融发展水平直接决定了生产者进行创新活动的资本成本，因为在完全竞争的金融市场背景下，投融资双方信息不对称导致的逆向选择和道德风险问题会得到有效缓解，创新主体的融资成本也会因此而降低。虽然金融市场发展可以在一定程度上缓解创新过程中的融资约束难题，但是对于金融市场尚不发达的中国而言，资本品市场分割扭曲了金融市场信贷资源配置的基本职能，一些投资前景较好的创新项目有可能因此而得不到必需的资金。政府对金融部门信贷决策的干预力度依然较大，也会由此引发资本要素市场的扭曲，不仅不利于创新资本的有效配置，而且可能在一定程度上降低企业开展创新活动的积极性，成为创新活动的"绊脚石"，其结果可能导致区域创新的主动性受损，进而阻碍地区创新效率的提高。从另一个角度来看，政府对金融市场过大的干预力度导致创新行为主体有动机向政府进行寻租，寻租

行为反而有可能缓解创新活动的融资约束，成为企业经营的"润滑剂"（张璇等，2017）。对于创新行为，地区资本品市场分割究竟是"润滑剂"还是"绊脚石"，对于中国这一处于经济转型阶段的发展中大国而言仍未可知。与本书研究最为相近的是张璇等（2017）的研究，他们从信贷寻租的角度分析其对企业创新行为的影响，但是并未从地区资本品市场分割的角度深入探讨其影响机制。那么，我国资本品市场分割是否会对区域创新效率产生影响？又是通过何种机制来影响的？对这些问题的解答对提高我国区域创新效率、深化金融市场改革具有重要的理论意义和现实价值。

一　资本品市场分割影响区域创新效率的理论机理

改革开放以来，尤其是近30年以来，我国金融市场化程度得到极大提升，金融市场作为社会主义市场体系的重要组成部分，是资源配置的核心和枢纽，金融市场的发展对促进经济创新发展起到了至关重要的作用。但不可否认，我国金融市场分割依旧存在。具体来说，资本品市场分割可能会通过以下三个途径影响区域创新效率（见图5-2）。

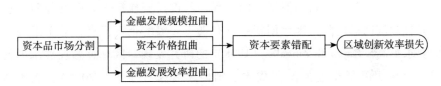

图5-2　资本品市场分割影响区域创新效率的机理

（一）金融发展规模扭曲效应

我国的金融市场是一个不断发展的过程。1997年底，中国人民银行颁布《关于改进国有商业银行贷款规模管理的通知》，标志着中国金融体制改革进入一个新的阶段。该通知取消对国有商业银行贷款限额的控制，实行资产负债比例管理，允许银行总部改变特定省份的信贷配置。自此，国有银行资本充足，外国战略投资者进入，银行管理体制和银行信贷市场竞争不断加剧。从2005年开始，四大国有商业银行相继在海外上市，促使国有商业银行以政府融资偏好的行政性目标向追求营利性的商业化目标转变，更倾向于选择回报丰厚、风险较小的项目和企业。国有商业银行在信贷政策上通常采取更为保守的政策，使得研发资金难以从国有商业银行通过贷款方式获得。相比之下，其他银行较少受政策性影响，而且很多地方商业银行依托地方政府，对企业的现金流、投资项目掌握更多的信息，对企业创新投资有更高的信贷积极性。但在金融市场分割的背景下，银行在有限的市场需求下难以发展壮大，对于股份制银行而言，也很难打破国有商业银行的行业垄断地位，外地金融机构难以进入本地市场，金融市场分割会降低地区金融发展规模，使得创新生产项目得不到充足的资金支持，企业的融资约束难以得到有效缓解，不利于研发投资水平的提高，从而降低了区域创新效率。加上审批部门和监管机构出于规范金融市场、降低市场风险等的考虑，民间资本难以进入正规金融市场，致使很多企业不得不以更高的融资成本向市场借贷。基于以上分析，本书提出如下假说。

假说1：资本品市场分割会扭曲金融发展规模，进而影响区域创新效率。

（二）资本价格扭曲效应

创新活动是一个长期而持续的过程，不仅投资规模大，而且伴随信息不对称和较高的风险，因此创新投资有别于一般的企业投资，对金融环境的要求更高。Rajan 和 Zingales（1998）的研究发现，区域金融发展水平的提高会显著降低企业的融资成本。国内学者朱红军等（2006）、饶华春（2009）利用不同数据进行分析也得到类似的结论，他们都认为区域金融发展水平的提高有助于降低企业的融资成本。然而现实是，金融市场自由化的发展趋势仍旧不尽如人意，信贷资源向国有企业和地方政府倾斜的共生关系在短期内难以撼动（罗伟、吕越，2015），不少中小型和微型企业仍然被排除在信贷服务范围之外。对于风险高、需求大的创新项目而言，更是难以从市场中以合理的资本成本得到融资的机会，即使可以融到资金也必须付出更为高昂的资本成本，从而不利于创新效率的提高。基于以上分析，本书提出如下假说。

假说2：资本品市场分割会扭曲资本价格，进而降低区域创新效率。

（三）金融发展效率扭曲效应

在完全竞争的金融市场环境下，金融机构竞争激烈，银行追逐与企业的最优契约，不良贷款少，信贷配置效率高，市场化程度越高的地区，银行的经营和管理越规范（孙亮、柳建华，2011；朱英姿、许丹，2013；顾国达、吴宛珊，2019），以营利为目的的金融机构会有动机投资风险大、收益高的项目或企业。

但是，在财政分权和"晋升锦标赛"的政府治理模式下，地方政府更倾向于投资风险较低、收益较为稳定的项目，而那些投资周期长、风险较高的创新项目则很难受到政府或金融部门的青睐，这种非市场行为的外在干预使得金融部门的资金无法按照市场机制进行合理配置。而且，在资本市场存在分割的情形下，创新主体的"非生产性寻租"行为也可能会降低其创新积极性。政府对金融市场的干预使得创新主体有动机开展"非生产性寻租"，并将大量资金用于"俘获"政府或金融机构高级官员，以期获得更多的政策补贴或金融信贷，从而导致其创新积极性降低。此外，金融市场的自由发展可以为投融资双方提供风险共担、利益共享的合作机制，可以有效地聚集资金、技术、人才等创新要素资源。通过风险投资，可以拓宽科技创新型企业的融资渠道，解决高风险中小型科技企业"最后一公里"的资金需求问题，推动中小型科技企业的成长和发展。但是，在资本品市场存在分割的情形下，无论是信贷市场还是资本市场的发展都会大打折扣，长期来看，不利于区域创新效率的提升。基于以上分析，本书提出如下假说。

假说3：资本品市场分割会降低金融发展效率，进而影响区域创新效率。

二　资本品市场分割影响区域创新效率的实证结果分析

（一）数据来源与数据处理

本书选取的研究样本为 2003～2019 年我国 30 个省份①的面板数据。实证研究选取的资本品市场分割数据由第三章的测算方法测得，各省份的GDP、进出口贸易额、外商直接投资、年末城镇人口数、平均受教育年限、文教娱乐消费支出等数据来自历年《中国统计年鉴》，技术市场交易额数

---

① 不含港澳台地区，由于西藏地区部分年份数据缺失，所以也未包含在本书的研究样本中。

据来自《中国科技统计年鉴》。另外，部分缺失数据来自《中国教育经费统计年鉴》和各省份的统计年鉴。

（二）模型设定与变量选择

借鉴戴魁早和刘友金（2016）的研究方法，构建如下计量模型对研究假说进行检验：

$$EcyInno_{it} = \beta_0 + \beta_1 CapSeg_{it} + \delta_i Z_{it}^* + \nu_i + \varepsilon_{it} \qquad (5-15)$$

其中，$EcyInno_{it}$ 为被解释变量，表示各省份的区域创新效率。$CapSeg_{it}$ 为兴趣变量，表示各省份的资本品市场分割水平。Z_{it}^* 为控制变量，根据技术创新相关文献，本书选择知识产权保护程度、R&D 投入强度、人力资本水平、贸易开放度、外商直接投资、政府干预度、城市化水平、地区经济发展水平等变量。主要变量的描述性统计见表 5-9。

表 5-9　主要变量的描述性统计

变量符号	变量名称	观测值	均值	标准差	最小值	最大值
$EcyInno$	区域创新效率	510	0.42	0.17	0.08	0.93
$CapSeg$	资本品市场分割	510	0.126	0.136	0.002	0.820
ipr	知识产权保护程度	420	0.01	0.02	0.00	0.16
$rdqd$	R&D 投入强度	420	0.01	0.01	0.00	0.06
$lnhc$	人力资本水平	420	2.17	0.11	1.89	2.53
tra	贸易开放度	420	0.31	0.38	0.01	1.72
$lnfdi$	外商直接投资	540	12.37	1.71	6.10	15.09
gov	政府干预度	420	0.22	0.10	0.08	0.63
urb	城市化水平	420	0.54	0.14	0.27	0.90
$lnpgdp$	地区经济发展水平	510	10.28	0.73	8.22	11.85
$Finsize$	金融发展规模	420	2.85	1.11	1.29	8.13
$DistK$	资本价格扭曲	510	0.06	0.02	0.02	0.13
$Fineff$	金融发展效率	510	0.74	0.11	0.46	1.10

（三）基准回归结果分析

表 5-10 中模型 1 和模型 2 呈现的是仅包含解释变量的全样本回归结

果,其中模型 1 为控制了地区固定效应的面板固定效应（FE）的回归结果,模型 2 为控制了年份固定效应和地区固定效应的双向固定效应（TW-FE）的回归结果。可以看到,在两个模型中,资本品市场分割的系数均在 1% 的水平下显著为负,这意味着随着地区资本品市场分割程度的提高,区域创新效率会下降,资本品市场分割程度每提高 1 个单位,区域创新效率将下降 0.172 个单位。

表 5 – 10 资本品市场分割影响区域创新效率的回归结果

变量	模型 1	模型 2	模型 3	模型 4	模型 5	模型 6
	FE	TWFE	FE	TWFE	FE	TWFE
CapSeg	− 0.178 ***	− 0.172 ***	− 0.010	− 0.573 ***	− 0.508 ***	− 0.003
	（− 6.33）	（− 3.45）	（− 0.71）	（− 8.34）	（− 14.67）	（− 0.314）
CapSeg2			0.012 ***	0.660 ***		
			（3.585）	（6.254）		
TD × CapSeg					0.468 ***	0.001 ***
					（13.079）	（3.078）
Constant	0.446 ***	0.298 ***	0.298 ***	0.474 ***	0.452 ***	0.298 ***
	（87.53）	（119.17）	（107.16）	（72.29）	（104.5）	（109.24）
年份固定效应	NO	YES	NO	YES	NO	YES
地区固定效应	YES	YES	YES	YES	YES	YES
调整后的 R^2	0.022	0.972	0.103	0.972	0.304	0.972

注: * 、 ** 和 *** 分别表示在 10% 、5% 和 1% 的水平下显著,括号内的数字为相应的 t 值。

考虑到资本品市场分割与区域创新效率之间可能存在非线性关系,本书在基准模型的基础上加入资本品市场分割变量的二次项,回归结果见模型 3 和模型 4。可以看到,在两个固定效应模型中,资本品市场分割的二次项系数都在 1% 的水平下显著为正,这意味着资本品市场分割与区域创新效率之间存在"U"形非线性关系。根据模型 4,可以进一步求出资本品市场分割的拐点为 0.4341。这意味着,在拐点左侧,随着资本品市场分割程度的提高,区域创新效率下降;在拐点右侧,随着资本品市场分割程度的提高,区域创新效率上升。

考虑到 2008 年全球金融危机对企业的冲击可能存在差异,本书在模型中引入时间虚拟变量 TD（2003～2007 年取值为 0，2008～2019 年取值为 1），回归结果见模型 5 和模型 6。可以看到，时间虚拟变量与资本品市场分割交互项的系数均在 1% 的水平下显著为正，这表明金融危机之后，我国资本市场快速发展，资本品市场分割对区域创新效率的抑制效应有所减弱。究其原因，可能是金融危机之后，我国企业的融资模式更加多元化，股票市场和债券市场等直接融资模式的快速发展减弱了资本品市场分割对区域创新效率的抑制效应。

为了保证回归结果的稳健性，在基准回归结果的基础上依次加入更多的地区控制变量，分析资本品市场分割系数的变化情况，结果见表 5－11。其中，模型 1 加入了知识产权保护程度、R&D 投入强度和人力资本水平等地区特征变量，可以看到，资本品市场分割的系数为负，且在 1% 的水平下显著，这表明在加入地区创新要素等控制变量后，不影响资本品市场分割对区域创新效率的抑制效应。知识产权保护程度的系数为 1.498，且在 1% 的水平下显著，这表明知识产权保护程度越高，区域创新效率越高。R&D 投入强度的系数为 5.492，且在 1% 的水平下显著，这表明随着 R&D 投入强度的提高，区域创新效率上升。人力资本水平的系数为 0.793，也在 1% 的水平下显著，这表明随着人力资本水平的提高，区域创新效率会得到显著改善。

表 5－11 依次加入控制变量后资本品市场分割影响区域创新效率的回归结果

变量	模型 1	模型 2	模型 3	模型 4
$CapSeg$	-11.923*** (-3.952)	-14.487*** (-3.175)	-14.389*** (-3.436)	-11.787*** (-3.291)
ipr	1.498*** (5.674)	1.400*** (5.065)	0.727*** (3.073)	0.268* (1.845)
$rdqd$	5.492*** (6.808)	4.691*** (5.233)	3.763*** (5.126)	0.226 (0.479)
$lnhc$	0.793*** (18.905)	0.736*** (16.623)	0.477*** (11.170)	-0.026 (-0.764)
tra		-0.013 (-0.799)	0.026* (1.955)	-0.002 (-0.184)
$lnfdi$		0.013*** (3.734)	0.016*** (5.358)	0.002 (0.819)

变量	模型 1	模型 2	模型 3	模型 4
gov			0.384 *** (8.207)	0.029 (0.892)
urb				0.313 *** (5.942)
ln*pgdp*				0.093 *** (12.904)
Constant	−1.363 *** (−16.153)	−1.390 *** (−16.677)	−0.995 *** (−12.684)	−0.727 *** (−12.581)
地区固定效应	YES	YES	YES	YES
年份固定效应	YES	YES	YES	YES
调整后的 R^2	0.785	0.793	0.863	0.949

注：*、**和***分别表示在10%、5%和1%的水平下显著，括号内的数字为相应的t值。

模型2加入了外商直接投资、贸易开放度等反映地区开放水平的特征变量，可以看到，资本品市场分割的系数仍旧在1%的水平下显著为负。其中，外商直接投资的系数在1%的水平下显著为正，这表明外商直接投资高的地区，可能更容易发生技术外溢，从而有助于提升当地的创新效率。贸易开放度的系数不显著，表明我国的进出口贸易对提升区域创新效率的影响不明显。本书的研究结论与吴延兵（2006）、成力为和孙玮（2012）、戴魁早和刘友金（2016）关于企业外向度与企业创新效率的研究结论基本保持一致。

模型3进一步加入了政府干预度等变量，可以看到，资本品市场分割的系数仍旧在1%的水平下显著为负。其中，政府干预度的系数在1%的水平下显著为正，表明随着政府干预度的提高，区域创新效率可以得到有效改善。

模型4在模型3的基础上加入了城市化水平和地区经济发展水平等变量，可以看到，资本品市场分割的系数仍旧在1%的水平下显著为负。其中，城市化水平和地区经济发展水平的系数都在1%的水平下显著为正，这意味着随着城市化水平和地区经济发展水平的提升，区域创新效率会进一步提高。

通过对比模型1至模型4中资本品市场分割的系数可以看到，在所有模型中资本品市场分割的系数都在1%的水平下显著为负，这意味着资本品市场分割会显著降低区域创新效率的结论是稳健的。

（四）内生性问题处理

1. 加入更多的控制变量

对于可能存在的遗漏变量问题，本书在前文估计模型的基础上，加入产业升级、互联网发展水平等因素进行控制，加入更多控制变量的回归结果见表5-12中的模型1。可以看到，资本品市场分割的系数为-4.151，仍旧在1%的水平下显著，这表明回归结果是稳健的。另外，产业升级（stu）的系数为0.068，且在1%的水平下显著，互联网发展水平（lnnetp）的系数为0.012，在5%的水平下显著，这表明二者确实会对区域创新效率产生影响。

表5-12 内生性问题回归结果

变量	模型1	模型2
CapSeg	-4.151*** (-3.831)	-1.000*** (-3.167)
ipr	0.308*** (3.510)	0.302*** (3.479)
rdqd	0.176** (2.063)	0.162 (0.150)
lnhc	-0.017 (-0.462)	-0.016 (-0.402)
tra	-0.001 (-0.093)	-0.001 (-0.087)
lnfdi	0.001 (1.320)	0.001** (2.005)
gov	-0.008 (-0.160)	-0.006 (-0.130)
urb	0.312** (2.276)	0.314** (2.274)
lnpgdp	0.078*** (3.286)	0.079*** (3.371)
stu	0.068*** (9.021)	0.068*** (8.948)

110

续表

变量	模型 1	模型 2
ln*netp*	0.012** (2.065)	0.012** (2.055)
Constant	-0.663*** (-4.585)	-0.672*** (-4.696)
调整后的 R²	0.955	0.955

注：*、**和***分别表示在 10%、5% 和 1% 的水平下显著，括号内的数字为相应的 t 值。

2. 解释变量滞后一期

借鉴韩先锋等（2019）、郭家堂和骆品亮（2016）处理自变量和因变量互为因果关系可能导致的内生性问题的做法，将解释变量 *CapSeg* 作为被解释变量进行回归，并选择 *CapSeg* 的滞后一期作为当期 *CapSeg* 的工具变量，采用 2SLS 法进行回归，结果见表 5-12 中的模型 2。可以看到，固定效应估计的结果没有明显差别，表明本书的研究结论是稳健的。

（五）稳健性检验

1. 剔除特殊年份

考虑到金融危机对国内市场的影响，本书对样本重新进行调整，回归结果见表 5-13 中的模型 1 和模型 2。其中，模型 1 为剔除 2007 年及以前数据，模型 2 为剔除 2009 年及以前数据。可以看到，资本品市场分割对区域创新效率的影响仍旧显著为负，这意味着即使剔除金融危机的影响，资本品市场分割还是会显著降低区域创新效率。

表 5-13 资本品市场分割影响区域创新效率的稳健性检验

变量	模型 1 剔除 2007 年及 以前数据	模型 2 剔除 2009 年及 以前数据	模型 3 动态面板模型	模型 4 替换被解释变量
CapSeg	-11.787*** (3.291)	-14.308* (-1.723)	-0.534*** (-3.146)	-3.493* (-1.874)
ipr	0.469*** (2.942)	0.869*** (4.754)	0.007** (2.424)	-0.283*** (-6.410)
rdqd	-0.099 (-0.192)	0.014 (0.024)	-0.138*** (-23.559)	1.498*** (10.443)

变量	模型 1	模型 2	模型 3	模型 4
	剔除 2007 年及以前数据	剔除 2009 年及以前数据	动态面板模型	替换被解释变量
lnhc	0.004 (0.120)	0.045 (1.393)	0.011 *** (19.796)	0.012 (1.155)
tra	0.001 (0.121)	−0.009 (−0.847)	0.001 *** (10.046)	−0.004 (−1.525)
lnfdi	0.001 (0.341)	−0.003 (−1.622)	0.001 *** (31.565)	−0.001 (−1.005)
gov	0.082 ** (2.135)	0.190 *** (3.585)	0.005 *** (11.519)	−0.035 *** (−3.528)
urb	0.356 *** (6.214)	0.605 *** (9.628)	−0.010 *** (−19.042)	0.123 *** (7.672)
ln$pgdp$	0.087 *** (9.917)	0.048 *** (4.397)	0.000 *** (3.492)	0.021 *** (9.520)
L. $EcyInno$			0.984 *** (4964.061)	
Constant	−0.748 *** (−11.718)	−0.530 *** (−7.087)	−0.009 *** (−8.743)	−0.249 *** (−14.220)
调整后的 R^2	0.941	0.939		0.949

注：*、**和***分别表示在10%、5%和1%的水平下显著，括号内的数字为相应的 t 值。

2. 采用动态面板模型

根据戴魁早和刘友金（2016）的研究，技术创新具有一定的路径依赖性，本书在模型中加入了被解释变量的滞后一期，这时模型为动态面板模型，不应直接采用传统的固定效应的估计方法，应采用 SYS – GMM 方法对模型进行估计，结果见表 5 – 13 中的模型 3。可以看到，在考虑到创新的惯性作用后，资本品市场分割的系数仍旧在 1% 的水平下显著为负，表明资本品市场分割会显著降低区域创新效率。

3. 替换被解释变量

本书采用超越对数生产函数对我国的区域创新效率重新进行测算，并进一步分析资本品市场分割对我国区域创新效率的影响，结果见表 5 – 13 中的模型 4。可以看到，资本品市场分割的系数为 – 3.493，且在 10% 的水平下显著，这表明即使采用不同的测算方法，资本品市场分割还是会降低区域创新效率。

三　资本品市场分割影响区域创新效率的异质性分析

考虑到我国各地区之间禀赋差异较大，本书将所有样本分为东部、中部、西部地区三组分别进行回归，具体结果见表 5 – 14 中的模型 1 至模型 3。可以看到，资本品市场分割对东部、中部、西部地区区域创新效率的影响也不完全一致。具体而言，东部地区资本品市场分割的系数为负但不显著，中部和西部地区资本品市场分割的系数为负且都在 1% 的水平下显著，这意味着资本品市场分割会显著降低我国中部和西部地区的区域创新效率。另外，中部地区资本品市场分割系数的绝对值大于西部地区，东部地区资本品市场分割系数的绝对值最小，这表明资本品市场分割对中部地区的影响最大，对东部地区的影响相对较小。究其原因，可能在于东部地区的金融市场自由化程度相对更高，企业可以采取多元化的融资模式，资本品市场分割对创新主体融资便利性和融资难度的影响相对较小，所以资本品市场分割对东部地区区域创新效率的影响不显著。但是对于中部和西部地区来说，企业融资模式单一，在面临资本品市场分割时，创新主体的融资成本可能会增加，从而不利于区域创新效率的提升。

表 5 – 14 中的模型 4 至模型 6 汇报了资本品市场分割对不同创新主体创新效率的影响。可以看到，资本品市场分割对不同创新主体创新效率的影响并不一致，其中资本品市场分割会显著降低企业的创新效率，但对高校和科研机构的创新效率影响不显著。究其原因，可能在于企业不同于高校和科研机构，其创新资本受到市场的影响更大，在资本品市场存在分割的情形下，会提高企业的融资成本，不利于企业创新效率的提升。相对而言，高校和科研机构的创新资金来源受资本市场的影响相对较小，所以资本品市场分割对其创新效率的影响并不显著。

表 5 – 14　资本品市场分割影响区域创新效率的异质性分析

变量	地区异质性			主体异质性		
	模型 1	模型 2	模型 3	模型 4	模型 5	模型 6
	东部地区	中部地区	西部地区	企业	高校	科研机构
CapSeg	-3.004	-4.843 ***	-3.235 ***	-7.027 ***	0.400	14.377
	(-1.280)	(-3.526)	(-3.398)	(-3.887)	(0.168)	(1.477)

变量	地区异质性			主体异质性		
	模型 1	模型 2	模型 3	模型 4	模型 5	模型 6
	东部地区	中部地区	西部地区	企业	高校	科研机构
ipr	0.254 **	0.369 ***	− 0.008	0.293	0.122 **	− 0.044
	(2.015)	(3.249)	(− 0.030)	(1.564)	(2.163)	(− 0.312)
$rdqd$	0.275 ***	− 1.270	− 0.794	− 0.276	− 0.260	− 0.236
	(3.332)	(− 1.283)	(− 0.615)	(− 0.453)	(− 1.419)	(− 0.532)
$\ln hc$	− 0.061	0.012 ***	0.015 ***	− 0.055	− 0.025 *	0.010
	(− 0.706)	(3.306)	(3.365)	(− 1.258)	(− 1.919)	(0.362)
tra	− 0.003	− 0.065	− 0.016	− 0.016	− 0.004	0.031 ***
	(− 0.221)	(− 1.268)	(− 1.368)	(− 1.418)	(− 1.086)	(3.482)
$\ln fdi$	− 0.005	0.003 ***	− 0.001	0.001	− 0.002 **	0.002
	(− 0.998)	(3.601)	(− 0.349)	(0.588)	(− 2.289)	(1.290)
gov	0.138	− 0.031	0.071 **	0.058	− 0.009	− 0.019
	(1.148)	(− 0.342)	(2.207)	(1.372)	(− 0.730)	(− 0.455)
stu	0.067 ***	0.061 ***	0.042 ***	0.066 ***	− 0.020 ***	0.037 ***
	(6.015)	(8.530)	(4.420)	(11.014)	(− 11.125)	(8.336)
urb	0.291 ***	0.228 ***	0.819 ***	0.470 ***	0.002	0.431 ***
	(2.647)	(2.780)	(7.682)	(6.923)	(0.081)	(8.701)
$\ln pgdp$	0.093 ***	0.121 ***	0.032 ***	0.084 ***	− 0.023 ***	0.050 ***
	(5.030)	(13.243)	(2.768)	(9.039)	(− 8.215)	(6.387)
Constant	− 0.579 ***	− 1.045 ***	− 0.346 ***	− 0.659 ***	0.836 ***	− 0.259 ***
	(− 3.679)	(− 13.261)	(− 4.267)	(− 8.847)	(37.378)	(− 4.576)
调整后的 R^2	0.921	0.984	0.966	0.925	0.867	0.905

注：*、**和***分别表示在10%、5%和1%的水平下显著，括号内的数字为相应的 t 值。

四　资本品市场分割影响区域创新效率的机制检验

通过前文的实证分析发现，资本品市场分割会显著降低区域创新效率。根据本章的理论分析，资本品市场分割会通过扭曲金融发展规模、资本价格和金融发展效率三个途径影响区域创新效率，本部分将进一步通过构建中介效应模型对其可能的传导机制进行检验，并分析每种机制在其中所起的作用。

(一) 模型构建

本书借鉴现有研究检验中介效应的方法 (许家云、毛其淋，2016；韩先锋等，2019)，采用三步法对中介效应进行检验。首先，将被解释变量对基本解释变量进行回归；其次，将中介变量 (金融发展规模、资本价格扭曲和金融发展效率) 对基本解释变量进行回归；最后，将被解释变量对所有解释变量和中介变量进行回归。

具体来说，为了检验资本品市场分割对金融发展规模扭曲效应的中介机制，构建中介效应模型，由如下方程构成：

$$EcyInno_{it} = a_0 + a_1 CapSeg_{it} + \delta_i Z_{it}^* + \nu_i + \varepsilon_{it} \qquad (5-16)$$

$$Finsize_{it} = d_0 + d_1 CapSeg_{it} + \tau_i Z_{it}^* + \nu_i + \varepsilon_{it} \qquad (5-17)$$

$$EcyInno_{it} = m_0 + m_1 CapSeg_{it} + \gamma Finsize_{it} + \delta_i Z_{it}^* + \nu_i + \varepsilon_{it} \qquad (5-18)$$

为了检验资本品市场分割对资本价格扭曲效应的中介机制，构建中介效应模型，由式 (5-16) 加上如下两个方程构成：

$$DistK_{it} = c_0 + c_1 CapSeg_{it} + \kappa_i Z_{it}^* + \nu_i + \varepsilon_{it} \qquad (5-19)$$

$$EcyInno_{it} = m_0 + m_1 CapSeg_{it} + \lambda DistK_{it} + \delta_i Z_{it}^* + \nu_i + \varepsilon_{it} \qquad (5-20)$$

为了检验资本品市场分割对金融发展效率扭曲效应的中介机制，构建中介效应模型，由式 (5-16) 加上如下两个方程构成：

$$Fineff_{it} = d_0 + d_1 CapSeg_{it} + \tau_i Z_{it}^* + \nu_i + \varepsilon_{it} \qquad (5-21)$$

$$EcyInno_{it} = m_0 + m_1 CapSeg_{it} + \omega Fineff_{it} + \delta_i Z_{it}^* + \nu_i + \varepsilon_{it} \qquad (5-22)$$

最后，将所有中介效应统一放入模型中，构建全机制中介效应模型，由式 (5-16)、式 (5-17)、式 (5-19) 和式 (5-21) 加上下式构成：

$$EcyInno_{it} = m_0 + m_1 CapSeg_{it} + \gamma Finsize_{it} + \lambda DistK_{it} + \omega Fineff_{it} + \delta_i Z_{it}^* + \nu_i + \varepsilon_{it}$$
$$(5-23)$$

其中，下标 i、t 分别表示省份和年份，$Finsize_{it}$、$DistK_{it}$ 和 $Fineff_{it}$ 分别表示金融发展规模、资本价格扭曲和金融发展效率。其他变量与前文的定义保持一致。

1. 金融发展规模

根据前文的理论分析，一方面，在金融市场分割的背景下，银行难以发展壮大，对于股份制银行而言，也很难打破国有商业银行的行业垄断地位；另一方面，外地金融机构难以进入本地市场，金融市场分割会降低地区金融发展规模，使得创新生产项目得不到充足的资金支持，企业的融资约束难以得到有效缓解，不利于研发投资水平的提高，从而降低了区域创新效率。加上审批部门和监管机构出于规范金融市场、降低市场风险等的考虑，民间资本难以进入正规金融市场，致使很多企业不得不以更高的融资成本向市场借贷。本书采用各地区银行年末存贷款余额与 GDP 之比作为地区金融发展规模的代理变量。

2. 资本价格扭曲

资本品市场分割的一个重要表现是资本要素无法自由流动，导致资本价格无法与边际产品收益相匹配，资本价格不能准确反映要素的丰裕程度。本部分采用的资本价格扭曲的度量方法与前文工资价格扭曲的度量方法一致，构建相同的超越对数生产函数模型对资本的边际收益进行测算：

$$\ln Y_{it} = \lambda_0 + \lambda_1 \ln L_{it} + \lambda_2 \ln K_{it} + 1/2\lambda_3 \ln^2 L_{it} + 1/2\lambda_4 \ln^2 K_{it} + \lambda_5 \ln L_{it} \ln K_{it} + \varepsilon_{it}$$

$$(5-24)$$

得到式（5-24）的估计结果后，进一步对资本（K）求偏导，则得到资本的边际产出：

$$MP_K = (\lambda_2 + \lambda_4 \ln K + \lambda_6 \ln L) Y/K \qquad (5-25)$$

进而可以求出资本的边际产出与资本价格之比：

$$DistK = MP_K / r \qquad (5-26)$$

其中，$DistK$ 表示资本价格扭曲；r 表示资本价格，即利率水平。在 Hsieh 和 Klenow（2009）的研究中，将利率水平取值为 0.1，实际上，不同时期的利率水平存在差异，采用一个固定的值可能会导致资本价格扭曲程度出现偏差，因此本书选择各年份一年期的银行机构贷款利率作为资本价格。$DistK$ 的经济含义与 $DistL$ 类似：如果该值小于 1，说明要素的边际产出小于要素价格，换言之，要素应得小于实际所得，要素市场为正向扭曲；反之，如果该值大于 1，则表明要素应得大于实际所得，要素市场为负向扭曲。

3. 金融发展效率

根据前文的理论分析，在完全竞争的金融市场环境下，金融机构竞争激烈，银行追逐与企业的最优契约，不良贷款少，信贷配置效率高。但是，在金融市场分割背景下，投资周期长、风险较高的项目很难受到政府和银行的青睐，创新资源要素的配置效率会大打折扣，创新主体的"非生产性寻租"行为也可能会降低其创新积极性。与现有文献保持一致，本书采用各地区金融机构年末贷款余额与年末存款余额之比作为地区金融发展效率的代理变量（冉光和等，2013；张宽、黄凌云，2019）。

（二）结果分析

1. 金融发展规模扭曲效应

表 5 – 15 中的模型 1 至模型 3 共同构成了金融发展规模扭曲中介效应检验模型。可以看到，在模型 2 中，资本品市场分割（CapSeg）的系数为 – 85.334，且在 1% 的水平下显著，这表明资本品市场分割导致地区的金融发展规模下降。模型 3 的回归结果显示，资本品市场分割的系数为 – 4.828，也在 1% 的水平下显著。金融发展规模（Finsize）的系数为 0.024，在 1% 的水平下显著，这表明资本品市场分割会扭曲地区的金融发展规模，影响创新主体的融资便利性及融资成本，进而进一步降低地区的创新效率。而且在加入金融发展规模因素后，资本品市场分割的系数也出现下降。所以，金融发展规模扭曲是资本品市场分割影响区域创新效率的中介机制之一。具体看，在其他因素保持不变的情况下，资本品市场分割水平每提高 1 个单位，区域创新效率会直接降低 4.828 个单位，同时也会使金融发展规模降低 85.334 个单位，从而导致区域创新效率间接降低 2.048 个单位（85.334×0.024 = 2.048），总效应为直接效应与间接效应之和，即 6.876 个单位（4.828 + 2.048 = 6.876），所以间接效应在总效应中的占比为 29.78%。

表 5 – 15 资本品市场分割影响区域创新效率的机制检验——金融发展规模扭曲效应

变量	模型 1	模型 2	模型 3
CapSeg	– 11.787 *** （ – 3.291）	– 85.334 *** （ – 3.019）	– 4.828 *** （ – 4.657）

变量	模型 1	模型 2	模型 3
ipr	0.268 * (1.845)	0.812 (0.410)	0.249 * (1.807)
rdqd	0.226 (0.479)	29.220 *** (4.536)	− 0.472 (− 1.023)
ln*hc*	− 0.026 (− 0.764)	− 0.584 (− 1.272)	− 0.012 (− 0.368)
tra	− 0.002 (− 0.184)	− 0.102 (− 0.863)	0.001 (0.103)
ln*fdi*	0.002 (0.819)	− 0.101 *** (− 3.908)	0.004 ** (2.159)
gov	0.029 (0.892)	4.772 *** (10.632)	− 0.085 ** (− 2.335)
urb	0.313 *** (5.942)	3.755 *** (5.234)	0.223 *** (4.295)
ln*pgdp*	0.093 *** (12.904)	− 0.192 ** (− 1.968)	0.097 *** (14.218)
Finsize			0.024 *** (6.154)
Constant	− 0.727 *** (− 12.581)	3.146 *** (3.998)	− 0.802 *** (− 14.308)
调整后的 R^2	0.949	0.804	0.955

注：*、**和***分别表示在10%、5%和1%的水平下显著，括号内的数字为相应的 t 值。

2. 资本价格扭曲效应

表 5 - 16 中的模型 1 至模型 3 共同构成了资本价格扭曲中介效应检验模型。可以看到，在模型 2 中，资本品市场分割（*CapSeg*）的系数为 8.613，且在 1% 的水平下显著，这表明资本品市场分割导致地区的资本价格扭曲程度提高。模型 3 的回归结果显示，资本品市场分割的系数为 - 4.139，仍旧在 1% 的水平下显著，这表明资本价格扭曲降低了区域创新效率。资本价格扭曲（*DistK*）的系数为 - 0.262，且在 5% 的水平下显著，这表明资本价格扭曲会导致区域创新效率下降。而且在加入资本价格扭曲因素后，资本品市场分割的系数也出现明显下降。所以，资本价格扭曲也是资本品市场分割影响区域创新效率的中介机制之一。具体看，在其他因素保持不

变的情况下，资本品市场分割水平每提高1个单位，区域创新效率会直接降低 4.139 个单位，同时也会使资本价格扭曲程度提高 8.613 个单位，从而导致区域创新效率间接降低 2.257 个单位（8.613 × 0.262 = 2.257），总效应为直接效应与间接效应之和，即 6.396 个单位（4.139 + 2.257 = 6.396），所以间接效应在总效应中的占比为 35.29%。

表 5-16　资本品市场分割影响区域创新效率的机制检验——资本价格扭曲效应

变量	模型 1	模型 2	模型 3
CapSeg	-11.787 *** (-3.291)	8.613 *** (2.661)	-4.139 *** (-4.669)
ipr	0.268 * (1.845)	0.017 (0.222)	0.263 * (1.818)
rdqd	0.226 (0.479)	0.483 * (1.941)	0.323 (0.682)
ln*hc*	-0.026 (-0.764)	-0.036 ** (-2.009)	-0.036 (-1.074)
tra	-0.002 (-0.184)	-0.007 (-1.608)	-0.004 (-0.428)
ln*fdi*	0.002 (0.819)	-0.001 (-0.645)	0.002 (0.820)
gov	0.029 (0.892)	-0.002 (-0.119)	0.029 (0.874)
urb	0.313 *** (5.942)	0.089 *** (3.176)	0.341 *** (6.366)
ln*pgdp*	0.093 *** (12.904)	-0.015 *** (-4.036)	0.088 *** (11.986)
DistK			-0.262 ** (-2.463)
Constant	-0.727 *** (-12.581)	0.240 *** (7.816)	-0.661 *** (-10.436)
调整后的 R^2	0.949	0.189	0.950

注：*、** 和 *** 分别表示在 10%、5% 和 1% 的水平下显著，括号内的数字为相应的 t 值。

3. 金融发展效率扭曲效应

表 5-17 中的模型 1 至模型 3 共同构成了金融发展效率扭曲中介效应检验模型。可以看到，在模型 2 中，资本品市场分割（*CapSeg*）的系数为

-55.816，且在1%的水平下显著，这表明资本品市场分割导致地区的金融发展效率下降。模型3的回归结果显示，资本品市场分割的系数为 -7.618，且在5%的水平下显著。金融发展效率（*Fineff*）的系数为0.087，且在1%的水平下显著，这表明资本品市场分割会降低地区的金融发展效率，进而会进一步降低区域创新效率。而且在加入金融发展效率因素后，资本品市场分割的系数也出现下降。所以，金融发展效率扭曲也是资本品市场分割影响区域创新效率的中介机制之一。具体看，在其他因素保持不变的情况下，资本品市场分割水平每提高1个单位，区域创新效率会直接降低7.618个单位，同时也会使金融发展效率降低55.816个单位，从而导致区域创新效率间接降低4.856个单位（55.816×0.087 = 4.856），总效应为直接效应与间接效应之和，即12.474个单位（7.618 + 4.856 = 12.474），所以间接效应在总效应中的占比为38.93%。

表5-17 资本品市场分割影响区域创新效率的机制检验——金融发展效率扭曲效应

变量	模型1	模型2	模型3
CapSeg	-11.787***	-55.816***	-7.618**
	(-3.291)	(-3.044)	(-2.097)
ipr	0.268*	-1.014**	0.356**
	(1.845)	(-2.339)	(2.509)
rdqd	0.226	-8.061***	0.924*
	(0.479)	(-5.715)	(1.924)
ln*hc*	-0.026	0.119	-0.036
	(-0.764)	(1.181)	(-1.102)
tra	-0.002	-0.019	0.000
	(-0.184)	(-0.728)	(0.005)
ln*fdi*	0.002	-0.027***	0.004**
	(0.819)	(-4.716)	(2.035)
gov	0.029	0.305***	0.003
	(0.892)	(3.099)	(0.093)
urb	0.313***	0.654***	0.256***
	(5.942)	(4.166)	(4.899)
ln*pgdp*	0.093***	-0.004	0.093***
	(12.904)	(-0.193)	(13.387)

续表

变量	模型 1	模型 2	模型 3
Fineff			0.087 ***
			(4.772)
Constant	− 0.727 ***	0.490 ***	− 0.769 ***
	(− 12.581)	(2.845)	(− 13.590)
调整后的 R^2	0.949	0.462	0.953

注：* 、* * 和 * * * 分别表示在 10%、5% 和 1% 的水平下显著，括号内的数字为相应的 t 值。

4. 总体中介效应

前文分析了单一中介机制在资本品市场分割对区域创新效率抑制效应中的作用，本部分借鉴蒲艳萍和顾冉（2019）的研究方法，将所有中介机制全部纳入模型中进行总体中介效应分析，并进一步对各种传导机制的贡献进行分解，具体结果见表 5 - 18。

表 5 - 18　资本品市场分割影响区域创新效率的机制检验——总体中介效应

变量	模型 1	模型 2	模型 3	模型 4	模型 5
	基准模型	金融发展规模扭曲	资本价格扭曲	金融发展效率扭曲	总体效应模型
CapSeg	− 11.787 ***	− 85.334 ***	8.613 ***	− 55.816 ***	− 4.626 *
	(− 3.291)	(− 3.019)	(2.661)	(− 3.044)	(− 1.933)
ipr	0.268 *	0.812	0.017	− 1.014 **	0.321 **
	(1.845)	(0.410)	(0.222)	(− 2.339)	(2.183)
rdqd	0.226	29.220 ***	0.483 *	− 8.061 ***	0.148
	(0.479)	(4.536)	(1.941)	(− 5.715)	(0.285)
ln*hc*	− 0.026	− 0.584	− 0.036 **	0.119	− 0.023
	(− 0.764)	(− 1.272)	(− 2.009)	(1.181)	(− 0.660)
tra	− 0.002	− 0.102	− 0.007	− 0.019	0.001
	(− 0.184)	(− 0.863)	(− 1.608)	(− 0.728)	(0.103)
ln*fdi*	0.002	− 0.101 ***	− 0.001	− 0.027 ***	0.006 ***
	(0.819)	(− 3.908)	(− 0.645)	(− 4.716)	(3.086)
gov	0.029	4.772 ***	− 0.002	0.305 ***	− 0.101 ***
	(0.892)	(10.632)	(− 0.119)	(3.099)	(− 2.717)
urb	0.313 ***	3.755 ***	0.089 ***	0.654 ***	0.206 ***
	(5.942)	(5.234)	(3.176)	(4.166)	(3.601)
ln*pgdp*	0.093 ***	− 0.192 **	− 0.015 ***	− 0.004	0.095 ***
	(12.904)	(− 1.968)	(− 4.036)	(− 0.193)	(12.754)

变量	模型 1	模型 2	模型 3	模型 4	模型 5
	基准模型	金融发展规模扭曲	资本价格扭曲	金融发展效率扭曲	总体效应模型
Finsize					0.022 ***
					(5.240)
DistK					−0.175 **
					(−2.024)
Fineff					0.072 ***
					(3.472)
Constant	−0.727 ***	3.146 ***	0.240 ***	0.490 ***	−0.821 ***
	(−12.581)	(3.998)	(7.816)	(2.845)	(−11.121)
调整后的 R²	0.949	0.804	0.189	0.462	0.957

注：* 、** 和 *** 分别表示在 10%、5% 和 1% 的水平下显著，括号内的数字为相应的 t 值。

可以看到，模型 5 中 3 个中介变量 *Finsize*、*DistK* 和 *Fineff* 的估计系数分别为 0.022、−0.175 和 0.072，且至少在 5% 的水平下显著，表明资本品市场分割通过金融发展规模扭曲效应、资本价格扭曲效应、金融发展效率扭曲效应三种机制影响区域创新效率。根据温忠麟和叶宝娟（2014）的方法，将三种中介效应做进一步的分解。根据模型 5 的回归结果，可以得到资本品市场分割影响区域创新效率的直接效应为 4.626 个单位，进一步结合模型 2、模型 3 和模型 4 的估计结果，可以计算出资本品市场分割经由金融发展规模扭曲效应影响区域创新效率的间接效应为 1.877 个单位（85.334 × 0.022 = 1.877），资本品市场分割经由资本价格扭曲效应影响区域创新效率的间接效应为 1.507 个单位（8.613 × 0.175 = 1.507），资本品市场分割经由金融发展效率扭曲效应影响区域创新效率的间接效应为 4.019 个单位（55.816 × 0.072 = 4.019），将直接效应和三类间接效应加总可以得到资本品市场分割影响区域创新效率的总效应为 12.029 个单位（4.626 + 1.877 + 1.507 + 4.019 = 12.029）。更进一步地，计算出每种效应占总效应的比例，分析传导机制的相对重要性，其中金融发展规模扭曲效应的相对贡献份额为 15.60%，资本价格扭曲效应解释了资本品市场分割影响区域创新效率因果链条中的 12.53%，金融发展效率扭曲效应的相对贡献份额为 33.41%。① 可见，金融发展效率扭曲效应在资本品市场分割对区域创新效率的抑制效应中起主导作用。

五　资本品市场分割影响区域创新效率的非线性关系检验

（一）模型构建

前文的研究表明，不同的区域特征会影响资本品市场分割对区域创新效率的抑制效应。那么，区域特征变量与资本品市场分割的创新抑制效应之间会不会也不是简单的线性关系呢？是否也要超过一定的门槛水平，区域创新效率才能得到有效提升呢？为了回答这些问题，仍旧采用面板门槛模型对此进行检验。该模型可以识别在门槛变量取不同值的情况下兴趣变量对因变量的不同影响效果。具体来说，首先在上述基准模型的基础上构建单一门槛模型：

$$EcyInno_{it} = \beta_0 + \beta_1 CapSeg_{it}I(q_{it} \leq \gamma) + \beta_2 CapSeg_{it}I(q_{it} > \gamma) + \delta_i Z_{it}^* + \nu_i + \varepsilon_{it}$$

$$(5-27)$$

其中，$EcyInno_{it}$ 为被解释变量，表示各省份的区域创新效率。$CapSeg_{it}$ 为兴趣变量，表示各省份的资本品市场分割水平。$I(\cdot)$ 为示性函数，满足条件的情况下取值为 1，否则取值为 0。q_{it} 为门槛变量，该值在不同区间变化时会影响资本品市场分割的创新效率提升效应。γ 为门槛值，对于单一门槛模型，γ 只有一个取值，将观测变量划分为 2 个门槛区间。Z_{it}^* 为区域特征变量，与前文基本保持一致，选择知识产权保护程度、R&D 投入强度、人力资本水平、贸易开放度、外商直接投资、政府干预度、城市化水平以及地区经济发展水平等特征变量。ν_i 表示未观测到的个体固定效应，$\varepsilon_{it} \sim N(0,\sigma^2)$ 表示随机干扰项。②

式（5-27）仅为假设存在一个门槛值的情形，实际上，门槛变量可能存在多个门槛值，可以对式（5-27）进行拓展，变为多门槛模型：

① 金融发展规模扭曲效应占比 = 1.877/12.029×100% = 15.60%，资本价格扭曲效应占比 = 1.507/12.029×100% = 12.53%，金融发展效率扭曲效应占比 = 4.019/12.029×100% = 33.41%。

② 门槛模型的详细估计过程可以参考 Hansen（1999）的研究，此处不再赘述。

$$EcyInno_{it} = \beta_0 + \beta_1 CapSeg_{it}I(q_{it} \leq \gamma_1) + \beta_2 CapSeg_{it}I(q_{it} > \gamma_1) + \cdots +$$
$$\beta_n CapSeg_{it}I(q_{it} \leq \gamma_n) + \beta_{n+1} CapSeg_{it}I(q_{it} > \gamma_n) + \delta_i Z_{it}^* + \nu_i + \varepsilon_{it}$$

$$(5-28)$$

为了进一步解释资本品市场分割对区域创新效率的非线性效应，本书将资本品市场分割、知识产权保护程度、R&D 投入强度、人力资本水平、贸易开放度、外商直接投资、政府干预度、城市化水平以及地区经济发展水平等作为门槛变量。

（二）结果分析

本书采用 Hansen（1999）提出的方法，通过自抽样方法对门槛效应进行检验，设定的抽样次数为 300 次，依次将上述地区特征变量作为门槛变量进行门槛回归检验的估计结果①见表 5-19。检验结果显示，门槛变量为资本品市场分割、R&D 投入强度、外商直接投资和政府干预度时，所有模型均至少在 5% 的置信水平下拒绝不存在门槛的原假设。其中，资本品市场分割和政府干预度两个变量存在单一门槛值，人力资本水平和地区经济发展水平两个变量存在两个门槛值。

表 5-19　资本品市场分割影响区域创新效率的门槛模型的参数估计结果

变量	模型 1	模型 2	模型 3	模型 4
	资本品市场分割	R&D 投入强度	外商直接投资	政府干预度
$CapSeg\_\gamma_1$	-102.854 ** (-2.442)	-7.514 (-1.066)	-2.634 (-0.398)	131.764 *** (3.794)
$CapSeg\_\gamma_2$	-3.319 ** (-2.416)	22.341 ** (2.250)	21.784 * (1.701)	1.578 (0.262)
ipr	0.277 * (1.918)	0.283 * (1.964)	0.242 * (1.662)	0.231 (1.616)
$rdqd$	0.349 (0.740)	0.228 (0.488)	0.368 (0.770)	0.567 (1.201)

① 本书对所有地区特征变量均进行了门槛回归估计，但是知识产权保护程度、人力资本水平、贸易开放度、城市化水平和地区经济发展水平等变量不存在门槛效应，所以此处未报告。

续表

变量	模型 1	模型 2	模型 3	模型 4
	资本品市场分割	R&D 投入强度	外商直接投资	政府干预度
lnhc	-0.015 (-0.435)	-0.025 (-0.746)	-0.023 (-0.671)	-0.026 (-0.794)
tra	0.000 (0.012)	-0.001 (-0.063)	-0.002 (-0.181)	-0.008 (-0.977)
lnfdi	0.002 (0.807)	0.002 (0.859)	0.001 (0.448)	0.001 (0.452)
gov	0.036 (1.092)	0.013 (0.398)	0.027 (0.816)	0.016 (0.498)
urb	0.310*** (5.928)	0.301*** (5.746)	0.308*** (5.855)	0.332*** (6.402)
ln$pgdp$	0.092*** (12.913)	0.094*** (13.214)	0.093*** (12.956)	0.092*** (13.155)
Constant	-0.743*** (-12.887)	-0.740*** (-12.875)	-0.724*** (-12.571)	-0.724*** (-12.794)
门槛值	0.0001	0.0113	13.6511	0.0982
F 统计量	10.82	15.67	20.11	28.56
调整后的 R^2	0.950	0.950	0.950	0.951

注：*、**和***分别表示在10%、5%和1%的水平下显著，括号内的数字为相应的 t 值。

根据表 5 - 19 中模型 1 的估计结果，当资本品市场分割程度低于门槛值 0.0001 时，资本品市场分割的系数显著为负，表明地区的资本品市场分割会显著降低区域创新效率；当资本品市场分割程度超过门槛值时，资本品市场分割仍会显著降低区域创新效率，但系数明显变小。

根据表 5 - 19 中模型 2 的估计结果，R&D 投入强度作为门槛变量时，检验结果显示存在单一门槛值 0.0113。当 R&D 投入强度低于门槛值 0.0113 时，资本品市场分割对区域创新效率的影响为负，但并不显著；当 R&D 投入强度超过门槛值时，资本品市场分割会显著提高区域创新效率。

根据表 5 - 19 中模型 3 的估计结果，当外商直接投资低于门槛值 13.6511 时，资本品市场分割对区域创新效率的影响为负，但不显著；当外商直接投资超过门槛值时，资本品市场分割会显著提高区域创新效率。

根据表 5 - 19 中模型 4 的估计结果，政府干预度作为门槛变量时，检验结果显示存在单一门槛值 0.0982。当政府干预度低于门槛值时，资本品市场分割对区域创新效率的影响显著为正；当政府干预度超过门槛值时，资本品市场分割仍会提高区域创新效率，但效果并不明显。

第三节 消费品市场分割、资源错配 与区域创新效率提升

企业要生存和发展，就必须建立一种与其所处环境相适应的关系，以获取各种物质和信息资源，因此外部环境是企业需要时刻注意的关键要素（魏国伟，2019）。对于处于转型期的中国而言，任何主体的创新行为都受到政府与市场两种力量的影响，二者的相互作用构成了企业创新行为选择的外部环境。因此，企业能否对市场环境做出及时反应，迅速扫描到市场环境反馈的资源信息，将在很大程度上决定创新主体是否会进行创新。近年来，相关文献对创新活动的影响因素进行了多角度研究，尤其是市场环境和市场结构对创新主体的影响引起了广泛关注，以发达国家为样本的实证研究也得出相关结论，但是对于处于转型期的中国而言，市场和政府对创新主体创新效率影响的研究仍存在较大的空间。因为中国的政治体制与欧美发达国家相比具有本质区别，地方政府博弈过程中产生的消费品市场分割行为不仅会影响创新主体的市场规模，而且会对市场的竞争环境产生重要影响，甚至会进一步影响创新主体的收益。那么，消费品市场分割究竟是否会影响区域创新效率？通过何种机制影响？哪种机制的影响更加重要？关于这些问题的解答对厘清消费品市场分割如何影响区域创新效率，以及提升区域创新能力具有重要的理论意义和现实价值。鉴于此，本部分从消费品市场分割的角度进一步对区域创新效率的影响因素进行分析。

一 消费品市场分割影响区域创新效率的理论机理

（一）市场竞争机制扭曲效应

创新生产活动不仅与创新主体的战略规划或经营状况有关，而且是为适应赖以生存的竞争环境做出的选择。创新主体不论是为了巩固原有竞争优势以对潜在竞争者设置更高的进入壁垒，还是为了寻求新的利润增长点

以避免竞争对手抢占市场先机，都有动机进行创新生产活动。而且，根据市场过程理论，竞争有助于打破现有均衡，是市场迈向更高阶均衡的主要途径。创新投入是创新主体在产品市场竞争中实现竞争战略的必然要求，创新生产活动可以拓展原有业务或产品，通过多元化为客户打造差异化产品，降低经营风险，实现范围经济，有利于在竞争激烈的市场环境中生存下来。但在产品市场存在分割时，地方政府为了本地经济发展，会阻止外来产品进入以保护本地企业发展，其实现的方式包括设置准入障碍、进行准入审批等（曹春方等，2018）。政府对本地企业的过度保护改变了企业的外部竞争环境，区域内创新主体所面临的竞争对手的威胁和经营风险会大大降低，创新主体在较弱的市场竞争环境中，其创新激励会因此而大打折扣，不利于创新效率的提升。另外，根据熊彼特假说，市场竞争会促使企业创新产生的超额收益形成消散效应，降低企业的创新积极性，所以适度的市场分割可能会降低市场竞争程度，从而有利于调动企业的创新积极性。但也有学者提出不同观点，认为市场竞争带来的"创造性"和"破坏性"对地区生产率的提升都具有重要的推动作用（简泽等，2017），市场竞争的减弱反而促使企业产生"创新惰性"（胡彬、万道侠，2017），不利于企业创新效率的提升。所以，不能单纯从某个角度说市场分割有利于技术创新还是不利于技术创新。基于以上分析，本书提出如下两个假说。

假说1a：消费品市场分割会降低地区市场竞争水平，不利于区域创新效率提升。

假说1b：消费品市场分割会降低地区市场竞争水平，但是有利于区域创新效率提升。

（二）消费需求规模扭曲效应

消费需求规模扭曲是消费品市场分割影响区域创新效率的第二个重要途径。根据本土市场效应理论和斯密的市场范围假说，当市场规模扩大时，市场需求的增加会促使企业进行技术创新，以追求更高的技术利润。而当一个地区的消费品市场分割程度较严重时，区域间的产品难以跨区域自由流动，区域间的行政性贸易壁垒会影响企业的市场扩展选择，外地企业进入本地市场的难度增大，但同时相邻地区的分割策略也会阻碍本地企业进入外地市场。有研究表明，市场分割可能导致企业在市场扩张时更多地选择国际低端市场，而非国内高端市场，对技术水平产生锁定效应，不利于区域创新效率的提升（张杰等，2010）。根据 Schmookler（1966）提出的需求拉力理论，科技创新蕴含的发明创造最终能否转化为新产品和新技术取决于市场的预期收益，只有在市场规模和需求层次达到一定程度时，生产者才会有足够的激励去增加创新投资。但在一个消费品市场分割较为严重的地区，创新主体的产品难以流动到其他地区，市场有效需求规模的缩小意味着企业进行研发投资生产新产品、新技术的潜在利润会变小，此时生产者倾向于选择更加稳健的生产策略。因此，从这个角度来说，创新主体也没有动机进行研发创新。基于以上分析，本书提出如下假说。

假说 2：消费品市场分割会扭曲消费需求规模，进而影响区域创新效率。

（三）工资价格水平扭曲效应

在一个消费品市场分割较为严重的地区，外地产品无法流入，可以在一定程度上保护本地企业，但同时外地政府的分割策略也会导致本地企业的产品无法自由地流动到外地，产品的市场需求规模和需求层次会因此而受到影响，企业产品的市场价格可能会因此而低于自由市场条件下的产品均衡价格。在这种情形下，市场收益受到影响的企业会在一定程度上降低劳动者的收入水平，即劳动力价格也会因此而扭曲，作为高端劳动力的创新人才的工资价格无法准确反映创新要素市场供求关系的调整情况，这时创新者通常会流向工资收入更高的地区。从长期来看，无论是市场收益的降低还是技术人才的流出，都不利于区域创新效率的提升。基于以上分析，本书提出如下假说。

假说 3：消费品市场分割会扭曲工资价格水平，进而影响区域创新效率。

二 消费品市场分割影响区域创新效率的实证结果分析

（一）数据来源与数据处理

本书选取的研究样本为 2003～2019 年我国 30 个省份①的面板数据。

---

① 不含港澳台地区，由于西藏地区部分年份数据缺失，所以也未包含在本书的研究样本中。

实证研究选取的消费品市场分割数据由第三章的测算方法测得，各省份的GDP、进出口贸易额、外商直接投资、年末城镇人口数、平均受教育年限、文教娱乐消费支出等数据来自历年《中国统计年鉴》，技术市场交易额数据来自《中国科技统计年鉴》。另外，部分缺失数据来自《中国教育经费统计年鉴》和各省份的统计年鉴。

（二）模型设定与变量选择

借鉴戴魁早和刘友金（2016）的研究方法，构建如下计量模型对研究假说进行检验：

$$EcyInno_{it} = \beta_0 + \beta_1 ConsSeg_{it} + \delta_i Z_{it}^* + \nu_i + \varepsilon_{it} \qquad (5-29)$$

其中，$EcyInno_{it}$ 为被解释变量，表示各省份的区域创新效率。$ConsSeg_{it}$ 为兴趣变量，表示各省份的消费品市场分割水平。Z_{it}^* 为控制变量，根据技术创新相关文献，本书选择知识产权保护程度、R&D投入强度、人力资本水平、贸易开放度、外商直接投资、政府干预度、城市化水平、地区经济发展水平等变量。主要变量的描述性统计见表5-20。

表 5-20　主要变量的描述性统计

变量符号	变量名称	观测值	均值	标准差	最小值	最大值
EcyInno	区域创新效率	510	0.42	0.17	0.08	0.93
ConsSeg	消费品市场分割	510	0.18	0.17	0.01	1.29
ipr	知识产权保护程度	420	0.01	0.02	0.00	0.16
rdqd	R&D投入强度	420	0.01	0.01	0.00	0.06
lnhc	人力资本水平	420	2.17	0.11	1.89	2.53
tra	贸易开放度	420	0.31	0.38	0.01	1.72
lnfdi	外商直接投资	510	12.37	1.71	6.10	15.09
gov	政府干预度	420	0.22	0.10	0.08	0.63
urb	城市化水平	420	0.54	0.14	0.27	0.90
lnpgdp	地区经济发展水平	510	10.28	0.73	8.22	11.85
Comp	地区市场竞争水平	510	6.22	2.73	-1.47	11.10
lncons	人均消费支出水平	270	9.60	0.36	8.79	10.68
DistL	工资价格水平扭曲	510	0.64	0.33	0.23	1.910

（三） 基准回归结果分析

表 5-21 中模型 1 至模型 3 呈现的是仅包含解释变量的全样本回归结果，其中模型 1 为控制了年份固定效应的普通 OLS 的回归结果，模型 2 为控制了地区固定效应的面板固定效应的回归结果，模型 3 为控制了年份固定效应和地区固定效应的双向固定效应的回归结果。可以看到，在三个模型中，消费品市场分割的系数均在 1% 的水平下显著为负，这意味着随着地区消费品市场分割程度的提高，区域创新效率会下降，消费品市场分割程度每提高 1 个单位，区域创新效率将下降 0.202 个单位。

考虑到消费品市场分割与区域创新效率之间可能存在非线性关系，本书在基准模型的基础上加入了消费品市场分割变量的二次项，回归结果见模型 4 至模型 6。可以看到，在两个固定效应模型中，消费品市场分割的一次项系数都在 1% 的水平下显著为负，二次项系数都在 1% 的水平下显著为正，这意味着消费品市场分割程度与区域创新效率之间存在 "U" 形非线性关系。根据模型 6，可以进一步求出消费品市场分割的拐点为 0.7137。这意味着，在拐点左侧，随着消费品市场分割程度的提高，区域创新效率下降；在拐点右侧，随着消费品市场分割程度的提高，区域创新效率上升。通过对原始数据进行分析可以发现，我国消费品市场分割的均值为 0.18，仅有少数地区，如 2012 年的四川以及 2004 年的陕西、天津和浙江等的消费品市场分割程度超过该值，这意味着对于多数地区来说，消费品市场分割程度位于拐点的左侧，随着消费品市场分割程度的提高，区域创新效率会下降。

为了保证回归结果的稳健性，在基准回归结果的基础上，依次加入更多的地区控制变量，分析消费品市场分割系数的变化情况，结果见表 5-22。其中，模型 1 加入了知识产权保护程度、R&D 投入强度和人力资本水平等地区特征变量，可以看到，消费品市场分割的系数为负，且在 1% 的水平下显著，这表明在加入地区创新要素等控制变量后，不影响消费品市场分割对区域创新效率的抑制效应。知识产权保护程度的系数为 1.542，且在 1% 的水平下显著，这表明知识产权保护程度越高，区域创新效率越高。R&D 投入强度的系数为 5.417，且在 1% 的水平下显著，这表明随着 R&D 投入强度的提高，区域创新效率上升。人力资本水平的系数为 0.781，

表 5 - 21　消费品市场分割影响区域创新效率的回归结果

变量	模型 1 OLS	模型 2 FE	模型 3 TWFE	模型 4 OLS	模型 5 FE	模型 6 TWFE	模型 7 OLS	模型 8 FE	模型 9 TWFE
ConsSeg	-0.257*** (-3.098)	-0.232*** (-11.279)	-0.202*** (-5.398)	0.228* (1.915)	-0.544*** (-12.024)	-0.187*** (-4.765)	0.011 (0.170)	-0.266*** (-14.530)	0.012** (2.063)
ConsSeg2				-0.191 (-1.596)	0.380*** (7.630)	0.131*** (3.031)			
TD × ConsSeg							0.119 (1.122)	0.317*** (11.148)	-0.028*** (-2.997)
Constant	0.280*** (8.486)	0.465*** (94.058)	0.298*** (103.036)	0.250*** (6.591)	0.497*** (79.506)	0.300*** (87.309)	0.295*** (8.274)	0.445*** (94.395)	0.295*** (95.625)
年份固定效应	YES	NO	YES	YES	NO	YES	YES	NO	YES
地区固定效应	NO	YES	YES	YES	YES	YES	YES	YES	YES
调整后的 R^2	0.183	0.178	0.972	0.186	0.277	0.972	0.184	0.365	0.973
LogLik	212.797	566.512	1334.405	214.117	595.854	1334.996	213.450	625.078	1339.352

注：*、**和***分别表示在 10%、5% 和 1% 的水平下显著，括号内的数字为相应的 t 值。

也在1%的水平下显著，这表明随着人力资本水平的提高，区域创新效率会得到显著改善。

表5 – 22　依次加入控制变量后消费品市场分割影响区域创新效率的回归结果

变量	模型1	模型2	模型3	模型4
ConsSeg	– 0.035 *** (– 2.685)	– 0.036 *** (– 2.814)	– 0.031 *** (– 3.000)	– 0.013 ** (– 1.969)
ipr	1.542 *** (5.885)	1.453 *** (5.297)	0.770 *** (3.282)	0.299 ** (2.063)
rdqd	5.417 *** (6.795)	4.652 *** (5.244)	3.725 *** (5.131)	0.263 (0.560)
ln*hc*	0.781 *** (19.478)	0.725 *** (17.098)	0.474 *** (11.545)	– 0.030 (– 0.909)
tra		– 0.011 (– 0.679)	0.028 ** (2.124)	– 0.002 (– 0.181)
ln*fdi*		0.013 *** (3.783)	0.016 *** (5.424)	0.002 (1.004)
gov			0.376 *** (8.103)	0.032 (0.975)
stu			0.060 *** (8.114)	0.067 *** (14.384)
urb				0.319 *** (6.105)
ln*pgdp*				0.090 *** (12.500)
Constant	– 1.333 *** (– 16.569)	– 1.365 *** (– 17.176)	– 0.984 *** (– 13.146)	– 0.700 *** (– 12.229)
地区固定效应	YES	YES	YES	YES
年份固定效应	YES	YES	YES	YES
调整后的 R^2	0.789	0.797	0.866	0.950

注：*、** 和 *** 分别表示在10%、5%和1%的水平下显著，括号内的数字为相应的 t 值。

　　模型2加入了外商直接投资等反映地区开放水平的特征变量，可以看到，消费品市场分割的系数仍旧在1%的水平下显著为负。其中，外商直接投资的系数也在1%的水平下显著为正，这表明外商直接投资高的地区，可能更容易发生技术外溢，从而有助于提升当地的创新效率。本书的研究结论与吴延兵（2006）、成力为和孙玮（2012）、戴魁早和刘友金（2016）关于企业外向度与企业创新效率的研究结论基本保持一致。

模型3进一步加入了政府干预度、产业升级等变量，可以看到，消费品市场分割的系数仍旧在1%的水平下显著为负。其中，政府干预度和产业升级的系数都在1%的水平下显著为正，表明随着政府干预度的提高和产业高级化，区域创新效率可以得到有效改善。

模型4在模型3的基础上加入了城市化水平和地区经济发展水平等变量，可以看到，消费品市场分割的系数仍旧在1%的水平下显著为负。其中，城市化水平和地区经济发展水平的系数都在1%的水平下显著为正，这意味着随着城市化水平和地区经济发展水平的提升，区域创新效率会进一步提高。

通过对比模型1至模型4中消费品市场分割的系数可以看到，在所有模型中消费品市场分割的系数都在1%的水平下显著为负，这意味着消费品市场分割会显著降低区域创新效率的结论是稳健的。

（四）内生性问题处理

1. 加入更多的控制变量

对于可能存在的遗漏变量问题，本书在前文估计模型的基础上，加入产业升级、互联网发展水平等因素进行控制，加入更多控制变量的回归结果见表5-23中的模型1。可以看到，消费品市场分割的系数为-0.011，且在5%的水平下显著，这表明回归结果是稳健的。另外，产业升级（*stu*）的系数为0.068，且在1%的水平下显著，互联网发展水平（ln*netp*）的系数为0.011，在10%的水平下显著，这表明二者确实会对区域创新效率产生影响。

表5-23　内生性问题回归结果

变量	模型1	模型2
ConsSeg	-0.011** (-2.089)	-0.008*** (-3.343)
ipr	0.323 (1.607)	0.314 (1.557)

续表

变量	模型 1	模型 2
rdqd	0.186 (0.173)	0.162 (0.150)
ln*hc*	− 0.018 (− 0.469)	− 0.012 (− 0.318)
tra	− 0.001 (− 0.084)	0.000 (− 0.035)
ln*fdi*	0.001 (0.412)	0.001 (0.368)
gov	− 0.002 (− 0.047)	− 0.010 (− 0.215)
stu	0.068 *** (9.099)	0.068 *** (9.089)
urb	0.321 ** (2.397)	0.312 ** 2.264)
ln*pgdp*	0.078 *** (3.391)	0.079 *** (3.408)
ln*netp*	0.011 * (2.033)	0.011 ** (2.085)
Constant	− 0.659 *** (− 4.820)	− 0.673 *** (− 4.915)
地区固定效应	YES	YES
年份固定效应	YES	YES
调整后的 R^2	0.955	0.955

注：* 、** 和 *** 分别表示在 10% 、5% 和 1% 的水平下显著，括号内的数字为相应的 t 值。

2. 解释变量滞后一期

借鉴韩先锋等（2019）、郭家堂和骆品亮（2016）处理自变量和因变量互为因果关系可能导致的内生性问题的做法，将解释变量 *ConsSeg* 作为被解释变量进行回归，并选择 *ConsSeg* 的滞后一期作为当期 *ConsSeg* 的工具变量，采用 2SLS 法进行回归，结果见表 5 – 23 中的模型 2。可以看到，固定效应估计的结果没有明显差别，表明本书的研究结论是稳健的。

（五）稳健性检验

1. 剔除特殊年份

考虑到金融危机对国内市场的影响，本书对样本重新进行调整，回归结果见表5－24中的模型1和模型2。其中，模型1为剔除2007年及以前数据，模型2为剔除2009年及以前数据。可以看到，除模型1外，消费品市场分割对区域创新效率的影响仍旧显著为负，这意味着即使剔除金融危机的影响，消费品市场分割还是会显著降低区域创新效率。

表5－24 消费品市场分割影响区域创新效率的稳健性检验

变量	模型 1 剔除 2007 年及以前数据	模型 2 剔除 2009 年及以前数据	模型 3 加入金融危机虚拟变量交互项	模型 4 动态面板模型	模型 5 替换被解释变量
ConsSeg	-0.010 (-1.264)	-0.009 * (-1.685)	0.015 * (1.732)	-0.001 *** (-4.868)	-0.001 *** (-3.131)
ipr	0.481 *** (3.041)	0.356 *** (2.802)	0.200 * (1.884)	0.007 *** (2.698)	-0.298 *** (-8.927)
rdqd	-0.001 (-0.003)	-1.982 *** (-4.794)	-2.007 *** (-5.272)	-0.137 *** (-23.011)	1.095 *** (9.147)
lnhc	-0.000 (-0.006)	0.030 (0.987)	-0.058 * (-1.822)	0.011 *** (18.981)	0.016 (1.649)
tra	0.001 (0.088)	0.003 (0.459)	0.005 (0.754)	0.001 *** (9.956)	-0.003 (-1.285)
lnfdi	0.001 (0.503)	0.003 * (1.812)	0.004 *** (2.907)	0.001 *** (30.935)	0.001 (1.214)
gov	0.080 ** (2.089)	0.046 (1.121)	0.005 (0.172)	0.005 *** (11.697)	-0.025 *** (-3.033)
stu	0.063 *** (12.500)	0.005 (1.084)	0.005 (1.093)	0.001 *** (12.553)	0.004 ** (2.421)
urb	0.359 *** (6.290)	0.134 ** (2.401)	0.006 (0.135)	-0.010 *** (-17.466)	0.008 (0.551)
lnpgdp	0.085 *** (9.848)	-0.023 ** (-2.380)	0.000 (0.054)	0.000 *** (2.724)	0.005 * (1.896)
TD × ConsSeg			-0.024 ** (-2.285)		

变量	模型 1 剔除 2007 年及以前数据	模型 2 剔除 2009 年及以前数据	模型 3 加入金融危机虚拟变量交互项	模型 4 动态面板模型	模型 5 替换被解释变量
L. *EcyInno*				0.984 *** (4856.816)	
Constant	− 0.721 *** (− 11.865)	0.502 *** (4.581)	0.426 *** (4.694)	− 0.008 *** (− 7.432)	− 0.048 * (− 1.695)
地区固定效应	YES	YES	YES	YES	YES
年份固定效应	YES	YES	YES	YES	YES
调整后的 R²	0.941	0.971	0.974		0.971

注：*、**和*** 分别表示在 10% 、5% 和 1% 的水平下显著，括号内的数字为相应的 t 值。

2. 加入交互项

模型 3 则加入了金融危机虚拟变量与消费品市场分割的交互项，可以看到，交互项的系数在 5% 的水平下显著为负，这意味着受金融危机的冲击，国内产品市场竞争更加激烈，消费品市场分割对区域创新效率的抑制效应进一步增强。

3. 采用动态面板模型

根据戴魁早和刘友金（2016）的研究，技术创新具有一定的路径依赖性，本书在模型中加入了被解释变量的滞后一期，这时模型为动态面板模型，不应直接采用传统的固定效应的估计方法，应采用 SYS – GMM 方法对模型进行估计，结果见表 5 – 24 中的模型 4。可以看到，在考虑到创新的惯性作用后，消费品市场分割的系数仍旧在 1% 的水平下显著为负，表明消费品市场分割会显著降低区域创新效率。

4. 替换被解释变量

本书采用超越对数生产函数对我国的区域创新效率重新进行测算，并进一步分析消费品市场分割对我国区域创新效率的影响，结果见表 5 – 24 中的模型 5。可以看到，消费品市场分割的系数为 – 0.001，且在 1% 的水平下显著，这表明即使采用不同的测算方法，消费品市场分割还是会降低区域创新效率。

三 消费品市场分割影响区域创新效率的异质性分析

考虑到我国各地区之间禀赋差异较大，本书将所有样本分为东部、中部、西部地区三组分别进行回归，具体结果见表 5 - 25 中的模型 1 至模型 3。可以看到，消费品市场分割对东部、中部、西部地区区域创新效率的影响也呈现异质性，但与劳动力市场分割和资本品市场分割不同的是，东部地区消费品市场分割的系数在 10% 的水平下显著为负，中部和西部地区消费品市场分割的系数也为负值，但不显著，这意味着消费品市场分割不会显著影响中部和西部地区的区域创新效率，但是会对东部地区的区域创新效率产生显著影响。

表 5 - 25　消费品市场分割影响区域创新效率的异质性分析

变量	地区异质性			主体异质性		
	模型 1	模型 2	模型 3	模型 4	模型 5	模型 6
	东部地区	中部地区	西部地区	企业	高校	科研机构
ConsSeg	- 0.021 *	- 0.022	- 0.006	- 0.025 ***	0.006	0.001
	(- 1.938)	(- 1.279)	(- 0.634)	(- 2.995)	(1.266)	(0.215)
ipr	0.319	0.438	0.009	0.341 *	0.109 *	0.018
	(1.295)	(1.476)	(0.035)	(1.837)	(1.950)	(0.127)
rdqd	0.157	- 0.983	- 0.663	- 0.261	- 0.270	- 0.016
	(0.193)	(- 1.074)	(- 0.530)	(- 0.435)	(- 1.487)	(- 0.035)
ln*hc*	- 0.091	0.005	0.015	- 0.055	- 0.024 *	0.009
	(- 1.096)	(0.132)	(0.372)	(- 1.286)	(- 1.878)	(0.338)
tra	- 0.004	- 0.063	- 0.016	- 0.015	- 0.004	0.030 ***
	(- 0.276)	(- 1.246)	(- 1.375)	(- 1.402)	(- 1.109)	(3.317)
ln*fdi*	- 0.006	0.002	- 0.001	0.002	- 0.002 **	0.002
	(- 1.119)	(0.500)	(- 0.276)	(0.779)	(- 2.478)	(1.288)
gov	0.166	- 0.024	0.072 **	0.061	- 0.010	- 0.045
	(1.410)	(- 0.268)	(2.236)	(1.446)	(- 0.802)	(- 1.102)
stu	0.067 ***	0.060 ***	0.042 ***	0.066 ***	- 0.020 ***	0.038 ***
	(6.183)	(8.595)	(4.322)	(11.108)	(- 11.176)	(8.422)
urb	0.321 ***	0.248 ***	0.811 ***	0.490 ***	- 0.002	0.451 ***
	(2.942)	(3.012)	(7.694)	(7.324)	(- 0.100)	(9.100)
ln*pgdp*	0.090 ***	0.116 ***	0.031 ***	0.079 ***	- 0.022 ***	0.043 ***
	(4.934)	(11.886)	(2.692)	(8.568)	(- 7.816)	(5.815)
Constant	- 0.493 ***	- 0.989 ***	- 0.337 ***	- 0.629 ***	0.827 ***	- 0.196 ***
	(- 3.165)	(- 12.111)	(- 4.161)	(- 8.571)	(37.357)	(- 3.786)
地区固定效应	YES	YES	YES	YES	YES	YES

续表

变量	地区异质性			主体异质性		
	模型 1	模型 2	模型 3	模型 4	模型 5	模型 6
	东部地区	中部地区	西部地区	企业	高校	科研机构
年份固定效应	YES	YES	YES	YES	YES	YES
调整后的 R^2	0.924	0.984	0.966	0.927	0.869	0.903

注：*、**和***分别表示在 10%、5% 和 1% 的水平下显著，括号内的数字为相应的 t 值。

表 5 - 25 中的模型 4 至模型 6 汇报了消费品市场分割对不同创新主体创新效率的影响。可以看到，消费品市场分割对不同创新主体创新效率的影响并不一致，其中资本品市场分割会显著降低企业的创新效率，但对高校和科研机构的创新效率影响不显著。究其原因，可能在于企业不同于高校和科研机构，其对市场收益更加敏感，在消费品市场存在分割的情形下，其收益无法充分实现，最终会降低企业的创新效率。相对而言，高校和科研机构的创新资金来源受产品市场的影响相对较小，所以消费品市场分割对其创新效率的影响并不显著。

四　消费品市场分割影响区域创新效率的机制检验

通过前文的实证分析发现，消费品市场分割会显著降低区域创新效率。根据本章的理论分析，消费品市场分割会通过扭曲市场竞争机制、消费需求规模、工资价格水平三个途径影响区域创新效率，本部分将进一步通过构建中介效应模型对其可能的传导机制进行检验，并分析每种机制在其中所起的作用。

（一）模型构建

本书借鉴现有研究检验中介效应的方法（许家云、毛其淋，2016；韩先锋等，2019），采用三步法对中介效应进行检验。首先，将被解释变量对基本解释变量进行回归；其次，将中介变量（地区市场竞争水平、人均消费支出水平、工资价格水平扭曲）对基本解释变量进行回归；最后，将被解释变量对所有解释变量和中介变量进行回归。

具体来说，为了检验消费品市场分割对市场竞争机制扭曲效应的中介机制，构建中介效应模型，由如下方程构成：

$$EcyInno_{it} = a_0 + a_1 ConsSeg_{it} + \delta_i Z_{it}^* + \nu_i + \varepsilon_{it} \qquad (5-30)$$

$$Comp_{it} = b_0 + b_1 ConsSeg_{it} + \chi_i Z_{it}^* + \nu_i + \varepsilon_{it} \qquad (5-31)$$

$$EcyInno_{it} = m_0 + m_1 ConsSeg_{it} + \varphi Comp_{it} + \delta_i Z_{it}^* + \nu_i + \varepsilon_{it} \qquad (5-32)$$

为了检验消费品市场分割对消费需求规模扭曲效应的中介机制，构建中介效应模型，由式（5-30）加上如下两个方程构成：

$$\ln DistC_{it} = d_0 + d_1 ConsSeg_{it} + \tau_i Z_{it}^* + \nu_i + \varepsilon_{it} \qquad (5-33)$$

$$EcyInno_{it} = m_0 + m_1 ConsSeg_{it} + \gamma \ln cons_{it} + \delta_i Z_{it}^* + \nu_i + \varepsilon_{it} \qquad (5-34)$$

为了检验消费品市场分割对工资价格水平扭曲效应的中介机制，构建中介效应模型，由式（5-30）加上如下两个方程构成：

$$DistL_{it} = c_0 + c_1 ConsSeg_{it} + \kappa_i Z_{it}^* + \nu_i + \varepsilon_{it} \qquad (5-35)$$

$$EcyInno_{it} = m_0 + m_1 ConsSeg_{it} + \lambda DistL_{it} + \delta_i Z_{it}^* + \nu_i + \varepsilon_{it} \qquad (5-36)$$

最后，将所有中介效应统一放入模型中，构建全机制中介效应模型，由式（5-30）、式（5-33）和式（5-35）加上下式构成：

$$EcyInno_{it} = m_0 + m_1 ConsSeg_{it} + \varphi Comp_{it} + \gamma \ln cons_{it} + \lambda DistL_{it} + \delta_i Z_{it}^* + \nu_i + \varepsilon_{it}$$
$$(5-37)$$

其中，下标 i、t 分别表示省份和年份，$Comp_{it}$、$\ln cons_{it}$ 和 $DistL_{it}$ 分别表示地区市场竞争水平、人均消费支出水平和工资价格水平扭曲。其他变量与前文的定义保持一致。

1. 地区市场竞争水平

在度量地区市场竞争水平时，一个较好的代理变量是地区的赫芬达尔指数，采用行业集中度的方法来反映地区的市场竞争程度。但囿于数据的缺乏，无法采用赫芬达尔指数对地区的市场竞争状态进行测算。市场竞争在很大程度上体现为民营经济的参与度，因为国有企业在经营过程中拥有特殊的政策优势和制度优势，其他市场力量难以有效与其竞争。鉴于此，本书选择非国有经济发展程度来度量地区市场竞争水平，地区的非国有经济指数越高，其市场竞争越激烈；地区的非国有经济指数越低，其市场竞争程度越低。该指数来自樊纲等（2010）的《中国市场化指数——各地区市场化相对进程 2009 年报告》和王小鲁等（2018）的《中国分省份市场化指数报告（2018）》。事实上，已有不少学者采用该指标来反映地区的市场竞争程度，如龚新蜀等（2017）采用该指标表示地区的市场竞争程度，分析了地区市场竞争对工业污染排放的影响。由于该指标仅统计到 2016年，本书通过线性拟合的方法对缺失的数据进行补充。

2. 人均消费支出水平

根据前文的理论分析，消费品市场分割会扭曲产品产出，进而扭曲劳动者的工资收入，并通过消费需求效应影响区域创新效率。正如前文分析所言，一项科学研究可能蕴含很多的发明创造，但这些专利、技术最终能否转换为产品，取决于市场的预期收益，只有在市场所蕴含的机会给发明人带来正的潜在收益时，发明人才有足够的动机和意愿增加创新投入，提高创新效率，但扭曲的产品市场会导致要素价格扭曲、供给需求不匹配等深层次矛盾。白重恩和钱震杰（2009）的研究表明，与国外发达国家相比，我国的劳动收入占比处于较低水平，这有可能是导致我国消费低迷的重要原因。消费品市场分割导致劳动者无法自由流动，无法在要素市场上获取与自身能力相匹配的工资，个人收入水平低于潜在均衡水平，个人可支配收入的减少会降低对消费产品的需求，继而压缩对高技术产品的需求，不利于企业创新收入的增加，致使企业创新动力不足。本部分仍旧选择各地区人均消费支出水平作为消费需求规模的代理变量。

3. 工资价格水平扭曲

消费品市场分割的一个重要表现是产品无法跨区域自由流动，产品的价格也会因此产生扭曲，最终导致与要素市场分割几乎一致的结果，即产品的边际收益水平与工资水平无法匹配，此时生产要素的价格也会因此产生扭曲。本部分采用的工资价格水平扭曲仍旧采用相同的超越对数生产函数模型对劳动的边际收益进行测算，然后求出劳动的边际产出与工资收入的比值作为工资价格水平扭曲的度量指标。

（二）结果分析

1. 市场竞争机制扭曲效应

表 5 - 26 呈现的是消费品市场分割影响区域创新效率中市场竞争机制扭曲中介机制的检验结果。模型 1、模型 2 和模型 3 分别对应式（5 - 30）、

式（5-31）和式（5-32）的回归结果，模型1至模型3共同构成了市场竞争机制扭曲中介效应检验模型。可以看到，在模型2中，消费品市场分割（ConsSeg）的系数为-0.327，在5%的水平下显著为负，这表明消费品市场分割降低了地区市场竞争水平。模型3的回归结果显示，消费品市场分割的系数在1%的水平下显著为负，地区市场竞争水平（Comp）的系数在1%的水平下显著为正，这表明地区市场竞争水平的提高会显著提升区域创新效率，验证了本书提出的假说1b。而且在加入地区市场竞争水平因素后，消费品市场分割系数的绝对值也出现明显下降。所以，市场竞争机制扭曲是消费品市场分割影响区域创新效率的中介机制之一。具体看，在其他因素保持不变的情况下，消费品市场分割水平每提高1个单位，区域创新效率会直接降低0.007个单位，同时也会使地区市场竞争水平降低0.327个单位，从而导致区域创新效率间接降低0.0059个单位（0.327×0.018=0.0059），总效应为直接效应与间接效应之和，即0.0129个单位（0.007+0.0059=0.0129），所以间接效应在总效应中的占比为45.74%。

表5-26　消费品市场分割影响区域创新效率的机制检验——市场竞争机制扭曲效应

变量	模型1	模型2	模型3
ConsSeg	-0.013** (-1.969)	-0.327** (-2.105)	-0.007*** (-2.319)
ipr	0.299** (2.063)	-1.448 (-0.299)	0.326*** (2.829)
rdqd	0.263 (0.560)	-10.247 (-0.653)	0.450 (1.208)
lnhc	-0.030 (-0.909)	-0.892 (-0.804)	-0.014 (-0.527)
tra	-0.002 (-0.181)	1.205*** (4.179)	-0.024*** (-3.353)
lnfdi	0.002 (1.004)	0.206*** (3.261)	-0.002 (-1.223)
gov	0.032 (0.975)	0.052 (0.048)	0.031 (1.192)
stu	0.067*** (14.384)	1.495*** (9.648)	0.039*** (9.425)

续表

变量	模型 1	模型 2	模型 3
urb	0.319*** (6.105)	5.896*** (3.374)	0.211*** (5.011)
ln*pgdp*	0.090*** (12.500)	1.977*** (8.183)	0.054*** (8.604)
Comp			0.018*** (13.762)
Constant	−0.700*** (−12.229)	−19.555*** (−10.217)	−0.343*** (−6.559)
调整后的 R^2	0.950	0.870	0.969

注：*、** 和 *** 分别表示在 10%、5% 和 1% 的水平下显著，括号内的数字为相应的 t 值。

2. 消费需求规模扭曲效应

表 5-27 中的模型 1 至模型 3 共同构成了消费需求规模扭曲中介效应检验模型。可以看到，在模型 2 中，消费品市场分割（*ConsSeg*）的系数为 −0.108，且在 1% 的水平下显著，这表明消费品市场分割导致地区的人均消费支出水平下降。模型 3 的回归结果显示，消费品市场分割的系数为 −0.011，在 10% 的水平下显著。人均消费支出水平（ln*cons*）的系数为 0.081，在 1% 的水平下显著，这表明人均消费支出水平的提高有助于提升区域创新效率。进一步地，可以得到消费品市场分割会扭曲地区的人均消费支出水平，进而会降低区域创新效率。而且在加入人均消费支出水平因素后，消费品市场分割的系数也出现下降。所以，消费需求规模扭曲也是消费品市场分割影响区域创新效率的中介机制之一。具体看，在其他因素保持不变的情况下，消费品市场分割水平每提高 1 个单位，区域创新效率会直接降低 0.011 个单位，同时也会使人均消费支出水平降低 0.108 个单位，从而导致区域创新效率间接降低 0.0087 个单位（0.108 × 0.081 = 0.0087），总效应为直接效应与间接效应之和，即 0.0197 个单位（0.011 + 0.0087 = 0.0197），所以间接效应在总效应中的占比为 44.16%。

表 5-27 消费品市场分割影响区域创新效率的机制检验——消费需求规模扭曲效应

变量	模型 1	模型 2	模型 3
ConsSeg	−0.013** (−1.969)	−0.108*** (−2.668)	−0.011* (−1.928)

续表

变量	模型 1	模型 2	模型 3
ipr	0.299 **	3.982 ***	0.796 ***
	(2.063)	(2.614)	(3.709)
rdqd	0.263	3.655	−1.266 **
	(0.560)	(0.820)	(−2.060)
ln*hc*	−0.030	−0.067	0.146 ***
	(−0.909)	(−0.263)	(4.177)
tra	−0.002	−0.061	0.008
	(−0.181)	(−1.019)	(0.920)
ln*fdi*	0.002	−0.038 ***	−0.001
	(1.004)	(−3.010)	(−0.516)
gov	0.032	1.012 ***	0.087 *
	(0.975)	(2.856)	(1.742)
stu	0.067 ***	0.204 ***	0.028 ***
	(14.384)	(5.487)	(4.924)
urb	0.319 ***	3.455 ***	0.329 ***
	(6.105)	(8.507)	(4.781)
ln*pgdp*	0.090 ***	0.455 ***	0.017
	(12.500)	(5.929)	(1.436)
ln*cons*			0.081 ***
			(7.003)
Constant	−0.700 ***	2.755 ***	−1.001 ***
	(−12.229)	(3.663)	(−9.244)
调整后的 R²	0.950	0.918	0.948

注：*、**和***分别表示在10%、5%和1%的水平下显著，括号内的数字为相应的 t 值。

3. 工资价格水平扭曲效应

表5－28中的模型1至模型3共同构成了工资价格水平扭曲中介效应检验模型。可以看到，在模型2中，消费品市场分割（*ConsSeg*）的系数为0.074，且在5%的水平下显著，这表明消费品市场分割导致地区的工资价格水平扭曲程度提高。模型3的回归结果显示，消费品市场分割的系数为−0.008，仍旧在5%的水平下显著。工资价格水平扭曲（*DistL*）的系数为−0.063，在1%的水平下显著，这表明消费品市场分割会扭曲地区的工资价格水平，进而会降低区域创新效率。而且在加入工资价格水平扭曲因素后，消费品市场分割的系数也出现明显下降。所以，工资价格水平扭曲也

是消费品市场分割影响区域创新效率的中介机制之一。具体看，在其他因素保持不变的情况下，消费品市场分割水平每提高 1 个单位，区域创新效率会直接降低 0.008 个单位，同时也会使工资价格水平扭曲程度提高 0.074 个单位，从而导致区域创新效率间接降低 0.0047 个单位（0.074 × 0.063 = 0.0047），总效应为直接效应与间接效应之和，即 0.0127（0.008 + 0.0047 = 0.0127），所以间接效应在总效应中的占比为 37.01%。

表 5 - 28 消费品市场分割影响区域创新效率的机制检验——工资价格水平扭曲效应

变量	模型 1	模型 2	模型 3
ConsSeg	- 0.013 ** (- 1.969)	0.074 ** (2.469)	- 0.008 ** (- 2.114)
ipr	0.299 ** (2.063)	2.729 *** (4.056)	0.462 *** (3.227)
rdqd	0.263 (0.560)	- 7.201 *** (- 3.310)	- 0.220 (- 0.480)
lnhc	- 0.030 (- 0.909)	0.034 (0.223)	- 0.029 (- 0.915)
tra	- 0.002 (- 0.181)	0.033 (0.826)	0.000 (0.040)
lnfdi	0.002 (1.004)	- 0.018 ** (- 2.098)	0.001 (0.501)
gov	0.032 (0.975)	- 0.438 *** (- 2.889)	0.004 (0.131)
stu	0.067 *** (14.384)	- 0.243 *** (- 11.227)	0.052 *** (9.797)
urb	0.319 *** (6.105)	2.156 *** (8.842)	0.459 *** (8.135)
lnpgdp	0.090 *** (12.500)	- 0.219 *** (- 6.516)	0.076 *** (10.252)
DistL			- 0.063 *** (- 5.390)
Constant	- 0.700 *** (- 12.229)	2.297 *** (8.579)	- 0.553 *** (- 8.974)
调整后的 R^2	0.950	0.606	0.954

注：*、** 和 *** 分别表示在 10%、5% 和 1% 的水平下显著，括号内的数字为相应的 t 值。

4. 总体中介效应

前文分析了单一中介机制在消费品市场分割对区域创新效率抑制效应中的作用，本部分借鉴蒲艳萍和顾冉（2019）的研究方法，将所有中介机制全部纳入模型中进行总体中介效应分析，并进一步对各种传导机制的贡献进行分解，具体结果见表5-29。

表 5-29　消费品市场分割影响区域创新效率的机制检验——总体中介效应

变量	模型 1 基准模型	模型 2 市场竞争 机制扭曲	模型 3 消费需求 规模扭曲	模型 4 工资价格 水平扭曲	模型 5 总体效应 模型
ConsSeg	-0.013** (-1.969)	-0.327** (-2.105)	-0.108*** (-2.668)	0.074** (2.469)	-0.006** (-2.202)
ipr	0.299** (2.063)	-1.448 (-0.299)	3.982*** (2.614)	2.729*** (4.056)	0.444** (2.324)
rdqd	0.263 (0.560)	-10.247 (-0.653)	3.655 (0.820)	-7.201*** (-3.310)	-1.579*** (-3.060)
lnhc	-0.030 (-0.909)	-0.892 (-0.804)	-0.067 (-0.263)	0.034 (0.223)	0.093*** (3.087)
tra	-0.002 (-0.181)	1.205*** (4.179)	-0.061 (-1.019)	0.033 (0.826)	-0.011 (-1.523)
lnfdi	0.002 (1.004)	0.206*** (3.261)	-0.038*** (-3.010)	-0.018** (-2.098)	-0.003* (-1.922)
gov	0.032 (0.975)	0.052 (0.048)	1.012*** (2.856)	-0.438*** (-2.889)	0.094** (2.237)
stu	0.067*** (14.384)	1.495*** (9.648)	0.204*** (5.487)	-0.243*** (-11.227)	0.013** (2.422)
urb	0.319*** (6.105)	5.896*** (3.374)	3.455*** (8.507)	2.156*** (8.842)	0.284*** (4.080)
lnpgdp	0.090*** (12.500)	1.977*** (8.183)	0.455*** (5.929)	-0.219*** (-6.516)	0.007 (0.703)
Comp					0.015*** (7.262)
lncons					0.054*** (5.034)
DistL					-0.027* (-1.714)

变量	模型 1 基准模型	模型 2 市场竞争 机制扭曲	模型 3 消费需求 规模扭曲	模型 4 工资价格 水平扭曲	模型 5 总体效应 模型
Constant	− 0. 700 *** （− 12. 229）	− 19. 555 *** （− 10. 217）	2. 755 *** （3. 663）	2. 297 *** （8. 579）	− 0. 530 *** （− 4. 738）
调整后的 R²	0. 950	0. 870	0. 918	0. 606	0. 963

注：＊、＊＊和＊＊＊分别表示在 10%、5% 和 1% 的水平下显著，括号内的数字为相应的 t 值。

可以看到，模型 5 中 3 个中介变量 *Comp*、*lncons* 和 *DistL* 的估计系数分别为 0. 015、0. 054 和 − 0. 027，且分别在 1%、1% 和 10% 的水平下显著，表明消费品市场分割通过市场竞争机制扭曲效应、消费需求规模扭曲效应和工资价格水平扭曲效应三种机制影响区域创新效率。借鉴 Cameron 和 Green（2009）的方法，将三种中介效应做进一步的分解。根据模型 5 的回归结果，可以得到消费品市场分割影响区域创新效率的直接效应为 0. 006 个单位，进一步结合模型 2、模型 3 和模型 4 的估计结果，可以计算出消费品市场分割经由市场竞争机制扭曲效应影响区域创新效率的间接效应为 0. 0049 个单位（0. 327 × 0. 015 = 0. 0049），消费品市场分割经由消费需求规模扭曲效应影响区域创新效率的间接效应为 0. 0058 个单位（0. 108 × 0. 054 = 0. 0058），消费品市场分割经由工资价格水平扭曲效应影响区域创新效率的间接效应为 0. 0020 个单位（0. 074 × 0. 027 = 0. 0020），将直接效应和三类间接效应加总可以得到消费品市场分割影响区域创新效率的总效应为 0. 0187 个单位（0. 006 + 0. 0049 + 0. 0058 + 0. 0020 = 0. 0187）。更进一步地，计算出每种效应占总效应的比例，分析传导机制的相对重要性，其中市场竞争机制扭曲效应的相对贡献份额为 26. 20%，消费需求规模扭曲效应解释了消费品市场分割影响区域创新效率因果链条中的 31. 02%，工资价格水平扭曲效应的相对贡献份额为 10. 70%。① 可见，消费需求规模扭曲效应在消费品市场分割对区域创新效率的抑制效应中起主导作用。

---

① 市场竞争机制扭曲效应占比 = 0. 0049/0. 0187 × 100% = 26. 20%，消费需求规模扭曲效应占比 = 0. 0058/0. 0187 × 100% = 31. 02%，工资价格水平扭曲效应占比 = 0. 0020/0. 0187 × 100% = 10. 70%。

五　消费品市场分割影响区域创新效率的非线性关系检验

（一）模型构建

前文的研究表明，无论是劳动力市场分割还是资本品市场分割都会显著抑制区域创新效率，而且这种抑制效应会受到区域特征的非线性关系的影响。那么，区域特征变量与消费品市场分割的创新抑制效应之间会不会也不是简单的线性关系呢？是否也要超过一定的门槛水平区域创新效率才能得到有效提升呢？为了回答这些问题，仍旧采用面板门槛模型对此进行检验。具体来说，首先在上述基准模型的基础上构建单一门槛模型：

$$EcyInno_{it} = \beta_0 + \beta_1 ConsSeg_{it} I(q_{it} \leq \gamma) + \beta_2 ConsSeg_{it} I(q_{it} > \gamma) + \delta_i Z_{it}^* + \nu_i + \varepsilon_{it}$$

$$(5 - 38)$$

其中，$EcyInno_{it}$ 为被解释变量，表示各省份的区域创新效率。$ConsSeg_{it}$ 为兴趣变量，表示各省份的消费品市场分割水平。$I(\cdot)$ 为示性函数，满足条件的情况下取值为 1，否则取值为 0。q_{it} 为门槛变量，该值在不同区间变化时会影响消费品市场分割的创新效率提升效应。γ 为门槛值，对于单一门槛模型，γ 只有一个取值，将观测变量划分为 2 个门槛区间。Z_{it}^* 为区域特征变量，与前文基本保持一致，选择知识产权保护程度、R&D 投入强度、人力资本水平、贸易开放度、外商直接投资、政府干预度、城市化水平以及地区经济发展水平等特征变量。ν_i 表示未观测到的个体固定效应，$\varepsilon_{it} \sim N(0, \sigma^2)$ 表示随机干扰项。[1]

式（5 - 38）仅为假设存在一个门槛值的情形，实际上，门槛变量可能存在多个门槛值，可以对式（5 - 38）进行拓展，变为多门槛模型：

$$EcyInno_{it} = \beta_0 + \beta_1 ConsSeg_{it} I(q_{it} \leq \gamma_1) + \beta_2 ConsSeg_{it} I(q_{it} > \gamma_1) + \cdots +$$

$$\beta_n ConsSeg_{it} I(q_{it} \leq \gamma_n) + \beta_{n+1} ConsSeg_{it} I(q_{it} > \gamma_n) + \delta_i Z_{it}^* + \nu_i + \varepsilon_{it}$$

$$(5 - 39)$$

为了进一步解释消费品市场分割对区域创新效率的非线性效应，本书将消费品市场分割、知识产权保护程度、R&D 投入强度、人力资本水平、

---

① 门槛模型的详细估计过程可以参考 Hansen（1999）的研究，此处不再赘述。

贸易开放度、外商直接投资、政府干预度、产业升级、城市化水平以及地区经济发展水平等作为门槛变量。

（二）结果分析

本书采用 Hansen（1999）提出的方法，通过自抽样方法对门槛效应进行检验，设定的抽样次数为 300 次，依次将上述地区特征变量作为门槛变量进行门槛回归检验的估计结果[①]见表 5 - 30。检验结果显示，门槛变量为消费品市场分割、人力资本水平、政府干预度和地区经济发展水平时，所有模型至少在 10% 的置信水平下拒绝不存在门槛的原假设。其中，消费品市场分割和政府干预度两个变量存在单一门槛值，人力资本水平和地区经济发展水平两个变量存在两个门槛值。

表 5 - 30　消费品市场分割影响区域创新效率的门槛模型的参数估计结果

变量	模型 1	模型 2	模型 3	模型 4
	消费品市场分割	人力资本水平	政府干预度	地区经济发展水平
$ConsSeg\_\gamma_1$	0.144 ** (2.154)	0.005 (0.608)	0.102 *** (4.915)	-0.020 *** (-2.740)
$ConsSeg\_\gamma_2$	-0.010 *** (-3.450)	-0.105 *** (-6.893)	-0.016 *** (-2.647)	0.029 *** (2.924)
$ConsSeg\_\gamma_3$		-0.017 * (-1.778)		-0.086 *** (-4.216)
ipr	0.292 ** (2.027)	0.285 ** (2.104)	0.236 * (1.699)	0.190 (1.384)
$rdqd$	0.291 (0.626)	0.670 (1.511)	0.877 * (1.909)	0.543 (1.222)
$\ln hc$	-0.035 (-1.076)	-0.021 (-0.673)	-0.024 (-0.760)	-0.037 (-1.190)
tra	-0.002 (-0.244)	0.002 (0.241)	-0.013 (-1.531)	-0.010 (-1.219)
$\ln fdi$	0.002 (0.960)	0.002 (1.163)	0.001 (0.315)	0.001 (0.436)

---

① 本书对所有地区特征变量均进行了门槛回归估计，但是知识产权保护程度、R&D 投入强度、贸易开放度、外商直接投资和城市化水平等变量不存在门槛效应，所以此处未报告。

续表

变量	模型 1	模型 2	模型 3	模型 4
	消费品市场分割	人力资本水平	政府干预度	地区经济发展水平
gov	0.042 (1.271)	0.029 (0.940)	0.015 (0.466)	0.024 (0.767)
stu	0.067 *** (14.495)	0.068 *** (15.755)	0.064 *** (14.294)	0.064 *** (14.629)
urb	0.321 *** (6.179)	0.361 *** (7.335)	0.342 *** (6.839)	0.396 *** (7.851)
$\ln pgdp$	0.089 *** (12.386)	0.088 *** (13.040)	0.090 *** (13.034)	0.083 *** (11.933)
Constant	- 0.679 *** (- 11.800)	- 0.732 *** (- 13.533)	- 0.701 *** (- 12.847)	- 0.634 *** (- 11.466)
第一门槛值	0.0467	8.8881	0.1029	9.6299
F 统计量	20.06	29.52	36.73	21.03
第二门槛值		9.5101		10.5836
F 统计量		20.05		31.49
调整后的 R^2	0.951	0.956	0.955	0.956

注：*、** 和 *** 分别表示在 10%、5% 和 1% 的水平下显著，括号内的数字为相应的 t 值。

根据表 5-30 中模型 1 的估计结果，当消费品市场分割程度低于门槛值 0.0467 时，消费品市场分割对区域创新效率的提升具有显著的促进作用；当消费品市场分割程度超过门槛值时，消费品市场分割会阻碍区域创新效率的提升。

根据表 5-30 中模型 2 的估计结果，人力资本水平作为门槛变量时，检验结果显示存在两个门槛值，分别为 8.8881 和 9.5101。当人力资本水平低于门槛值 8.8881 时，消费品市场分割对区域创新效率的影响为正，但并不显著；当人力资本水平在 8.8881 和 9.5101 之间时，消费品市场分割会显著降低区域创新效率；当人力资本水平超过门槛值 9.5101 时，消费品市场分割仍旧会显著降低区域创新效率，但影响效应有所降低。

根据表 5-30 中模型 3 的估计结果，当政府干预度低于门槛值 0.1029 时，消费品市场分割对区域创新效率的提升具有显著的促进作用；当政府干预度超过门槛值时，消费品市场分割会阻碍区域创新效率的提升。

根据表 5-30 中模型 4 的估计结果，地区经济发展水平作为门槛变量时，检验结果显示存在两个门槛值，分别为 9.6299 和 10.5836。当地区经济发展水平低于门槛值 9.6299 时，消费品市场分割对区域创新效率的影响为负，且在 1% 的水平下显著；当地区经济发展水平在 9.6299 和 10.5836 之间时，消费品市场分割会显著提高区域创新效率；当地区经济发展水平超过门槛值 10.5836 时，消费品市场分割会显著降低区域创新效率。

第六章 空间溢出视角下的市场分割、资源错配与区域创新效率提升

第五章的分析表明，严重的市场分割不利于促进区域协同发展，也不能有效发挥我国的要素禀赋优势，对区域创新效率具有显著的抑制效应。既然市场分割行为会降低区域创新效率，那么地方政府为何又要采取这种市场分割策略呢？本章尝试从空间策略互动的角度对这一问题进行解答，探讨地方政府采取市场分割策略对空间资源错配的影响，考察市场分割对区域创新效率的直接影响和间接影响，分析市场分割对区域创新效率的短期效应和长期效应。

第一节 地方政府市场分割行为的策略互动分析

一 引言

关于地方政府市场分割行为影响因素的研究自21世纪以来一直是个热点，最初研究市场分割的学者认为，市场分割是在我国的渐进式改革及经济转型过程中出现的以地方政府干预经济为主导的现象，具有浓厚的行政特色，是区域异质背景下政府竞争均衡的结果（Young，2000）。随后，学者们从经济、法律、国际市场等多个角度探讨了市场分割的影响因素。例如，刘小勇和李真（2008）利用1986~2005年的省级面板数据实证检验了财政分权、经济分权以及地理距离对地区市场分割的影响；郭勇（2013）发现国际金融危机加剧了我国区域市场的分割，且其作用是即期的；陈刚和

李树（2013）发现我国"向地方分权的权威制度"促使地方政府之间存在"以邻为壑"的增长竞争，造成了严重的地方市场分割。

虽然大量研究讨论了影响我国地区市场分割的各种因素，但多数文献忽略了地方政府的市场分割行为存在策略博弈这一特征事实。地方政府的市场分割策略是地方政府或地方政府官员为其利益进行博弈的重要政策工具，某地区的市场分割必然会影响其他地区的经济利益，此时其他地区也必然会采取类似的市场分割策略，相应地，该地区的经济利益也会受到其他地区市场分割的影响（邓明，2014），进而有可能采取更为严重的市场分割策略，因此地区间的市场分割行为必然存在策略互动。但现有研究在考察各省份之间市场分割水平的差异时，都较少考察地方政府市场分割行为的策略互动对政府决策的影响，即现有文献普遍忽略了地方政府市场分割行为的同群效应对地方政府决策的影响。

同群效应是近年来学者们广泛关注的话题，针对同群效应的研究包括企业层面的高管薪酬、企业并购、违规行为、企业研发等（赵颖，2016；万良勇等，2016；刘静、王克敏，2018；陆蓉、常维，2018），以及个体层面的创业行为（晏艳阳等，2018）、儿童非认知能力（王春超、钟锦鹏，2018）等。对于地方政府存在的同群效应，目前国内研究仍然较为缺乏，相关研究如邓慧慧和赵家羚（2018）运用空间计量模型对地方政府开发区建设的同群效应进行了实证检验。因此，从同群效应的角度研究地方政府的市场分割行为是十分必要的。

二 理论分析及研究假说

近年来，关于行为经济学的研究发生了一些变化，由过去基于认知心理学的个体行为研究转向基于社会心理学的群体行为研究，因为市场参与主体不仅是"经济人"和"行为人"，而且是"社会人"。同群效应与有限注意（Limited Attention）的概念有关，有限注意最早由 Kahneman 于1973 年提出，指的是个体的注意力是有限的，要在不同的事物上分配认知资源，因为个体分配在一个事物上的注意力必将减少其分配在其他事物上的注意力。有限注意会导致人的"信息层叠"，即决策者放弃自己对信息的收集和加工整理，直接通过观察别人的行动做出判断和决策。

地方政府在采取某种策略时通常会受到其他省份的影响。社会互动分为内生互动（Endogenous Interaction）、情境互动（Contextual Interaction）和关联效应（Correlated Effects）三种（Manski，1993）。同群效应作为一种特殊的个体与群体之间的关系指针，对其准确识别尤为重要，容易与之混淆的其他关系主要有情境互动和关联效应。其中，情境互动是指行为决策与所处群体的外生特征有关，当某地区受到国内其他地区某些外部特征（如人均 GDP、对外开放水平等）影响时，可能产生外生效应，也称情境影响；关联效应则是指拥有相似特征或者相似资源条件的主体会采取一致的行为，或者受某种共同因素的影响，该地区与相邻省份的市场分割程度共同变动。而内生互动，即行为主体的决策随其所处群体的决策而发生变化。同群效应正是体现了个体决策相互影响的一种内生的社会互动，但由于数据可能存在的测量误差以及选择性偏误问题，通常情况下很难做出准确的因果性推断，尤其是同群效应中特有的"映射"问题的存在（Manski，1993），使得同群效应更加难以识别。Lee 和 Yu（2010）提出的空间计量方法为我们提供了一个分析地方政府市场分割策略同群效应的思路，本书利用空间计量模型来识别我国地方政府之间市场分割策略的互动效应。

地方政府在采取市场分割策略时会观察地理上与之邻近或相关特征与之接近的对象，一般来说，空间距离会对市场分割产生影响。已有文献表明，各地区文化背景、地理环境、经济实力、资源禀赋等条件的差异都是导致国内市场分割产生的重要原因。地理距离不仅可能造成地区之间在文化、经济实力、资源禀赋等方面的差异，而且可能形成信息壁垒，进而造成潜在的贸易障碍（Daumal，Zignago，2010）。因此，不同省份在确定自身市场分割水平时会参考相邻省份的决策。基于以上分析，本书提出如下假说。

假说 1：地方政府的市场分割行为与相邻省份之间存在同群效应。

一般来说，经济发展水平相近的省份之间可能存在较强的参考比较动机。孔令池（2019）发现地区间的市场发育水平不同，地方政府对市场的管控能力也存在差异，参与市场竞争的能力越强，越有可能排斥地方政府实施市场分割的经济政策。基于以上分析，本书提出如下假说。

假说 2：地方政府的市场分割行为与经济发展水平相近省份之间存在更加显著的同群效应。

"中国式分权"下的"标尺竞争"除了会发生在政治地位和经济发展水平相近的地区之外，地理距离邻近也是导致地方政府间的行为发生策略互动的途径（邓慧慧、赵家羚，2018）。在空间经济学中，距离是衡量区域间运输成本和经济关系最直观的指标，根据地理学第一定律以及共生增长和空间自组织理论（宋吉涛等，2006），可以得出各省份之间距离越近，其市场邻近性越强，市场间的作用越大，经济网络中节点的交互性越强，产生的市场互动和空间溢出效应越强，对地方政府具有越高的参考价值。基于以上分析，本书提出如下假说。

假说3：地方政府的市场分割行为与地理距离邻近省份之间存在同群效应。

一个地区的市场分割水平容易受到其他省份市场分割的影响，这主要是因为市场上存在不对称信息，地区之间可以通过内部学习和外部学习等手段来获取相应的信息和政策，降低信息不对称程度，吸引外部的人力资本、物质资本等，以促进经济增长。基于以上分析，本书提出如下假说。

假说4：信息获取性模仿机制会促使地方政府市场分割同群效应的形成。

地方政府要注重居民福利水平的提升，降低区域间的市场分割程度，但是基于自身财政收入和经济情况的考虑，地方政府可能会采取相反的财政政策来促进本地区经济、就业和产出的发展。地方政府之间相互竞争的态势会大幅提高各省份之间的市场分割程度。基于以上分析，本书提出如下假说。

假说5：竞争性模仿机制会促使地方政府市场分割同群效应的形成。

三　样本数据与模型构建

（一）数据来源和变量定义

本书以我国30个省份①的市场分割水平为研究对象，基于数据可得性，选取的样本观测时间为1998～2019年，省份特征变量数据来自国泰安数据库。

---

① 不含港澳台地区，由于西藏地区部分年份数据缺失，所以也未包含在本书的研究样本中。

1. 被解释变量

本部分的被解释变量为各地区的劳动力市场分割水平、资本品市场分割水平和消费品市场分割水平。

2. 控制变量

在模型中加入尽可能多的地区控制变量，以尽量减少遗漏变量偏误。①产业结构（tertiary）。产业结构是地方经济发展的重要指标，第三产业增加值占 GDP 比重的提高对居民消费、工作地选择有重大影响。②对外开放水平（open）。贸易壁垒尤其是高进口关税会激励地方政府采取分割国内市场的政策。③政府干预度（gov）。政府对经济的干预程度体现为政府在消费环节优先采购本地产品，限制甚至拒绝外地供应商进入本地政府采购市场。④地区经济发展水平（pgdp）。通常情况下，地区经济发展水平会对市场分割行为产生重要影响，本书采用人均 GDP 来衡量地区经济发展水平。⑤外商直接投资（FDI）。外商直接投资对中国经济的发展发挥了重要作用，各省份将引入外资作为发展经济的重要战略之一。⑥财政分权（decentral）。本书使用一般预算支出占比替代财政支出占比。变量定义与计算方法见表 6-1。为了避免异方差问题，本书对部分控制变量取对数，主要变量的描述性统计见表 6-2。

表 6-1　变量定义与计算方法

变量符号	变量名称	计算方法
tertiary	产业结构	第三产业增加值占 GDP 的比重
open	对外开放水平	以进出口总额占 GDP 的比重来表示，其中进出口总额是指实际进出我国国境的货物总金额
opensq	对外开放水平的平方项	对外开放与市场分割存在非线性关系
gov	政府干预度	政府消费支出占最终消费支出的比例
lnpgdp	地区经济发展水平	用人均 GDP 来衡量，地区经济发展越落后，地方政府越有动力直接干预当地经济活动
FDI	外商直接投资	外商投资总额与 GDP 之比
decentral	财政分权	一般预算支出占比
exter	外部学习模仿	相邻省份的数量
FDIcp	外商投资竞争	外商直接投资在各省份的排序
rfiscal	财税收入竞争	政府一般预算收入排序

表 6 - 2   主要变量的描述性统计

变量	平均值	标准差	最小值	最大值
tertiary	0.461	0.078	0.190	0.615
open	0.418	0.521	0.025	2.444
opensq	0.446	1.022	0.001	5.975
gov	0.283	0.060	0.14	0.479
lnpgdp	9.896	0.900	7.768	11.768
FDI	0.062	0.075	0.007	0.750
decentral	0.033	0.027	0.002	0.149
exter	4.267	1.844	1	8
FDIcp	15.498	8.6601	1	30
rfiscal	15.5	8.663	1	30

（二）模型构建

为检验各省份市场分割水平是否表现出同群效应，本书构建如下模型：

$$Seg_{it} = \tau Seg_{it-1} + \rho W Seg_{it} + X_{it}\beta + \mu_i + \eta_t + \varepsilon_{it} \qquad (6-1)$$

其中，Seg_{it} 是被解释变量，表示各省份的市场分割水平；Seg_{it-1} 为被解释变量 Seg_{it} 的一阶滞后。X_{it} 是控制省份特征的协变量；扰动项 ε_{it} 为服从均值为 0、方差为 σ^2 的独立同分布随机误差向量。W 是一个标准化零对角线的 $N \times N$ 维空间权重矩阵，其元素 w_{ij} 表示地区 i 与地区 j 之间的空间关系。潜在因变量 WY_{it} 为空间滞后项。不同省份可能面临中央的调控政策冲击，因此各省份市场分割水平的相关性可能源于情境互动和关联效应。为了减少可能的遗漏变量偏误以及控制不可观测的地区异质性和宏观经济因素的影响，本书进一步控制了地区固定效应 μ_i 和时间固定效应 η_t。β 和 ρ 是待估计的参数，其中 β 可以反映地区特征变量对市场分割水平的影响；ρ 是本书关注的核心参数，是地区之间市场分割水平相互影响的度量。如果在控制了一系列地区特征变量后，回归结果显示 ρ 显著为正，则表明存在同群效应。

(三) 空间权重矩阵设定

地方政府市场行为的同群效应需要首先界定空间相关关系，构建合适的空间权重矩阵 W 不仅是将空间外部性引入模型的关键，而且决定了实证研究中因果效应识别的可能性和科学性。在空间计量分析中，空间权重矩阵的构建至关重要，不同空间权重矩阵的设定将决定不同的分析思路。本书将设立多种权重矩阵来体现各省份之间的同群效应，具体如下。①邻接权重矩阵。按照两个省份是否相邻得出，如果相邻，那么矩阵元素 w_{ij} 的值为 1，否则为 0（$i \neq j$）。②地理距离权重矩阵。根据各省份的经纬度及距离得出，矩阵元素是两地距离的递减函数 d_{ij}，即 $w_{ij} = d_{ij}^{-\varphi}$，其中参数 φ 通常取值为 0.5、1 或者 2，本书取值为 2。在空间经济学中，距离是衡量区域间运输成本和经济关系最直观的指标，城市间距离越近，市场互动效应越强。③经济权重矩阵。使用 2003～2019 年人均 GDP 计算得出，通过地区 i 和地区 j 人均收入水平差距的倒数进行衡量，即 $w_{ij} = 1/|pgdp_i - pgdp_j|$，$i \neq j$。地方政府在确定市场分割水平行为上的策略互动不是自我决定的，而是相互参考、互相博弈的相对竞争，即地方政府会参照与本省份经济水平相近的其他省份的市场分割水平。同群效应的检验通过以下方法来实现：利用空间计量的特性，定义同属一个群体的归属空间矩阵，将其纳入空间面板模型。可以将空间滞后项 WY_{it} 定义为对本省份市场分割水平有影响的其他省份市场分割水平的某种加权平均，潜在因变量 WY_{it} 的系数 ρ 可以用来衡量单个省份的市场分割水平与其他省份同群效应影响的性质和程度。

四 回归结果分析

(一) 基准回归

表 6-3 呈现了消费品市场分割同群效应的基准回归结果。本书使用基于固定效应的空间杜宾模型（SDM）和空间自回归模型（SAR），运用准极大似然法（QMLE）对模型进行估计。模型 1 至模型 6 分别为基于空间相邻、经济相邻、地理相邻空间权重矩阵对空间计量模型的估计结果，为假说 1 至假说 3 的验证提供了证据。结果显示，无论基于哪种权重矩阵，消费品市场分割空间滞后项（rho）的系数均在 1% 的水平下显著为正，说

明我国各省份的消费品市场分割行为存在显著的同群效应，从而验证了假说 1 至假说 3，即各省份之间的市场分割水平不仅参考相邻省份和经济水平相近的省份，而且参考相对地理距离较小的省份。具体来说，空间相邻和地理相邻空间权重矩阵的回归结果中空间滞后项系数大小相似，而经济相邻空间权重矩阵的回归结果中空间滞后项系数相对较小，说明各省份在确定自身市场分割水平时，会优先参考与之相邻或者地理距离相对较小省份的策略，而经济水平相近省份的影响则较小，这表明与本省份邻近省份的市场分割空间互动影响更大。

表 6 - 3　消费品市场分割同群效应的基准回归结果

变量	空间相邻		经济相邻		地理相邻	
	模型 1	模型 2	模型 3	模型 4	模型 5	模型 6
	SDM 模型	SAR 模型	SDM 模型	SAR 模型	SDM 模型	SAR 模型
rho	0.676*** (19.77)	0.744*** (24.85)	0.437*** (7.58)	0.512*** (9.82)	0.624*** (13.77)	0.708*** (17.99)
tertiary	5.073*** (2.86)	5.889*** (3.33)	6.553** (2.33)	8.973*** (3.86)	3.424 (1.53)	5.282** (2.56)
open	1.860** (2.01)	1.547* (1.76)	4.323*** (3.28)	3.100*** (2.64)	2.305** (2.01)	1.963* (1.91)
opensq	-0.676* (-1.91)	-0.576* (-1.67)	-1.442*** (-2.87)	-1.214*** (-2.65)	-0.910** (-2.10)	-0.667* (-1.66)
gov	-3.234* (-1.79)	-1.584 (-0.96)	1.187 (0.49)	0.527 (0.24)	-1.457 (-0.67)	-0.798 (-0.42)
lnpgdp	1.048*** (2.79)	0.859** (2.30)	1.699*** (2.82)	0.390 (0.78)	1.431*** (2.93)	0.674 (1.54)
FDI	0.598 (0.36)	-2.281 (-1.61)	-3.701* (-1.85)	-2.701 (-1.40)	-3.724** (-2.11)	-2.462 (-1.49)
decentral	-17.188*** (-2.78)	-15.196*** (-2.66)	-29.581*** (-3.11)	-19.481** (-2.52)	-19.908** (-2.54)	-18.706*** (-2.74)
地区固定效应	控制	控制	控制	控制	控制	控制
年份固定效应	控制	控制	控制	控制	控制	控制
R^2	0.358	0.251	0.325	0.270	0.356	0.263
极大似然值	-1248.91	-1261.23	-1366.67	-1378.04	-1308.75	-1320.43

注：*、**和***分别表示在 10%、5% 和 1% 的水平下显著，括号内的数字为聚类稳健的 t 统计值。

　　表6-4呈现了劳动力市场分割同群效应的基准回归结果。本书使用基于固定效应的空间杜宾模型和空间自回归模型，运用准极大似然法对模型进行估计。模型1至模型6分别为基于空间相邻、经济相邻和地理相邻空间权重矩阵对模型估计的结果。结果显示，无论基于哪种权重矩阵，劳动力市场分割空间滞后项的系数与消费品市场分割空间滞后项的系数几乎呈现一样的回归结果，在所有模型中该系数均在1%的水平下显著为正，说明我国各省份的劳动力市场分割行为也存在显著的同群效应，与消费品市场分割的策略互动一样，空间相邻和地理相邻空间权重矩阵的回归结果中空间滞后项系数大小相似，而经济相邻空间权重矩阵的回归结果中空间滞后项系数相对较小，说明各省份在确定自身市场分割水平时，会优先参考与之相邻或者地理距离相对较小省份的策略，而经济水平相近省份的影响则较小，这表明与本省份邻近省份的市场分割空间互动影响更大。

表6-4　劳动力市场分割同群效应的基准回归结果

变量	空间相邻		经济相邻		地理相邻	
	模型1	模型2	模型3	模型4	模型5	模型6
	SDM模型	SAR模型	SDM模型	SAR模型	SDM模型	SAR模型
rho	0.615***	0.646***	0.295***	0.366***	0.575***	0.642***
	(17.35)	(19.27)	(4.63)	(6.48)	(12.02)	(14.97)
tertiary	-1.027	-0.141	5.244	2.789	2.342	0.646
	(-0.29)	(-0.04)	(1.14)	(0.67)	(0.60)	(0.18)
open	2.005	3.026*	0.821	3.019	1.164	2.922
	(1.11)	(1.78)	(0.36)	(1.43)	(0.58)	(1.57)
opensq	-0.503	-0.819	-0.153	-0.650	-0.408	-0.739
	(-0.84)	(-1.37)	(-0.20)	(-0.88)	(-0.62)	(-1.14)
gov	-6.12**	-8.46***	-16.06***	-15.87***	-10.83***	-11.87***
	(-1.97)	(-2.99)	(-4.26)	(-4.56)	(-3.30)	(-3.87)
ln*pgdp*	-1.983*	0.627	0.396	2.608**	-2.425**	0.870
	(-1.80)	(0.74)	(0.31)	(2.47)	(-2.05)	(0.94)
FDI	-4.450*	-2.243	-3.457	-3.575	-3.383	-2.693
	(-1.87)	(-1.02)	(-1.27)	(-1.32)	(-1.40)	(-1.13)
decentral	30.513	-6.358	37.305	-6.877	41.516	1.104
	(1.27)	(-0.30)	(1.19)	(-0.26)	(1.63)	(0.05)
地区固定效应	控制	控制	控制	控制	控制	控制

变量	空间相邻		经济相邻		地理相邻	
	模型1	模型2	模型3	模型4	模型5	模型6
	SDM 模型	SAR 模型	SDM 模型	SAR 模型	SDM 模型	SAR 模型
年份固定效应	控制	控制	控制	控制	控制	控制
R^2	0.363	0.253	0.323	0.270	0.358	0.266
极大似然值	−1360.686	−1374.5794	−1464.6834	−1472.5879	−1400.8934	−1415.5281

注：＊、＊＊和＊＊＊分别表示在10%、5%和1%的水平下显著，括号内的数字为聚类稳健的 t 统计值。

表6-5呈现了资本品市场分割同群效应的基准回归结果。从估计结果看，资本品市场分割空间滞后项的系数与符号都与表6-3、表6-4的基准回归结果一致。因此，各省份的资本品市场分割行为也存在显著的同群效应，而且不受模型选择和因变量、政府政策等的影响，证明了地方政府的市场分割策略存在一定的空间互动关系。

表6-5 资本品市场分割同群效应的基准回归结果

变量	空间相邻		经济相邻		地理相邻	
	模型1	模型2	模型3	模型4	模型5	模型6
	SDM 模型	SAC 模型	SDM 模型	SAC 模型	SDM 模型	SAC 模型
rho	0.666＊＊＊	0.694＊＊＊	0.231＊＊＊	0.316＊＊＊	0.584＊＊＊	0.640＊＊＊
	(19.53)	(21.39)	(3.63)	(5.27)	(11.93)	(14.18)
控制变量	控制	控制	控制	控制	控制	控制
地区固定效应	控制	控制	控制	控制	控制	控制
年份固定效应	控制	控制	控制	控制	控制	控制
R^2	0.151	0.079	0.218	0.038	0.198	0.069
极大似然值	−1009.34	−1009.12	−1111.92	−1127.13	−1067.77	−1071.84

注：＊、＊＊和＊＊＊分别表示在10%、5%和1%的水平下显著，括号内的数字为聚类稳健的 t 统计值。

（二）稳健性检验

为了进一步验证基准回归模型的稳健性，本书尝试采用添加因变量滞后项、选择不同时间样本、按地区分组检验的方法进行稳健性检验，结果见表 6 - 6。由模型 1 至模型 3 可以看到，在三个不同时间段，消费品市场分割空间滞后项的系数都在 1% 的水平下显著为正，意味着市场分割的同群效应在不同时间段均显著存在。另外，模型 2 空间滞后项的系数要小于模型 1 和模型 3，表明这个阶段的同群效应相对更弱，这可能与 SARS 疫情对经济的冲击有关，导致各省份处于这一时间段的空间互动影响有所降低。刘秉镰和朱俊丰（2018）的研究也表明，在 2004 年和 2008 年两个时间点上，各省份的市场分割程度出现波动，部分省份市场分割程度呈现先上升后下降的趋势。

表 6 - 6　同群效应分时间和分区域的检验结果

变量	模型 1	模型 2	模型 3	模型 4	模型 5	模型 6
	分时间			分区域		
	1998 ~ 2003 年	2004 ~ 2007 年	2008 ~ 2019 年	东部地区	中部地区	西部地区
rho	0.652***	0.450***	0.669***	0.491***	0.576***	0.609***
	(9.52)	(4.23)	(13.14)	(8.46)	(5.39)	(11.50)
控制变量	控制	控制	控制	控制	控制	控制
地区固定效应	控制	控制	控制	控制	控制	控制
年份固定效应	控制	控制	控制	控制	控制	控制
R^2	0.365	0.701	0.284	0.476	0.461	0.328
极大似然值	- 406.6477	- 175.9748	- 334.4049	- 454.7092	- 251.2348	- 507.3845

注：*、** 和 *** 分别表示在 10%、5% 和 1% 的水平下显著，括号内的数字为聚类稳健的 t 统计值。

我国幅员辽阔，各省份的经济发展水平参差不齐，政策法律环境也有所差异。本书按照东部、中部、西部三大区域来对国内市场分割影响因素的地区差异性进行进一步研究，结果见表 6 - 6 中的模型 4 至模型 6。可以看到，空间滞后项的回归系数仍显著为正，而且模型 6 中系数的值大于模型 5，模型 4 中系数的值最小，这意味着西部地区地方政府市场分割行为的同群效应相对更加严重，在制定市场分割策略时会更多地受到相邻省份的影响。相对而言，东部地区地方政府在制定市场分割策略时受到相邻省份的影响较小，这可能是因为东部地区地方政府的治理理念、治理结构和运作方式更加成熟，在制定政府政策时，其独立性相较于中部和西部地区更强。

（三）异质性分析

根据各省份的外商直接投资、GDP 和对外开放水平中位数分为高、低两个组别，进一步探讨同群效应的影响因素。由表 6 - 7 中模型 1 和模型 2 以及模型 5 和模型 6 的回归结果可以看出，外商直接投资和对外开放水平较高的省份，同群效应的系数较大，说明面对外商直接投资和对外开放这种可以促进地方经济发展的资源，地方政府更容易受到相邻省份的影响。与之相反，GDP 较高省份的同群效应相对较弱，表明随着各省份经济的发展，地方政府更加理性化，对于各自省份的发展，更多地依赖自身决策。

表 6 - 7　同群效应的进一步分组对照检验

变量	模型 1	模型 2	模型 3	模型 4	模型 5	模型 6
	外商直接投资		GDP		对外开放水平	
	高	低	高	低	高	低
rho	1. 243 ***	0. 999 ***	0. 888 ***	1. 125 ***	1. 27 ***	0. 996 ***
	(8. 61)	(5. 47)	(6. 15)	(6. 40)	(8. 45)	(5. 44)
控制变量	控制	控制	控制	控制	控制	控制
R^2	0. 732	0. 663	0. 539	0. 714	0. 744	0. 656

注：*、**和***分别表示在 10%、5% 和 1% 的水平下显著，括号内的数字为聚类稳健 t 统计值。

五　地方政府市场分割行为同群效应的影响机制检验

同群效应在一些文献中也被称为社会学习（Social Learning）或社会传染（Social Contagion）。行为经济学（Behavioral Economics）的一个主要分析方法是引入社会心理学中的从众行为理论，羊群效应就是基于经济人非理性假设的一种典型的从众行为，是指群体内部个体的盲目从众行为。同群效应则基于经济人理性假设，是指个体通过参考群体内部其他个体行为特征帮助其决策，决策行为基于理性分析。基于行为经济学理论，同群效应的产生主要源于三个方面：一是双方的信息不对称；二是行为主体的理性参考行为；三是参与人的风险规避倾向。这三个方面都可能导致地方政府的市场决策呈现模仿或者跟随的特征，采取与同群中其他行为主体相一致的策略行为，同群效应的影响机制包括传播信息、学习效应、竞争机制等。

本书借鉴行为经济学理论以及万良勇等（2016）、Lieberman 和 Asaba（2006）的研究方法，将同群效应的来源概括为信息获取性模仿机制和竞争性模仿机制两种，前者是指地方政府之间可以通过模仿和学习的方式获取知识和信息，以进一步降低决策结果的不确定性；后者则是指地方政府为了避免在竞争中处于劣势而采取的模仿竞争对手的行为。本书针对这两类形成机制展开实证检验。根据邓慧慧和赵家羚（2018）的研究，构建如下计量模型：

$$PeerEffect_{it} = \alpha + \gamma V_{it} + X_{it}\beta + \varepsilon_{it} \qquad (6-2)$$

式（6-2）中，$PeerEffect_{it} = \sum_{N_{it}} Segment_{it}/N_i$ 表示 i 省份相邻省份市场分割的平均水平，即各省份市场分割程度的同群效应，其中 $Segment_{it}$ 表示 t 年 i 省份相邻省份的市场分割水平，N_i 表示 i 省份相邻省份的数量。V_{it} 是一系列影响同群效应的解释变量，包括学习模仿、竞争程度等；X_{it} 是控制地区经济社会特征的协变量；ε_{it} 为随机干扰项；γ 是本书关注的核心系数，是对影响同群效应因素的度量。

（一）信息获取性模仿机制检验

地方政府主要通过内部学习和外部学习来获取相关信息，两种学习渠道之间可能存在一定的替代关系，内部学习会降低外部学习的动机，对历史经验的总结是内部学习的重要方式。因此，本书使用各省份的消费品市场分割水平作为内部学习的代理变量。由于其他省份的消费品市场分割水平对本省份的消费品市场分割水平存在同群效应，因此可能存在内生性问题。本书使用本省份的消费品市场分割程度滞后一期作为消费品市场分割水平的工具变量。自我学习会降低参与盲目模仿的倾向，因此如果观测到本省份市场分割水平对同群效应的影响不显著，则表明这种同群效应部分源自内部学习性模仿机制。如果该省份的相邻省份越多，则表明该省份受到的同群效应影响越大。因此，如果观测到外部学习的系数 γ 显著为正，则表明各省份之间的外部学习对同群效应具有显著的正向影响，这种同群效应部分源自外部示范性模仿。

表6-8中的模型1和模型2分别控制了内部学习和外部学习效应，为假说4的验证提供了证据。内部学习的回归系数在1%的水平下显著为正，从内部学习信息获取性模仿机制看，本省份市场分割程度的历史经验显著正向影响同群效应，也就是说，历史经验会强化而不是弱化各省份之间市场分割的同群效应，地方政府不会因自身的历史经验而削弱同群效应的影响。外部学习的系数虽然为正，但是并不显著，可能由于相邻省份的数量较少，证明同群效应的形成只是部分基于信息获取性模仿机制。

表6-8　同群效应影响机制的进一步检验结果

变量	模型1	模型2	模型3	模型4	模型5
	内部学习	外部学习	政府干预度	财税收入竞争	外商投资竞争
γ	0.422*** (7.36)	0.499 (0.89)			
gov			5.353*** (4.76)		
rfiscal				-1.510*** (-3.62)	
FDIcp					-0.718** (-2.11)
控制变量	控制	控制	控制	控制	控制
Wald值	823.72	456.26	472.20	44.96	38.32

注：*、**和***分别表示在10%、5%和1%的水平下显著，括号内的数字为聚类稳健的t统计值。

（二）竞争性模仿机制检验

地方政府为了加快自身的经济发展，需要获取充足的资源，而资源的获取要面对各省份之间的激烈竞争，更多地模仿相邻地区的决策。如果观察到竞争程度对同群效应的影响是正向且显著的，则说明这种同群效应至少部分源于竞争性模仿机制。本书通过构建三个变量来衡量地区间的竞争程度。①政府干预度。为了更好地与其他省份竞争，地方政府会采取相关激励政策来增强本地对人力资源和资本的吸引力，因此地方政府的干预手段越强，政府的竞争性模仿机制就越有效。②财税收入竞争。地方政府的一般预算收入在一定程度上会影响各省份的政策选择，当某省份的收入相对较高时，会更加理性地自我决定经济政策，地方预算收入占 GDP 比重的排名能够在一定程度上衡量各省份之间竞争的激烈程度。③外商投资竞争。由于排名越靠前的省份获得的资源越多，因此如果观测到财税收入竞争和外商投资竞争的系数显著为负，则表明各省份之间的竞争性模仿机制对同群效应具有显著的正向影响。

表 6 - 8 中模型 3 至模型 5 的回归结果显示，政府干预度变量的系数为正，并在 1% 的水平下显著，说明面临区域间的竞争，地方政府的干预程度越强，各省份之间市场分割的同群效应越强，从而验证了假说 4 和假说 5。财税收入竞争和外商投资竞争的回归系数显著为负，说明地方政府面临资源分配时的竞争，这种竞争越激烈，地方政府越倾向于实施促进市场分割的财政政策，表示各省份之间的竞争程度会强化同群效应，证明同群效应的形成主要源于竞争性模仿机制，验证了假说 5。

根据以上的分析可以得到，信息获取性模仿机制与竞争性模仿机制这两个途径都对地方政府市场分割的同群效应起到了推动作用。

第二节　市场分割对区域创新效率的影响研究

前文的研究已经指出，无论是劳动力市场分割、资本品市场分割还是消费品市场分割，都会对区域创新效率起到显著的抑制作用。本章的第一节从同群效应的角度对地方政府采取市场分割策略进行了说明，但这并不能从根本上解释地方政府采取市场分割的动机，假如市场分割会降低区域创新效率，那么地方政府为什么仍旧会采取市场分割的保护策略呢？这一问题产生的原因，可能包括以下三个方面。第一，对于一个地方政府而言，在面临与其他政府的博弈时，都不会只考虑自身的决策，为了实现自身利益的最大化，通常会根据其相邻地区的政策来制定自身的最优策略，本章第一节的研究也证实了这一观点。市场分割是地方政府在与相邻地区进行策略博弈时不得已采取的策略，正如陆铭和陈钊（2009）所指出的，我国地方政府在市场分割行为上可能陷入了"囚徒困境"，采取一种"以邻为壑"的策略可能成为最优方案。第二，在研究过程中忽视了空间效应在市场分割影响区域创新效率中所起的作用，无论是区域创新还是市场分割，都存在明显的空间依赖性，相邻地区的策略行为会对本地区的创新产出产生影响，如果忽视了这一点，可能导致回归结果出现偏误。第三，地方政府采取市场分割的保护策略，在一定程度上说明市场分割在短期内或许会提升区域创新效率。事实是否如此呢？本节将在这种政府空间相互影响的背景下，分析市场分割怎样影响区域创新效率，并进一步分析市场分割影响区域创新效率的短期效应和长期效应，探讨空间互动作用背景下市场分割影响区域创新的作用机制，并对此进行检验。

一　理论分析与研究假说

（一）市场分割对区域创新效率的空间影响

对于一个地方政府而言，在与相邻地区进行政策博弈时，"以邻为壑"的策略可能是一个占优策略，因为限制本地资源流出和外地产品流入以减少竞争可以更好地促进本地经济的发展。马本等（2018）利用我国 2002～2007 年地级市数据，采用高阶动态空间模型，评估了地区外溢效应和经济竞争效应的存在性。他们的研究表明，地区外溢效应是地方政府策略互动的主导机制，经济竞争容易导致环境监管"竞次效应"，在城市环境监管方面容易出现"搭便车"现象。地方政府通过政策干预，可以为创新主体提供更加优越的竞争环境和更加丰富的融资渠道，有利于缓解创新主体面临的外部融资约束，从而有利于创新效率的提升。但是，从长期来看，在竞争激烈的市场上，企业要生存，必须进行持续不断的创新活动，但由于在政府保护和各种政策的扶持下，创新主体的创新生产行为可能趋于短期化，即使不进行创新，也可以在市场中长期生存下去，从而对技术进步、产出新产品缺乏足够的热情和动力，产生"创新惰性"（胡彬、万道侠，2017）。此外，政府的长期干预也会导致创新主体产生寻租预期，特别是在相关制度没有完全建立、政府对重要资源进行分配时，寻租行为更容易发生，在这种情形下，创新主体会花费更多的精力和资金进行非生产性寻租，造成资源的浪费，从而挤占了用于创新生产的资源，抑制了创新水平的提高。基于以上分析，本书提出如下假说。

假说 1：从短期来看，市场分割有助于区域创新效率的提升；但是从长期来看，市场分割对区域创新效率具有抑制效应。

（二）劳动力市场分割影响区域创新效率的空间机制

严格的户籍管理制度和地方保护政策阻碍了劳动力的跨区域自由流动，使得劳动力市场分割成为一种普遍的经济和社会现象，劳动力市场分割会导致劳动要素的实际价格与其均衡价格有所偏离，在这种情形下，劳动力价格，尤其是创新人才的工资价格无法准确反映创新要素市场供求关系的调整，劳动力价格可能会因此而长期处于被低估的状态（蒲艳萍、顾冉，2019）。在地方政府存在"以邻为壑"的政策博弈时，外部劳动力无法自由流入本地，这种情形可能会变得更加严重。一方面，劳动力市场分割会导致企业的雇佣成本和解雇成本增加，使得企业无法雇用生产率高于其工资的工人，使企业无法处于最优的劳动力雇佣水平上，从而产生效率损失。另一方面，劳动力市场分割还会降低创新主体的用工灵活性，在经济下行时，无法解雇工人以应对不利环境的影响，使企业的劳动力成本相较于企业收入的弹性下降，企业风险应对能力下降，从而降低企业的创新投资激励。基于以上分析，本书提出如下假说。

假说 2：劳动力市场分割不仅会扭曲本地区的工资水平，而且会扭曲相邻地区的工资水平，进而对区域创新效率产生抑制效应。

（三）资本品市场分割影响区域创新效率的空间机制

创新生产活动不同于一般的投资活动，是一个周期长、风险大、失败率高的复杂过程，这种高投入、高风险限制了创新主体的融资能力，对金融市场环境的要求更高。在完全的金融市场环境下，金融机构竞争激烈，银行追逐与企业的最优契约，不良贷款少，信贷配置效率高，市场化程度越高的地区，银行的经营和管理就越规范，以营利为目的的金融机构便会有动机投资风险大、收益高的项目或企业。但在地区之间存在金融市场分割时，企业到区域外部进行融资的机会减少，而且区域外部企业也较难到本地区进行并购活动，因此相邻地区的资本品市场分割会加剧本地区的金融市场扭曲，不利于本地区创新主体融资条件的改善，进而影响创新投入。另外，要素市场分割虽然在一定程度上可以阻止欠发达地区的创新要素流出到发达地区，避免创新资源分配出现"马太效应"，助力欠发达地区实现技术追赶，但根据相关研究，这种情形出现的概率极低，因为市场分割是地方政府之间的一种策略互动行为，地方政府在面临其他地区要素市场分割时，必然也会采取类似的策略行为，要素市场的扭曲会导致要素价格不能完全反映其真实价值，导致创新主体在资源配置时难以实现最优生产比例，从而降低产出效率，阻碍创新效率的提升（罗德明等，2012；Bollard et al.，2016；黄赜琳、姚婷婷，2020）。基于以上分析，本书提出如下假说。

假说3：相邻地区的资本品市场分割会扭曲本地区的资本品价格，进而对本地区的创新效率产生抑制效应。

（四）消费品市场分割影响区域创新效率的空间机制

前文在分析消费品市场分割影响区域创新效率时已经指出，根据本土市场效应理论和斯密的市场范围假说，当市场规模扩大时，市场需求的增加会促使企业进行技术创新，以追求更高的技术利润。而当一个地区的消费品市场分割程度较严重时，区域间的产品难以跨区域自由流动，区域间的行政性贸易壁垒会影响企业的市场扩展选择，外地企业进入本地市场的难度增大，但同时相邻地区的分割策略也会阻碍本地企业进入外地市场。有研究表明，市场分割可能导致企业在市场扩张时更多地选择国际低端市场，而非国内高端市场，对技术水平产生锁定效应，不利于区域创新效率的提升（张杰等，2010）。根据现有文献的研究，地方政府在相邻地区采取市场分割策略时倾向于采取"以牙还牙"的策略，这会进一步导致产品无法跨区域自由流动，压缩本地企业产品的市场需求规模，不利于企业生产收入的增加，进而降低创新主体进行创新生产活动的激励。基于以上分析，本书提出如下假说。

假说4：相邻地区的消费品市场分割会导致本地区的消费规模进一步下降，从而对本地区的创新效率产生抑制效应。

二　模型构建与变量选择

（一）空间面板模型的设定

本部分将进一步采用空间计量经济学模型评估劳动力市场分割的空间地理相关性对区域创新效率的影响。考虑到创新活动具有空间溢出的特征，本书在回归模型中加入创新效率的空间滞后项，构建如下空间自回归模型（SAR 模型）：

$$EcyInno_{it} = \rho W \times EcyInno_{it} + \alpha_1 Seg_{it} + \alpha_2 X'_{it} + u_i + \eta_t + \varepsilon_{it} \quad (6-3)$$

其中，$EcyInno_{it}$ 为各地区的创新效率；Seg_{it} 表示各地区的市场分割水平，分别表示劳动力市场分割、资本品市场分割和消费品市场分割；X'_{it} 表示各地区的特征变量；W 为空间权重矩阵；ρ 为被解释变量空间滞后项的系数，可以度量区域创新效率的空间依赖程度。

考虑到市场分割行为也存在空间相关性，本书在上述 SAR 模型的基础上加入市场分割变量的空间滞后项，用以捕捉其他地区市场分割对本地区创新效率的影响，构建如下空间杜宾模型（SDM 模型）：

$$EcyInno_{it} = \rho W \times EcyInno_{it} + \beta_1 Seg_{it} + \beta_2 W \times Seg_{it} + \beta_3 X'_{it} + \beta_4 W \times X'_{it} + u_i + \eta_t + \varepsilon_{it}$$

$$(6-4)$$

其中，$W \times Seg_{it}$ 为市场分割的空间滞后项；系数 β_2 反映的是其他地区的市场分割对本地区创新效率的影响；$W \times X'_{it}$ 为其他控制变量的空间滞后项。实际上，SAR 模型嵌套于 SDM 模型之中，SDM 模型更具一般性。此外，SDM 模型相对于 SAR 模型还有一个优势，即可以直接计算自变量间接效应与直接效应的比值，这在 SAR 模型中是无法实现的。

考虑到知识和技术创新通常具有一定的路径依赖性，某区域的创新效率通常会受到前期创新效率的影响，所以本书在上述静态模型的基础上进一步加入因变量的时间滞后项，构建动态空间面板模型来分析市场分割如何影响区域创新效率：

$$EcyInno_{it} = \eta EcyInno_{it-1} + \delta W \times EcyInno_{it-1} + \rho W \times EcyInno_{it} + \gamma_1 Seg_{it} +$$

$$\gamma_2 W \times Seg_{it} + \gamma_3 X'_{it} + \gamma_4 W \times X'_{it} + u_i + \eta_t + \varepsilon_{it} \quad (6-5)$$

其中，$EcyInno_{it-1}$ 为区域创新效率的时间滞后项，其系数 η 可以反映本期技术创新对前期技术创新的路径依赖性。

（二）空间权重矩阵的选择

空间权重矩阵反映了空间单元之间的共变结构，准确合理地选择空间权重矩阵是对空间计量模型进行准确估计的前提。目前常见的空间权重矩阵包括以地理关联为基础构建的地理权重矩阵和以经济社会特征为基础构建的经济社会矩阵。

1. 地理权重矩阵

具体来说，常见的地理权重矩阵包括地理邻接矩阵和地理距离矩阵两种。

（1）地理邻接矩阵

$$地理邻接矩阵\ W_{cont} = \begin{cases} w_{ij} = 1, 当地区\ i\ 和地区\ j\ 相邻时 \\ w_{ij} = 0, 当地区\ i\ 和地区\ j\ 不相邻时 \end{cases}$$

W_{cont} 矩阵中的元素只有 1 和 0 两种，如果两个地区之间是相邻的，那么该元素等于 1；如果两个地区之间不相邻，则该元素等于 0。最后，将 W_{cont} 进行行标准化，使其各行元素之和等于 1。

（2）地理距离矩阵

反映地理距离的空间权重矩阵 W_{dist} 中的元素 $w_{ij} = \dfrac{N_{ij}}{\sum_j N_{ij}}$。其中，$N_{ij}$ 表示地区 i 和地区 j 之间的地理距离。

无论是地理邻接矩阵还是地理距离矩阵，其对角元素均等于 0。

2. 经济社会矩阵

通过地区 i 和地区 j 人均收入水平差距的倒数进行衡量，即 W_{cont} 矩阵中的元素 $w_{ij} = 1/|pgdp_i - pgdp_j|$，$i \neq j$。地方政府在选择市场分割水平行为上的策略互动不是自我决定的，而是相互参考、相互博弈的相对竞争，即会参照与本地区经济处于相近水平的其他地区的市场分割水平。

三　回归结果分析

（一）空间相关性检验

在使用空间计量模型对结果进行回归之前，首先需要对区域创新效率进行空间相关性检验。所谓区域创新的空间相关性，是指区域创新在地理空间上的分布不是随机的，而是出现集群现象。根据前文有关区域创新效率的空间分布情况，可以得到的一个初步结论是：我国区域创新效率具有较强的相关性，即创新效率高的地区倾向于与创新效率高的地区相邻近，知识具有外溢的特征。

本书进一步采用严格的统计方法对区域创新效率的空间相关性进行检验。空间自相关包括两部分内容。一是全局空间自相关检验，如 Moran's I（莫兰指数）。该指数侧重于考察区域之间的整体空间相互依存关系，取值范围在 -1 与 1 之间。当该统计值接近 1 时，表明个体之间的空间相关性较高，或者分布很集中；当该统计值接近 -1 时，表明个体之间的差异明显，或者分布不集中。二是局部空间自相关检验，如 Getis - Ord 统计量。该统计量用于测试一个区域及邻近区域是否形成区域空间集群，认为即使观测不到全局空间自相关，空间关联也有可能是局部异质性的。检验结果见表 6-9。可以看到，Moran's I 和 Getis - Ord 统计量在样本期间内的所有年份均通过了空间相关性检验，且均在 10% 的水平下显著，表明我国 30 个省份的创新效率空间分布呈现明显的正相关关系，即各地区之间的创新效率分布不是随机的，创新效率值相近的地区空间集中分布，高创新效率的地区之间有邻近趋势，低创新效率的地区之间空间相邻近。

表 6-9　我国区域创新效率的空间相关性检验

年份	统计量	统计值	z 值	P 值	年份	统计量	统计值	z 值	P 值
2006	Moran's I	0.105 *	1.319	0.094	2013	Moran's I	0.108 *	1.313	0.095
	Getis - Ord	0.164 *	1.335	0.091		Getis - Ord	0.159 *	1.311	0.095
2007	Moran's I	0.106 *	1.318	0.094	2014	Moran's I	0.108 *	1.312	0.095
	Getis - Ord	0.163 *	1.333	0.091		Getis - Ord	0.159 *	1.307	0.096
2008	Moran's I	0.106 *	1.317	0.094	2015	Moran's I	0.108 *	1.311	0.095
	Getis - Ord	0.163 *	1.330	0.092		Getis - Ord	0.158 *	1.303	0.096
2009	Moran's I	0.107 *	1.316	0.094	2016	Moran's I	0.108 *	1.309	0.095
	Getis - Ord	0.162 *	1.326	0.092		Getis - Ord	0.157 *	1.299	0.097
2010	Moran's I	0.107 *	1.316	0.094	2017	Moran's I	0.108 *	1.308	0.095
	Getis - Ord	0.161 *	1.323	0.093		Getis - Ord	0.157 *	1.295	0.098
2011	Moran's I	0.107 *	1.315	0.094	2018	Moran's I	0.107 *	1.296	0.095
	Getis - Ord	0.160 *	1.319	0.094		Getis - Ord	0.155 *	1.282	0.097
2012	Moran's I	0.107 *	1.314	0.094	2019	Moran's I	0.106 *	1.284	0.095
	Getis - Ord	0.160 *	1.315	0.094		Getis - Ord	0.153 *	1.261	0.094

注：＊表示在 10% 的水平下显著。

（二）劳动力市场分割与区域创新效率

1. 基准回归

表 6 – 10 中的模型 1 至模型 3 报告了地理邻接矩阵、地理距离矩阵和经济社会矩阵三种空间权重矩阵的回归结果。可以看到，被解释变量空间滞后项的系数在模型 1 至模型 3 中均在 1% 的水平下显著为正，表明相邻地区的技术创新对本地区的创新效率提升具有显著的正向影响。被解释变量时间滞后项的系数在三种空间权重矩阵模型下也都为正值，且在 1% 的水平下显著，表明区域创新效率可能存在路径依赖作用。

表 6 – 10　空间溢出视角下劳动力市场分割与区域创新效率

变量	模型 1	模型 2	模型 3
	地理邻接矩阵	地理距离矩阵	经济社会矩阵
$L. EcyInno$	1.010 ***	1.021 ***	1.014 ***
	(313.923)	(310.682)	(301.729)
$LaborSeg$	0.082 ***	0.110 ***	0.055 **
	(3.871)	(5.030)	(2.484)
ipr	0.083 ***	0.070 ***	0.085 ***
	(13.233)	(9.875)	(13.768)
urb	0.001	0.001	0.004 *
	(0.505)	(0.326)	(1.675)
tra	0.002 ***	0.002 ***	0.001 ***
	(4.687)	(4.739)	(3.039)
$rdqd$	− 0.095 ***	− 0.001	− 0.046 **
	(− 4.128)	(− 0.037)	(− 2.019)
$\ln fdi$	− 0.000 ***	− 0.001 ***	− 0.001 ***
	(− 4.663)	(− 8.092)	(− 6.257)
$\ln pgdp$	− 0.002 ***	− 0.002 ***	− 0.001 ***
	(− 3.848)	(− 4.169)	(− 2.974)
$\ln hc$	− 0.001	− 0.006 ***	− 0.003 *
	(− 0.343)	(− 3.373)	(− 1.705)
gov	0.009 ***	0.008 ***	0.008 ***
	(6.010)	(5.412)	(5.380)
$W \times LaborSeg$	0.304 ***	2.077 ***	0.369 ***
	(7.611)	(24.042)	(7.836)

续表

变量	模型 1	模型 2	模型 3
	地理邻接矩阵	地理距离矩阵	经济社会矩阵
$W \times ipr$	-0.005 (-0.329)	0.106* (1.733)	0.070*** (3.881)
$W \times urb$	-0.038*** (-6.322)	-0.174*** (-11.056)	-0.017*** (-2.662)
$W \times tra$	0.001* (1.954)	0.027*** (14.521)	0.005*** (6.580)
$W \times rdqd$	0.119*** (2.996)	3.380*** (26.834)	0.799*** (12.540)
$W \times \ln fdi$	-0.001*** (-4.850)	-0.005*** (-9.154)	-0.001*** (-2.852)
$W \times \ln pgdp$	0.003*** (4.586)	-0.005*** (-3.905)	0.001 (1.131)
$W \times \ln hc$	-0.006** (-2.482)	-0.040*** (-12.775)	-0.007*** (-2.941)
$W \times gov$	0.011*** (4.073)	-0.031*** (-4.488)	0.005 (1.324)
rho	0.022*** (4.052)	0.125*** (11.805)	0.026*** (3.912)
sigma2_e	0.000*** (14.037)	0.000*** (14.034)	0.000*** (14.034)
极大似然值	2026.962	2019.965	2014.944

注：*、**和***分别表示在10%、5%和1%的水平下显著，括号内的数字为相应的t值。

在三种空间权重矩阵的设定下，模型 1 至模型 3 中劳动力市场分割（*LaborSeg*）的系数至少在 5% 的水平下显著为正，这意味着本地区的劳动力市场分割会显著提高区域创新效率。相邻地区劳动力市场分割空间滞后项（*W × LaborSeg*）的系数在模型 1 至模型 3 中也都显著为正，表明相邻地区的劳动力市场分割会显著提高本地区的创新效率。从回归结果来看，劳动力市场分割对本地区的创新效率具有显著的改善效应，这与前文的面板固定效应模型的回归结果似乎并不一致。这是因为，根据 LeSage 和 Pace（2009）的研究，SDM 模型的数据生成过程是非线性的，在对空间计量模型回归结果进行解释时，不能简单地采用回归结果的点估计，空间面板模型的点估计结果并不能准确反映各因素的影响情况，需要测算各因素的影响效应后再进行分析。

2. 短期效应和长期效应

根据 LeSage 和 Pace（2009）的研究，本书基于数据生成过程表达式求偏导数，可以分解出某一地区市场分割对自身创新效率的直接效应和对邻近地区创新效率的间接效应以及二者的总效应。[①] 需要说明的是，直接效应包括本地区对相邻地区溢出效应的空间反馈累积效应。

由于本书采用的是动态空间模型，所以可以通过下式分别计算各因素的短期直接效应、短期间接效应以及长期直接效应、长期间接效应：

$$短期直接效应 = \left[(I - \rho W)^{-1} (\alpha_{1K} I_N) \right]^{\overline{d}} \qquad (6-6)$$

$$短期间接效应 = \left[(I - \rho W)^{-1} (\alpha_{1K} I_N) \right]^{\overline{rsum}} \qquad (6-7)$$

$$长期直接效应 = \left\{ \left[(1 - \eta) I - (\rho + \delta) W \right]^{-1} (\alpha_{1K} I_N) \right\}^{\overline{d}} \qquad (6-8)$$

$$长期间接效应 = \left\{ \left[(1 - \eta) I - (\rho + \delta) W \right]^{-1} (\alpha_{1K} I_N) \right\}^{\overline{rsum}} \qquad (6-9)$$

其中，I 为单位矩阵，I_N 为 N 阶单位矩阵，N 为省份数量，α_{1K} 为回归模型中各变量对应的回归系数，$\overline{d}$ 和 $\overline{rsum}$ 分别对应矩阵中对角线元素的平均值和矩阵中非对角线元素行求和之后的平均值，其他变量的含义与前文保持一致。根据式（6-6）至式（6-9），可以计算出劳动力市场分割和其他影响因素的短期效应与长期效应。

表 6-11 报告了劳动力市场分割影响区域创新效率的短期效应分解结果，从中可以得到如下结论。①从短期直接效应来看，在采用地理邻接矩阵、地理距离矩阵、经济社会矩阵作为空间权重矩阵时，劳动力市场分割影响区域创新效率的短期直接效应分别为 0.081、0.124 和 0.053，且分别在 1%、1% 和 5% 的水平下显著，这表明相邻地区的劳动力市场分割显著提高了本地区的创新效率。②从短期间接效应来看，在采用地理邻接矩阵、地理距离矩阵、经济社会矩阵作为空间权重矩阵时，劳动力市场分割影响区域创新效率的短期间接效应分别为 0.303、2.373 和 0.358，且均在 1% 的水平下显著，这表明相邻地区的劳动力市场分割显著提高了本地区

---

① SDM 模型的直接效应为 $(I - \rho W)^{-1} (\gamma + W\xi)$ 的对角线元素，间接效应为 $(I - \rho W)^{-1}$ $(\gamma + W\xi)$ 的非对角线元素，其中 I 为单位矩阵。

的创新效率。通过对比短期直接效应和短期间接效应可以得到，在采用三种不同的空间权重矩阵进行回归时，劳动力市场分割对区域创新效率的短期间接效应分别是短期直接效应的 3.74 倍、19.14 倍、6.75 倍。③从短期总效应来看，在采用地理邻接矩阵、地理距离矩阵、经济社会矩阵作为空间权重矩阵时，劳动力市场分割影响区域创新效率的短期总效应分别为 0.384、2.497 和 0.411，且均在 1% 的水平下显著。这表明，从短期来看，无论采用何种空间权重矩阵，相邻地区的劳动力市场分割都在一定程度上显著提高了本地区的创新效率，这也解释了为什么地方政府要采用市场分割的形式来保护地区企业的发展。这意味着，如果不考虑地区的空间溢出效应，劳动力市场分割对区域创新效率的影响就会被低估。既然劳动力市场分割会显著提高区域创新效率，那么各地区是不是就应该采取劳动力市场分割的保护政策，以促进区域创新效率提升呢？要回答这一问题，需要进一步分析劳动力市场分割影响区域创新效率的长期效应。

表 6-11　空间溢出视角下劳动力市场分割影响区域创新效率的短期效应估计

变量	地理邻接矩阵	地理距离矩阵	经济社会矩阵
短期直接效应			
$LaborSeg$	0.081 *** (3.970)	0.124 *** (5.810)	0.053 ** (2.450)
ipr	0.083 *** (13.848)	0.072 *** (10.193)	0.086 *** (14.414)
urb	0.001 (0.504)	− 0.000 (− 0.148)	0.004 * (1.737)
tra	0.002 *** (4.865)	0.002 *** (5.397)	0.001 *** (3.115)
$rdqd$	− 0.093 *** (− 4.043)	0.024 (1.000)	− 0.048 ** (− 2.082)
$\ln fdi$	− 0.000 *** (− 4.575)	− 0.001 *** (− 8.268)	− 0.001 *** (− 6.053)
$\ln pgdp$	− 0.002 *** (− 3.791)	− 0.002 *** (− 4.195)	− 0.001 *** (− 2.930)
$\ln hc$	− 0.000 (− 0.247)	− 0.006 *** (− 3.527)	− 0.003 (− 1.630)

续表

变量	地理邻接矩阵	地理距离矩阵	经济社会矩阵
gov	0.009 *** (6.061)	0.008 *** (5.323)	0.008 *** (5.391)
短期间接效应			
LaborSeg	0.303 *** (7.684)	2.373 *** (21.632)	0.358 *** (7.829)
ipr	-0.004 (-0.262)	0.136 ** (1.964)	0.067 *** (3.672)
urb	-0.039 *** (-6.459)	-0.199 *** (-10.238)	-0.017 *** (-2.748)
tra	0.001 ** (1.969)	0.031 *** (14.096)	0.005 *** (6.346)
rdqd	0.118 *** (2.928)	3.833 *** (24.045)	0.782 *** (13.027)
ln*fdi*	-0.001 *** (-4.534)	-0.006 *** (-8.828)	-0.001 *** (-2.718)
ln*pgdp*	0.003 *** (4.885)	-0.006 *** (-4.321)	0.001 (1.340)
ln*hc*	-0.006 *** (-2.618)	-0.046 *** (-13.490)	-0.007 *** (-3.026)
gov	0.011 *** (4.055)	-0.034 *** (-4.523)	0.005 (1.300)
短期总效应			
LaborSeg	0.384 *** (8.951)	2.497 *** (22.021)	0.411 *** (8.761)
ipr	0.080 *** (4.887)	0.208 *** (2.844)	0.153 *** (7.565)
urb	-0.037 *** (-6.151)	-0.200 *** (-9.963)	-0.012 * (-1.922)
tra	0.003 *** (4.300)	0.033 *** (14.871)	0.006 *** (7.155)
rdqd	0.025 (0.599)	3.857 *** (23.449)	0.734 *** (11.239)
ln*fdi*	-0.001 *** (-6.359)	-0.006 *** (-9.740)	-0.001 *** (-4.371)

续表

变量	地理邻接矩阵	地理距离矩阵	经济社会矩阵
ln$pgdp$	0.001** (2.540)	-0.008*** (-5.794)	-0.000 (-0.544)
lnhc	-0.006*** (-3.232)	-0.052*** (-16.537)	-0.010*** (-4.475)
gov	0.020*** (7.204)	-0.026*** (-3.419)	0.013*** (3.579)

注：*、**和***分别表示在10%、5%和1%的水平下显著，括号内的数字为相应的t值。

表 6-12 报告了劳动力市场分割影响区域创新效率的长期效应分解结果，从中可以得到如下结论。①从长期直接效应来看，在选择地理邻接矩阵、地理距离矩阵、经济社会矩阵作为空间权重矩阵时，劳动力市场分割对区域创新效率的长期直接效应并不显著。这意味着，从长期看，地区劳动力市场分割水平的提高，对本地区创新效率的影响并不明显。②从长期间接效应来看，除了经济社会矩阵外，在采用其他两种空间权重矩阵时，相邻地区的劳动力市场分割会显著降低区域创新效率。而且从结果来看，两种空间权重矩阵下长期间接效应分别是长期直接效应的 2.33 倍和 3.09 倍。③从长期总效应来看，在地理邻接矩阵和地理距离矩阵两种空间权重矩阵下，劳动力市场分割对区域创新效率的影响都在 1% 的水平下显著为负。这表明，总体而言，从长期来看，劳动力市场分割会显著降低区域创新效率。通过进一步对比劳动力市场分割短期总效应和长期总效应的结果，可以得到如下结论：从短期来看，劳动力市场分割会提高区域创新效率；但是从长期来看，劳动力市场分割会降低区域创新效率，而且长期总效应远远大于短期总效应。这意味着，从长期来看，劳动力市场分割会对区域创新效率起到显著的抑制作用，主要原因是相邻地区的劳动力市场分割显著降低了本地区的创新效率，这验证了本节提出的假说 1。这与黄赜琳和姚婷婷（2020）的研究结论基本保持一致，他们利用我国 29 个省份的市场分割数据分析了其对地区生产率的影响，其研究也得到类似的结论，即市场分割对地区生产率的短期效应为正，但是从长期来看则不利于地区生产率的提高。另外，在地理邻接矩阵和地理距离矩阵两种空间权重矩阵下，即考虑劳动力市场分割地理相关性的空间计量模型估计出的回归

结果的区域创新抑制效应，均远强于本书第五章基准回归模型得到的估计结果。这表明，不考虑空间互动作用的劳动力市场分割对区域创新效率的抑制效应被低估了。

表6-12　空间溢出视角下劳动力市场分割影响区域创新效率的长期效应估计

变量	地理邻接矩阵	地理距离矩阵	经济社会矩阵
长期直接效应			
LaborSeg	-8.545 (-0.712)	7.187 (0.055)	6.349 (0.027)
ipr	-8.749 ** (-2.556)	-6.068 (-0.198)	-1.995 (-0.016)
urb	-0.153 (-0.124)	-1.416 (-0.087)	-0.617 (-0.078)
tra	-0.197 ** (-1.995)	0.042 (0.029)	-0.001 (-0.000)
rdqd	9.836 *** (3.157)	27.802 (0.095)	16.806 (0.046)
ln*fdi*	0.039 (1.119)	0.027 (0.245)	-0.007 (-0.007)
ln*pgdp*	0.187 ** (2.473)	0.124 (0.192)	0.068 (0.121)
ln*hc*	0.048 (0.202)	0.304 (0.270)	-0.051 (-0.010)
gov	-0.937 (-1.481)	-1.035 (-0.133)	-0.245 (-0.024)
长期间接效应			
LaborSeg	-19.874 *** (-8.057)	-22.225 *** (-5.170)	187.015 (0.058)
ipr	4.138 (0.040)	4.802 (0.157)	74.095 (0.061)
urb	2.662 (0.074)	2.614 (0.160)	-9.253 (-0.053)
tra	-0.045 (-0.017)	-0.243 (-0.168)	2.444 (0.060)
rdqd	-11.659 (-0.827)	-51.035 (-0.175)	282.672 (0.059)

续表

变量	地理邻接矩阵	地理距离矩阵	经济社会矩阵
lnfdi	0.046 (0.045)	0.012 (0.104)	−0.682 (−0.058)
ln$pgdp$	−0.290 (−0.209)	−0.074 (−0.116)	−0.154 (−0.084)
lnhc	0.434 (0.085)	0.011 (0.010)	−4.335 (−0.061)
gov	−0.569 (−0.031)	1.190 (0.153)	5.039 (0.065)
长期总效应			
$LaborSeg$	−28.419*** (−7.079)	−15.038*** (−14.655)	193.364 (0.058)
ipr	−4.611 (−0.043)	−1.266*** (−2.663)	72.100 (0.058)
urb	2.508 (0.068)	1.198*** (15.327)	−9.871 (−0.055)
tra	−0.243 (−0.087)	−0.201*** (−10.969)	2.443 (0.059)
$rdqd$	−1.823 (−0.127)	−23.233*** (−14.333)	299.478 (0.061)
lnfdi	0.085 (0.081)	0.039*** (8.554)	−0.688 (−0.057)
ln$pgdp$	−0.103 (−0.072)	0.049*** (5.546)	−0.086 (−0.048)
lnhc	0.482 (0.091)	0.315*** (11.422)	−4.386 (−0.060)
gov	−1.506 (−0.080)	0.155*** (3.618)	4.793 (0.060)

注：*、**和***分别表示在10%、5%和1%的水平下显著，括号内的数字为相应的 t 值。

3. 影响机制

（1）回归结果

通过以上的分析可以看到，从长期来看，劳动力市场分割会显著降低区域创新效率。那么，劳动力市场分割通过何种方式最终引起本地区和相邻地区创新效率的转变？一般情况下，劳动力市场分割导致劳动要素无法跨地区自由流动，会扭曲工资价格，导致地区劳动力工资水平不能真实反映产品的边际价值，正是这种工资成本的扭曲改变了地区企业技术创新的相对利润，进而影响企业的研发决策。事实是否果真如此？即劳动力市场分割是否会通过区域间的工资价格扭曲影响区域创新效率？本部分以工资价格扭曲为因变量，分别检验劳动力市场分割是否引致地区工资价格扭曲，结果见表 6-13。

表 6-13　空间溢出视角下劳动力市场分割影响区域创新效率的传导机制检验（一）

变量	工资价格扭曲		
	模型 1	模型 2	模型 3
	地理邻接矩阵	地理距离矩阵	经济社会矩阵
L. *DistL*	0.943 *** (35.860)	0.892 *** (34.879)	0.920 *** (36.543)
LaborSeg	3.058 *** (2.938)	3.118 *** (2.942)	2.837 *** (2.676)
ipr	0.047 (0.150)	-0.068 (-0.192)	-0.133 (-0.440)
urb	0.191 (1.359)	0.172 (1.189)	0.127 (0.878)
tra	-0.075 *** (-3.732)	-0.047 ** (-2.345)	-0.065 *** (-3.288)
rdqd	-2.292 ** (-2.018)	-1.613 (-1.433)	-0.831 (-0.795)
ln*fdi*	-0.001 (-0.247)	0.000 (0.079)	-0.001 (-0.202)
ln*pgdp*	-0.012 (-0.537)	-0.003 (-0.126)	0.007 (0.322)
ln*hc*	-0.117 (-1.450)	-0.072 (-0.856)	-0.085 (-1.078)
gov	0.069 (0.909)	0.018 (0.250)	0.056 (0.761)
W × *LaborSeg*	2.396 *** (3.217)	4.534 *** (3.124)	3.726 * (1.790)
W × *ipr*	1.784 ** (2.555)	1.896 (0.666)	2.583 *** (2.944)
W × *urb*	-0.321 (-1.201)	-0.303 (-0.546)	-0.231 (-0.852)

续表

变量	工资价格扭曲		
	模型 1	模型 2	模型 3
	地理邻接矩阵	地理距离矩阵	经济社会矩阵
$W \times tra$	-0.040 (-1.242)	-0.080 (-0.891)	0.003 (0.092)
$W \times rdqd$	0.501 (0.264)	7.328 (1.189)	4.720 (1.549)
$W \times \ln fdi$	-0.020^{**} (-2.569)	-0.021 (-0.765)	-0.021 (-1.637)
$W \times \ln pgdp$	0.032 (0.924)	0.014 (0.213)	-0.024 (-0.638)
$W \times \ln hc$	0.015 (0.131)	-0.097 (-0.659)	-0.064 (-0.553)
$W \times gov$	0.198 (1.413)	0.105 (0.321)	0.224 (1.256)
rho	0.055 (1.214)	0.161 (1.104)	0.016 (0.279)
$sigma2\_e$	0.001^{***} (14.008)	0.001^{***} (14.006)	0.001^{***} (14.013)
极大似然值	737.316	739.125	737.279

注：$*$、$**$ 和 $***$ 分别表示在 10%、5% 和 1% 的水平下显著，括号内的数字为相应的 t 值。

根据表 6 - 13，在三种空间权重矩阵下，劳动力市场分割（LaborSeg）的系数均在 1% 的水平下显著为正，表明劳动力市场分割会显著提高本地区的工资价格扭曲程度。劳动力市场分割空间滞后项（$W \times LaborSeg$）的系数至少在 10% 的水平下显著为正，说明相邻地区的劳动力市场分割会导致本地区的工资价格扭曲程度提高。这表明，相邻地区的劳动力市场分割通过扭曲本地区的工资价格进而影响区域创新效率。

（2）劳动力市场分割的工资价格扭曲机制效应

前文的回归结果表明，劳动力市场分割会引致本地区和相邻地区的工资价格扭曲。一个自然的问题是，劳动力市场分割是否通过工资价格扭曲影响相邻地区的创新效率？为此，本书在回归分析中加入了劳动力市场分割与工资价格扭曲的交互项，检验劳动力市场分割引致的工资价格扭曲对区域创新效率的影响，结果见表 6 - 14。

表 6-14　空间溢出视角下劳动力市场分割影响区域创新效率的传导机制检验（二）

变量	模型 1	模型 2	模型 3
	地理邻接矩阵	地理距离矩阵	经济社会矩阵
L. *EcyInno*	1.011 *** (319.650)	1.012 *** (292.817)	1.014 *** (299.539)
LaborSeg	0.049 (1.061)	0.263 *** (5.361)	0.116 ** (2.346)
LaborSeg × *DistL*	-0.187 *** (-3.140)	-0.610 *** (-9.803)	-0.173 *** (-2.749)
DistL	0.000 (0.232)	0.005 *** (7.738)	0.000 (0.684)
ipr	0.077 *** (12.349)	0.089 *** (12.251)	0.096 *** (14.946)
urb	-0.003 (-1.080)	0.000 (0.165)	0.003 (0.903)
tra	0.002 *** (4.671)	0.003 *** (6.460)	0.002 *** (3.667)
rdqd	-0.096 *** (-4.247)	0.055 ** (2.309)	-0.022 (-0.973)
ln*fdi*	-0.000 *** (-3.625)	-0.001 *** (-8.885)	-0.000 *** (-5.708)
ln*pgdp*	-0.002 *** (-3.795)	-0.002 *** (-4.294)	-0.001 ** (-2.092)
ln*hc*	0.000 (0.032)	-0.008 *** (-4.747)	-0.003 * (-1.957)
gov	0.008 *** (5.114)	0.008 *** (5.375)	0.008 *** (5.199)
W × *LaborSeg*	0.073 (0.731)	1.231 *** (6.760)	0.998 *** (9.085)
W × *LaborSeg* × *DistL*	-0.504 *** (-4.113)	-5.229 *** (-21.643)	-2.417 *** (-13.604)
W × *DistL*	0.006 *** (5.214)	0.089 *** (14.549)	0.004 *** (2.687)
W × *ipr*	0.015 (1.009)	0.681 *** (10.566)	0.097 *** (5.260)
W × *urb*	-0.032 *** (-5.083)	-0.003 (-0.126)	-0.019 ** (-2.468)

变量	模型 1	模型 2	模型 3
	地理邻接矩阵	地理距离矩阵	经济社会矩阵
$W \times tra$	0.001 ** (1.978)	0.042 *** (21.035)	0.007 *** (9.046)
$W \times rdqd$	0.131 *** (3.367)	4.802 *** (34.529)	0.920 *** (14.239)
$W \times \ln fdi$	−0.001 *** (−5.276)	−0.006 *** (−9.894)	−0.001 *** (−2.729)
$W \times \ln pgdp$	0.003 *** (5.029)	−0.013 *** (−9.568)	0.001 (0.854)
$W \times \ln hc$	−0.005 ** (−2.411)	−0.046 *** (−14.973)	−0.009 *** (−3.757)
$W \times gov$	0.008 *** (3.102)	−0.026 *** (−3.850)	0.002 (0.588)
rho	0.009 * (1.940)	0.057 *** (3.660)	0.027 *** (3.635)
sigma2_e	0.000 *** (14.040)	0.000 *** (14.036)	0.000 *** (14.035)
极大似然值	2036.174	2026.635	2017.327

注：*、** 和 *** 分别表示在 10%、5% 和 1% 的水平下显著，括号内的数字为相应的 t 值。

表 6-14 的结果显示，在加入工资价格扭曲变量后，劳动力市场分割与工资价格扭曲交互项（LaborSeg × DistL）的系数在三种不同空间权重矩阵下均显著为负，表明在工资价格扭曲程度更高的地区，劳动力市场分割对区域创新效率的抑制效应更强。从交互项空间滞后项（W × LaborSeg × DisL）的系数来看，在三种空间权重矩阵下，系数均为负值，且都在 1% 的水平下显著，表明相邻地区劳动力市场分割显著抑制了本地区创新效率的提升，这验证了本节提出的假说 2。

（三）资本品市场分割与区域创新效率

1. 基准回归

表 6-15 中的模型 1 至模型 3 报告了地理邻接矩阵、地理距离矩阵和经济社会矩阵三种空间权重矩阵的回归结果。可以看到，被解释变量空间滞后项的系数在模型 1 至模型 3 中均在 1% 的水平下显著为正，表明相邻

地区的技术创新对本地区的创新效率提升具有显著的正向影响。被解释变量时间滞后项的系数在三种空间权重矩阵模型下也都为正值，且在1%的水平下显著，表明区域创新效率可能存在路径依赖作用。

表6－15　空间溢出视角下资本品市场分割与区域创新效率

变量	模型1	模型2	模型3
	地理邻接矩阵	地理距离矩阵	经济社会矩阵
L. EcyInno	0.992 *** (309.186)	1.037 *** (318.657)	1.016 *** (302.761)
CapSeg	9.029 *** (38.336)	7.286 *** (30.101)	6.682 *** (27.483)
ipr	0.090 *** (14.319)	0.021 *** (2.943)	0.087 *** (13.887)
urb	0.009 *** (3.405)	0.036 *** (13.426)	0.021 *** (8.084)
tra	0.004 *** (10.714)	0.002 *** (4.457)	0.003 *** (8.545)
rdqd	-0.229 *** (-9.906)	-0.285 *** (-12.164)	-0.219 *** (-9.466)
lnfdi	-0.000 *** (-2.828)	0.000 (1.487)	-0.000 *** (-5.504)
lnpgdp	-0.001 (-1.603)	-0.001 * (-1.836)	-0.000 (-0.988)
lnhc	0.008 *** (5.069)	-0.003 * (-1.946)	0.007 *** (4.509)
gov	0.000 (0.190)	-0.004 *** (-2.802)	-0.004 ** (-2.381)
W × CapSeg	22.955 *** (60.427)	115.748 *** (133.361)	40.175 *** (76.979)
W × ipr	0.029 ** (2.106)	-0.111 * (-1.841)	-0.149 *** (-8.251)
W × urb	-0.001 (-0.192)	0.710 *** (43.116)	0.018 *** (2.922)
W × tra	0.015 *** (22.297)	0.079 *** (42.080)	0.012 *** (16.694)
W × rdqd	-0.105 *** (-2.658)	-3.184 *** (-26.588)	-0.225 *** (-3.486)

变量	模型 1	模型 2	模型 3
	地理邻接矩阵	地理距离矩阵	经济社会矩阵
$W \times \ln fdi$	-0.000 (-1.186)	0.034^{***} (57.387)	0.000^{*} (1.807)
$W \times \ln pgdp$	0.004^{***} (5.682)	-0.033^{***} (-24.901)	0.007^{***} (9.945)
$W \times \ln hc$	0.030^{***} (13.252)	0.102^{***} (36.620)	0.065^{***} (26.112)
$W \times gov$	-0.042^{***} (-14.949)	-0.250^{***} (-36.056)	-0.074^{***} (-19.212)
rho	0.022^{***} (5.209)	0.174^{***} (18.216)	0.035^{***} (5.867)
sigma2_e	0.000^{***} (14.039)	0.000^{***} (14.038)	0.000^{***} (14.033)
极大似然值	2027.854	2023.238	2015.362

注：*、**和***分别表示在10%、5%和1%的水平下显著，括号内的数字为相应的 t 值。

在三种空间权重矩阵的设定下，模型 1 至模型 3 中资本品市场分割（*CapSeg*）的系数都在 1% 的水平下显著为正，这意味着本地区的资本品市场分割会显著提高区域创新效率。相邻地区资本品市场分割空间滞后项（$W \times CapSeg$）的系数在模型 1 至模型 3 中也都显著为正，表明相邻地区的资本品市场分割会显著提高本地区的创新效率。从回归结果来看，资本品市场分割对本地区的创新效率具有显著的改善效应。正如前文所指出的，SDM 模型的数据生成过程是非线性的，在对空间计量模型回归结果进行解释时，不能简单地采用回归结果的点估计，空间面板模型的点估计结果并不能准确反映各因素的影响情况，需要测算各因素的影响效应后再进行分析。

2. 短期效应和长期效应

根据 LeSage 和 Pace（2009）的研究，本书将资本品市场分割影响区域创新效率的效应分解为短期直接效应、短期间接效应、长期直接效应和长期间接效应。

表 6 - 16 报告了资本品市场分割影响区域创新效率的短期效应分解结果，从中可以得到如下结论。①从短期直接效应来看，在采用地理邻接矩

阵、地理距离矩阵、经济社会矩阵作为空间权重矩阵时，资本品市场分割影响区域创新效率的短期直接效应分别为 9.135、6.372 和 6.441，且均在 1% 的水平下显著，这表明相邻地区的资本品市场分割显著提高了本地区的创新效率。②从短期间接效应来看，在采用地理邻接矩阵、地理距离矩阵、经济社会矩阵作为空间权重矩阵时，资本品市场分割影响区域创新效率的短期间接效应分别为 23.531、98.407 和 38.794，且均在 1% 的水平下显著，这表明相邻地区的资本品市场分割显著提高了本地区的创新效率。通过对比短期直接效应和短期间接效应可以得到，在采用三种不同的空间权重矩阵进行回归时，资本品市场分割对区域创新效率的短期间接效应分别是短期直接效应的 2.58 倍、15.44 倍和 6.02 倍。③从短期总效应来看，在采用地理邻接矩阵、地理距离矩阵、经济社会矩阵作为空间权重矩阵时，资本品市场分割影响区域创新效率的短期总效应分别为 32.666、104.779 和 45.235，且均在 1% 的水平下显著。这表明，从短期来看，无论采用何种空间权重矩阵，相邻地区的资本品市场分割都在一定程度上显著提高了本地区的创新效率，这也解释了为什么地方政府要采用市场分割的形式来保护地区企业的发展。既然资本品市场分割会显著提高区域创新效率，那么各地区是不是就应该采取资本品市场分割的保护政策，以促进区域创新效率提升呢？从长期来看，资本品市场分割是不是显著提升了区域创新效率呢？要回答这些问题，需要进一步分析资本品市场分割影响区域创新效率的长期效应。

表 6-16　空间溢出视角下资本品市场分割影响区域创新效率的短期效应估计

变量	地理邻接矩阵	地理距离矩阵	经济社会矩阵
短期直接效应			
CapSeg	9.135 *** (39.554)	6.372 *** (26.495)	6.441 *** (26.780)
ipr	0.091 *** (14.955)	0.023 *** (3.389)	0.088 *** (14.773)
urb	0.008 *** (3.441)	0.030 *** (11.666)	0.021 *** (8.229)
tra	0.004 *** (11.360)	0.001 *** (3.081)	0.003 *** (8.736)

续表

变量	地理邻接矩阵	地理距离矩阵	经济社会矩阵
rdqd	-0.228*** (-9.803)	-0.259*** (-10.975)	-0.216*** (-9.142)
ln*fdi*	-0.000*** (-2.798)	-0.000* (-1.837)	-0.000*** (-5.405)
ln*pgdp*	-0.001 (-1.556)	-0.001 (-1.241)	-0.000 (-1.076)
ln*hc*	0.009*** (5.401)	-0.004** (-2.346)	0.007*** (4.471)
gov	0.000 (0.085)	-0.002 (-1.421)	-0.003** (-2.041)
短期间接效应			
CapSeg	23.531*** (58.161)	98.407*** (98.719)	38.794*** (69.894)
ipr	0.033** (2.279)	-0.095* (-1.827)	-0.146*** (-7.897)
urb	-0.001 (-0.214)	0.604*** (55.049)	0.017*** (2.821)
tra	0.016*** (21.749)	0.068*** (38.670)	0.011*** (15.738)
rdqd	-0.113*** (-2.789)	-2.698*** (-27.602)	-0.212*** (-3.430)
ln*fdi*	-0.000 (-1.154)	0.029*** (56.620)	0.000* (1.818)
ln*pgdp*	0.004*** (5.970)	-0.029*** (-25.413)	0.007*** (10.559)
ln*hc*	0.030*** (13.057)	0.088*** (32.667)	0.062*** (25.157)
gov	-0.043*** (-14.883)	-0.214*** (-34.340)	-0.072*** (-19.676)
短期总效应			
CapSeg	32.666*** (68.232)	104.779*** (101.414)	45.235*** (76.598)
ipr	0.123*** (7.443)	-0.072 (-1.320)	-0.058*** (-2.856)

续表

变量	地理邻接矩阵	地理距离矩阵	经济社会矩阵
urb	0.007 (1.179)	0.634 *** (57.153)	0.038 *** (6.119)
tra	0.020 *** (24.710)	0.069 *** (39.595)	0.015 *** (17.994)
rdqd	−0.340 *** (−8.176)	−2.957 *** (−29.802)	−0.427 *** (−6.252)
ln*fdi*	−0.000 ** (−2.356)	0.029 *** (55.550)	0.000 (0.089)
ln*pgdp*	0.003 *** (5.888)	−0.029 *** (−27.730)	0.007 *** (10.756)
ln*hc*	0.039 *** (19.076)	0.084 *** (39.321)	0.069 *** (31.484)
gov	−0.043 *** (−14.305)	−0.216 *** (−34.798)	−0.075 *** (−20.134)

注：*、**和***分别表示在10%、5%和1%的水平下显著，括号内的数字为相应的t值。

表6-17报告了资本品市场分割影响区域创新效率的长期效应分解结果，从中可以得到如下结论。①从长期直接效应来看，在选择地理邻接矩阵、地理距离矩阵、经济社会矩阵作为空间权重矩阵时，资本品市场分割对区域创新效率的长期直接效应分别为−1076.07、−725.801和1987.549，只有地理距离矩阵中的系数在1%的水平下显著。②从长期间接效应来看，采用地理邻接矩阵、地理距离矩阵、经济社会矩阵三种不同空间权重矩阵时，资本品市场分割影响区域创新效率的长期间接效应都为负值，且在地理距离矩阵、经济社会矩阵中，该效应至少在10%的水平下显著。这表明，从长期来看，相邻地区的资本品市场分割会对本地区的创新效率产生一定的抑制作用。③从长期总效应来看，除了采用地理邻接矩阵外，采用其他两种空间权重矩阵的结果显示，资本品市场分割对区域创新效率的影响至少在10%的水平下显著为负。这表明，从长期来看，资本品市场分割会显著降低区域创新效率。通过进一步对比资本品市场分割短期总效应和长期总效应的结果，可以得到如下结论：从短期来看，资本品市场分割会提高区域创新效率；但是从长期来看，资本品市场分割会降低区域创新效率，而且长期总效应远远大于短期总效应。总体而言，资本品市场分割会

对区域创新效率起到显著的抑制作用，主要原因是相邻地区资本品市场分割的溢出效应导致本地区的创新效率下降，这验证了本节提出的假说1。

表6-17　空间溢出视角下资本品市场分割影响区域创新效率的长期效应估计

变量	地理邻接矩阵	地理距离矩阵	经济社会矩阵
长期直接效应			
CapSeg	-1076.07 (-0.078)	-725.801*** (-9.060)	1987.549 (0.065)
ipr	-0.897 (-0.012)	-0.573 (-0.137)	-4.404 (-0.200)
urb	0.019 (0.003)	4.459 (0.063)	-2.547 (-0.088)
tra	-0.698 (-0.089)	0.490 (0.069)	-0.717 (-0.072)
rdqd	6.639 (0.030)	-19.997 (-0.055)	32.447 (0.088)
lnfdi	0.005 (0.027)	0.210 (0.075)	0.028 (0.161)
lnpgdp	-0.180 (-0.232)	-0.210 (-0.069)	-0.194 (-0.050)
lnhc	-1.302 (-0.085)	0.632 (0.089)	-2.841 (-0.061)
gov	2.055 (0.155)	-1.559 (-0.070)	2.815 (0.058)
长期间接效应			
CapSeg	-1630.103 (-0.117)	-179.779*** (-14.015)	-4776.491* (-1.684)
ipr	-9.431 (-0.122)	-0.059 (-0.014)	0.782 (0.034)
urb	-0.701 (-0.114)	1.018 (0.014)	4.769 (0.164)
tra	-0.970 (-0.124)	0.106 (0.015)	1.620 (0.160)
rdqd	21.705 (0.099)	-5.548 (-0.015)	-59.284 (-0.158)
lnfdi	0.029 (0.150)	0.043 (0.015)	-0.026 (-0.143)

续表

变量	地理邻接矩阵	地理距离矩阵	经济社会矩阵
ln$pgdp$	−0.089 (−0.116)	−0.042 (−0.014)	0.602 (0.152)
lnhc	−1.900 (−0.124)	0.092 (0.013)	7.104 (0.150)
gov	1.494 (0.113)	−0.311 (−0.014)	−7.450 (−0.151)
长期总效应			
$CapSeg$	−2706.177 (−1.816)	−905.580*** (−14.130)	−2788.942* (−1.666)
ipr	−10.328 (−1.625)	−0.632 (−1.283)	−3.622 (−1.426)
urb	−0.682 (−0.841)	5.477*** (17.213)	2.222** (2.283)
tra	−1.668* (−1.817)	0.596*** (13.104)	0.902 (1.626)
$rdqd$	28.344* (1.760)	−25.544*** (−14.189)	−26.837 (−1.498)
lnfdi	0.035 (1.277)	0.253*** (13.873)	0.002 (0.128)
ln$pgdp$	−0.269* (−1.745)	−0.252*** (−12.537)	0.408* (1.670)
lnhc	−3.202* (−1.812)	0.724*** (13.011)	4.264* (1.696)
gov	3.549* (1.856)	−1.870*** (−12.349)	−4.635 (−1.626)

注：*、**和***分别表示在10%、5%和1%的水平下显著，括号内的数字为相应的t值。

3. 影响机制

（1）回归结果

通过以上的分析可以看到，从长期来看，资本品市场分割会显著降低区域创新效率。那么，资本品市场分割通过何种方式最终引起本地区和相邻地区创新效率的转变？一般情况下，资本品市场分割导致资本要素无法跨地区自由流动，会扭曲资本价格，导致地区资本价格不能真实反映产品的边际价值，正是这种资本成本的扭曲改变了地区企业技术创新的相对利润，进而影响企业的研发决策。事实是否果真如此？即资本品市场分割是否会通过区域间的资本价格扭曲影响区域创新效率？本部分以资本价格扭曲为因变量，分别检验资本品市场分割是否引致地区资本价格扭曲，结果见表6-18。

表6-18　空间溢出视角下资本品市场分割影响区域创新效率的传导机制检验（一）

变量	资本价格扭曲		
	模型1	模型2	模型3
	地理邻接矩阵	地理距离矩阵	经济社会矩阵
L. $DistK$	0.806 ***	0.422 ***	-0.738 ***
	(24.447)	(13.022)	(-21.245)
$CapSeg$	137.761 ***	120.493 ***	72.752 ***
	(84.617)	(85.507)	(47.839)
ipr	0.125 ***	-0.314 ***	0.120 ***
	(2.929)	(-7.615)	(3.113)
urb	0.081 ***	0.423 ***	0.172 ***
	(4.789)	(27.203)	(10.800)
tra	0.052 ***	0.013 ***	0.009 ***
	(18.861)	(5.435)	(3.735)
$rdqd$	-1.147 ***	-2.381 ***	0.855 ***
	(-7.122)	(-17.679)	(6.095)
$\ln fdi$	0.001 **	0.014 ***	0.001
	(2.067)	(31.782)	(1.308)
$\ln pgdp$	0.002	0.023 ***	0.003
	(0.641)	(8.699)	(1.145)
$\ln hc$	0.149 ***	-0.030 ***	0.107 ***
	(13.376)	(-2.988)	(10.536)
gov	-0.101 ***	-0.223 ***	-0.087 ***
	(-10.061)	(-26.018)	(-9.259)
$W \times CapSeg$	355.482 ***	1997.188 ***	438.190 ***
	(133.492)	(388.942)	(129.669)
$W \times ipr$	1.329 ***	-1.630 ***	-1.968 ***
	(14.465)	(-4.992)	(-17.794)
$W \times urb$	0.536 ***	9.692 ***	1.007 ***
	(15.432)	(143.732)	(27.869)

续表

变量	资本价格扭曲		
	模型 1	模型 2	模型 3
	地理邻接矩阵	地理距离矩阵	经济社会矩阵
$W \times tra$	0.316*** (64.384)	1.143*** (103.117)	0.042*** (9.573)
$W \times rdqd$	−0.579** (−2.275)	−62.947*** (−92.210)	−3.668*** (−9.448)
$W \times \ln fdi$	0.009*** (9.024)	0.622*** (172.734)	−0.007*** (−4.168)
$W \times \ln pgdp$	0.039*** (8.023)	−0.662*** (−83.368)	−0.037*** (−7.538)
$W \times \ln hc$	0.583*** (37.023)	1.652*** (100.378)	0.572*** (36.789)
$W \times gov$	−0.920*** (−47.606)	−4.773*** (−120.705)	−0.813*** (−34.214)
rho	1.657*** (58.165)	0.638*** (32.881)	0.045* (1.661)
sigma2_e	0.000*** (4.830)	0.000*** (32.255)	0.000*** (23.005)
极大似然值	1355.139	1420.233	1378.063

注：*、**和***分别表示在10%、5%和1%的水平下显著，括号内的数字为相应的 t 值。

根据表 6 - 18，在三种空间权重矩阵下，资本品市场分割（$CapSeg$）的系数均在 1% 的水平下显著为正，表明资本品市场分割会显著提高本地区的资本价格扭曲程度。资本品市场分割空间滞后项（$W \times CapSeg$）的系数也在 1% 的水平下显著为正，说明相邻地区的资本品市场分割会导致本地区的资本价格扭曲程度提高。这表明，相邻地区的资本品市场分割通过扭曲本地区的资本价格进而影响区域创新效率，这验证了本节提出的假说 3。

（2）资本品市场分割的资本价格扭曲机制效应

前文的回归结果表明，资本品市场分割会引致本地区和相邻地区的资本价格扭曲。一个自然的问题是，资本品市场分割是否通过资本价格扭曲影响相邻地区的创新效率？为此，本书在回归分析中加入了资本品市场分割与资本价格扭曲的交互项，检验资本品市场分割引致的资本价格扭曲对区域创新效率的影响，结果见表 6 - 19。

表 6 – 19 空间溢出视角下资本品市场分割影响区域创新效率的传导机制检验（二）

变量	模型 1 地理邻接矩阵	模型 2 地理距离矩阵	模型 3 经济社会矩阵
L. *EcyInno*	0.657 *** (188.064)	2.654 *** (786.622)	1.193 *** (345.500)
CapSeg	1.4e + 03 *** (1.7e + 03)	3.7e + 03 *** (4.3e + 03)	3.2e + 03 *** (3.6e + 03)
CapSeg × *DistK*	− 2.6e + 04 *** (− 1955.876)	− 6.6e + 04 *** (4860.343)	− 5.5e + 04 *** (− 3870.443)
DistK	3.276 *** (371.601)	3.150 *** (362.089)	7.390 *** (798.415)
ipr	− 0.178 *** (− 29.410)	10.292 *** (1438.488)	− 2.432 *** (− 396.467)
urb	0.298 *** (123.628)	4.703 *** (1759.244)	1.541 *** (562.299)
tra	0.078 *** (206.179)	0.839 *** (2120.827)	− 0.410 *** (− 1.0e + 03)
rdqd	21.809 *** (955.698)	70.648 *** (2945.859)	7.680 *** (313.326)
ln*fdi*	0.009 *** (122.074)	− 0.238 *** (− 3.0e + 03)	− 0.025 *** (− 310.650)
ln*pgdp*	− 0.118 *** (− 268.761)	− 0.245 *** (− 547.293)	− 0.049 *** (− 111.482)
ln*hc*	0.219 *** (142.100)	2.054 *** (1222.233)	0.316 *** (194.526)
gov	− 0.232 *** (− 164.321)	2.270 *** (1547.509)	− 0.523 *** (− 349.794)
W × *CapSeg*	6.4e + 03 *** (3.9e + 03)	1.4e + 05 *** (1.9e + 04)	2.1e + 04 *** (7.4e + 03)
W × *CapSeg* × *DistK*	− 1.1e + 05 *** (− 4110.475)	− 2.3e + 06 *** (− 1.9e + 04)	− 3.5e + 05 *** (− 7548.715)
W × *DistK*	11.252 *** (1.2e + 03)	324.153 *** (1.7e + 04)	45.901 *** (3.7e + 03)
W × *ipr*	− 1.088 *** (− 82.129)	290.515 *** (4779.336)	8.802 *** (487.774)
W × *urb*	− 1.797 *** (− 306.796)	93.850 *** (5496.894)	5.335 *** (818.004)

续表

变量	模型 1	模型 2	模型 3
	地理邻接矩阵	地理距离矩阵	经济社会矩阵
$W \times tra$	0.369*** (541.960)	10.994*** (5444.327)	− 0.755*** (− 1.1e + 03)
$W \times rdqd$	57.313*** (1453.201)	675.966*** (5098.648)	127.228*** (1925.942)
$W \times \ln fdi$	− 0.071*** (− 483.763)	− 3.606*** (− 5.7e + 03)	− 0.217*** (− 825.201)
$W \times \ln pgdp$	0.177*** (273.017)	− 6.983*** (− 5.1e + 03)	− 0.473*** (− 635.836)
$W \times \ln hc$	0.456*** (212.323)	− 20.115*** (− 6.9e + 03)	− 2.018*** (− 828.376)
$W \times gov$	− 1.743*** (− 632.021)	82.940*** (1.0e + 04)	1.043*** (274.899)
rho	0.337*** (72.881)	54.763*** (5359.145)	3.878*** (640.013)
sigma2_e	0.000*** (14.041)	0.000*** (15.242)	0.000*** (13.600)
极大似然值	2047.147	2034.017	2023.069

注：*、**和***分别表示在10%、5%和1%的水平下显著，括号内的数字为相应的 t 值。

表6–19的结果显示，在加入资本价格扭曲变量后，资本品市场分割与资本价格扭曲交互项（$Capseg \times Distk$）的系数在三种不同空间权重矩阵下均显著为负，表明在资本价格扭曲程度更高的地区，资本品市场分割对区域创新效率的抑制效应更强。从交互项空间滞后项（$W \times CapSeg \times Distk$）的系数来看，在三种空间权重矩阵下，系数均为负值，且都在1%的水平下显著，表明相邻地区的资本品市场分割显著抑制了本地区创新效率的提升。

（四）消费品市场分割与区域创新效率

1. 基准回归

表6–20中的模型1至模型3报告了地理邻接矩阵、地理距离矩阵和经济社会矩阵三种空间权重矩阵的回归结果。可以看到，被解释变量空间滞后项的系数在模型1至模型3中均在1%的水平下显著为正，表明相邻地区的技术创新对本地区的创新效率提升具有显著的正向影响。被解释变

量时间滞后项的系数在三种权重矩阵模型下也都为正值，且在 1% 的水平下显著，表明区域创新效率可能存在路径依赖作用。

表 6 - 20　空间溢出视角下消费品市场分割与区域创新效率

变量	模型 1 地理邻接矩阵	模型 2 地理距离矩阵	模型 3 经济社会矩阵
L. EcyInno	1. 016 *** (318. 019)	1. 030 *** (315. 852)	1. 023 *** (303. 838)
ConsSeg	14. 680 *** (46. 710)	9. 914 *** (30. 317)	10. 648 *** (33. 449)
ipr	− 0. 056 *** (− 8. 831)	− 0. 091 *** (− 12. 611)	0. 063 *** (10. 229)
urb	− 0. 018 *** (− 7. 236)	0. 005 ** (2. 020)	0. 006 ** (2. 195)
tra	0. 004 *** (8. 945)	0. 001 ** (2. 328)	0. 003 *** (7. 244)
rdqd	0. 002 (0. 097)	0. 243 *** (10. 335)	− 0. 028 (− 1. 203)
lnfdi	0. 001 *** (7. 142)	0. 000 *** (5. 772)	− 0. 000 *** (− 2. 922)
lnpgdp	− 0. 001 * (− 1. 728)	0. 003 *** (7. 121)	− 0. 003 *** (− 6. 159)
lnhc	0. 003 * (1. 668)	− 0. 020 *** (− 11. 552)	0. 012 *** (7. 378)
gov	− 0. 003 * (− 1. 897)	0. 000 (0. 122)	− 0. 001 (− 0. 993)
W × ConsSeg	52. 689 *** (90. 533)	161. 366 *** (158. 144)	86. 502 *** (113. 984)
W × ipr	− 0. 354 *** (− 24. 974)	− 1. 975 *** (− 31. 599)	− 0. 206 *** (− 11. 388)
W × urb	− 0. 046 *** (− 7. 687)	− 0. 171 *** (− 11. 076)	− 0. 074 *** (− 11. 774)
W × tra	0. 011 *** (16. 840)	0. 039 *** (21. 457)	0. 009 *** (12. 617)
W × rdqd	− 0. 010 (− 0. 248)	3. 213 *** (28. 033)	1. 109 *** (17. 508)

续表

变量	模型 1	模型 2	模型 3
	地理邻接矩阵	地理距离矩阵	经济社会矩阵
$W \times \ln fdi$	0.002 *** (14.323)	0.035 *** (59.375)	0.001 *** (3.593)
$W \times \ln pgdp$	0.002 *** (2.624)	−0.060 *** (−43.679)	0.008 *** (10.323)
$W \times \ln hc$	0.028 *** (12.847)	0.139 *** (49.339)	0.067 *** (27.882)
$W \times gov$	−0.021 *** (−7.791)	−0.261 *** (−37.828)	−0.044 *** (−11.584)
rho	0.049 *** (11.905)	0.381 *** (39.155)	0.031 *** (5.214)
sigma2_e	0.000 *** (14.041)	0.000 *** (14.035)	0.000 *** (14.033)
极大似然值	2029.199	2022.429	2014.993

注：*、**和***分别表示在10%、5%和1%的水平下显著，括号内的数字为相应的 t 值。

在三种空间权重矩阵的设定下，模型 1 至模型 3 中消费品市场分割（*ConsSeg*）的系数均在 1% 的水平下显著为正，这意味着本地区的消费品市场分割会显著提高区域创新效率。相邻地区消费品市场分割空间滞后项（$W \times ConsSeg$）的系数在模型 1 至模型 3 中也都显著为正，表明相邻地区的消费品市场分割会显著提高本地区的创新效率。

2. 短期效应和长期效应

本书仍旧按照 LeSage 和 Pace（2009）的方法对消费品市场分割影响区域创新效率的短期效应和长期效应进行分解。

表 6 - 21 报告了消费品市场分割影响区域创新效率的短期效应分解结果，从中可以得到如下结论。①从短期直接效应来看，在采用地理邻接矩阵、地理距离矩阵、经济社会矩阵作为空间权重矩阵时，消费品市场分割影响区域创新效率的短期直接效应分别为 15.290、14.421 和 10.194，且均在 1% 的水平下显著，这表明相邻地区的消费品市场分割显著提高了本地区的创新效率。②从短期间接效应来看，在采用地理邻接矩阵、地理距离矩阵、经济社会矩阵作为空间权重矩阵时，消费品市场分割影响区域创新效率的短期间接效应分别为 55.532、262.237 和 83.963，且均在 1% 的

水平下显著，这表明相邻地区的消费品市场分割显著提高了本地区的创新效率。总体而言，无论采用哪种空间权重矩阵，都表明相邻地区的消费品市场分割会显著提高本地区的创新效率。通过对比短期直接效应和短期间接效应可以得到，在采用三种不同的空间权重矩阵进行回归时，消费品市场分割对区域创新效率的短期间接效应分别是短期直接效应的 3.63 倍、18.18 倍和 8.24 倍。③从短期总效应来看，在采用地理邻接矩阵、地理距离矩阵、经济社会矩阵作为空间权重矩阵时，消费品市场分割影响区域创新效率的短期总效应分别为 70.822、276.658 和 94.157，且均在 1% 的水平下显著，这表明相邻地区的消费品市场分割提高了本地区的创新效率。既然消费品市场分割会显著提高区域创新效率，那么各地区是不是就应该采取消费品市场分割的保护政策，以促进区域创新效率提升呢？要回答这一问题，需要进一步分析消费品市场分割影响区域创新效率的长期效应。

表 6 - 21　空间溢出视角下消费品市场分割影响区域创新效率的短期效应估计

变量	地理邻接矩阵	地理距离矩阵	经济社会矩阵
短期直接效应			
$ConsSeg$	15.290 *** (49.469)	14.421 *** (39.189)	10.194 *** (31.831)
ipr	-0.059 *** (-9.697)	-0.145 *** (-17.563)	0.065 *** (10.985)
urb	-0.019 *** (-7.579)	0.001 (0.239)	0.006 ** (2.379)
tra	0.004 *** (9.605)	0.002 *** (5.200)	0.003 *** (7.424)
$rdqd$	0.004 (0.168)	0.335 *** (13.771)	-0.032 (-1.367)
$\ln fdi$	0.001 *** (7.297)	0.001 *** (15.140)	-0.000 *** (-2.925)
$\ln pgdp$	-0.001 * (-1.682)	0.002 *** (3.623)	-0.003 *** (-6.147)
$\ln hc$	0.003 ** (2.033)	-0.016 *** (-9.718)	0.012 *** (7.427)
gov	-0.003 ** (-2.035)	-0.007 *** (-4.597)	-0.001 (-0.789)

续表

变量	地理邻接矩阵	地理距离矩阵	经济社会矩阵
短期间接效应			
ConsSeg	55.532 *** (86.194)	262.237 *** (56.644)	83.963 *** (97.164)
ipr	−0.370 *** (−23.437)	−3.183 *** (−24.841)	−0.201 *** (−10.823)
urb	−0.049 *** (−7.928)	−0.271 *** (−9.829)	−0.072 *** (−11.621)
tra	0.012 *** (16.825)	0.063 *** (19.921)	0.008 *** (11.979)
rdqd	−0.011 (−0.258)	5.244 *** (24.422)	1.080 *** (18.259)
ln*fdi*	0.002 *** (14)	0.055 *** (44.494)	0.001 *** (3.528)
ln*pgdp*	0.002 *** (2.774)	−0.093 *** (−37.817)	0.007 *** (11.076)
ln*hc*	0.029 *** (12.846)	0.208 *** (39.175)	0.065 *** (26.763)
gov	−0.022 *** (−7.851)	−0.415 *** (−30.525)	−0.043 *** (−11.962)
短期总效应			
ConsSeg	70.822 *** (95.778)	276.658 *** (57.348)	94.157 *** (101.885)
ipr	−0.429 *** (−23.296)	−3.327 *** (−24.867)	−0.136 *** (−6.666)
urb	−0.068 *** (−10.605)	−0.270 *** (−9.473)	−0.066 *** (−10.102)
tra	0.016 *** (19.552)	0.065 *** (20.070)	0.011 *** (14.117)
rdqd	−0.007 (−0.159)	5.578 *** (25.107)	1.049 *** (16.318)
ln*fdi*	0.003 *** (15.992)	0.057 *** (44.035)	0.001 ** (2.448)
ln*pgdp*	0.001 * (1.904)	−0.091 *** (−36.829)	0.005 *** (7.604)

变量	地理邻接矩阵	地理距离矩阵	经济社会矩阵
ln*hc*	0.033 *** (16.212)	0.192 *** (37.038)	0.077 *** (35.796)
gov	− 0.025 *** (− 8.511)	− 0.421 *** (− 30.226)	− 0.044 *** (− 12.226)

注：*、**和***分别表示在10%、5%和1%的水平下显著，括号内的数字为相应的 t 值。

表 6 − 22 报告了消费品市场分割影响区域创新效率的长期效应分解结果，从中可以得到如下结论。①从长期直接效应来看，在选择地理邻接矩阵、地理距离矩阵、经济社会矩阵作为空间权重矩阵时，消费品市场分割对区域创新效率的长期直接效应分别为 − 1962.433、− 444.247 和 − 4261.682，其中前两个系数均在 1% 的水平下显著。这表明，从长期来看，相邻地区的消费品市场分割对本地区的创新效率具有显著的抑制效应。②从长期间接效应来看，采用地理邻接矩阵、地理距离矩阵、经济社会矩阵三种不同空间权重矩阵时，消费品市场分割影响区域创新效率的长期间接效应分别为 925.104、27.804 和 14959.15，且均不显著。这表明，从长期来看，相邻地区的消费品市场分割会对本地区创新效率的提升产生一定的促进作用，但不明显。③从长期总效应来看，采用地理邻接矩阵和地理距离矩阵时，消费品市场分割对区域创新效率的影响都在 1% 的水平下显著为负。这表明，从长期来看，相邻地区的消费品市场分割会在一定程度上抑制本地区创新效率的提高。通过进一步对比消费品市场分割短期总效应和长期总效应的结果，可以得到如下结论：从短期来看，消费品市场分割会提高区域创新效率；但是从长期来看，消费品市场分割对本地区创新效率有显著的抑制效应，而且这种抑制效应主要来自本地区的直接效应，这部分验证了本节提出的假说 1。

表 6 − 22　空间溢出视角下消费品市场分割影响区域创新效率的长期效应估计

变量	地理邻接矩阵	地理距离矩阵	经济社会矩阵
长期直接效应			
ConsSeg	− 1962.433 *** (− 12.123)	− 444.247 *** (− 9.972)	− 4261.682 (− 0.070)

续表

变量	地理邻接矩阵	地理距离矩阵	经济社会矩阵
ipr	24.299 (0.085)	5.533 (0.571)	1.840 (0.027)
urb	0.067 (0.005)	0.541 (0.210)	2.649 (0.060)
tra	-0.351 (-0.141)	-0.115 (-0.350)	-0.571 (-0.080)
rdqd	6.365 (0.052)	-8.340** (-2.045)	-43.550 (-0.061)
ln*fdi*	-0.099 (-0.096)	-0.103 (-0.308)	-0.016 (-0.048)
ln*pgdp*	-0.404 (-0.066)	0.201 (0.176)	-0.076 (-0.026)
ln*hc*	-2.015 (-0.085)	-0.537 (-0.125)	-3.621 (-0.073)
gov	1.865 (0.078)	0.806 (0.272)	1.893 (0.066)
长期间接效应			
ConsSeg	925.104 (0.058)	27.804 (0.061)	14959.15 (0.072)
ipr	-18.018 (-0.063)	-0.526 (-0.054)	-15.616 (-0.048)
urb	0.924 (0.067)	-0.135 (-0.052)	-10.314 (-0.074)
tra	0.123 (0.050)	0.017 (0.052)	1.912 (0.084)
rdqd	-6.261 (-0.051)	-0.054 (-0.013)	161.877 (0.071)
ln*fdi*	0.056 (0.054)	0.018 (0.053)	0.072 (0.038)
ln*pgdp*	0.388 (0.064)	-0.063 (-0.056)	0.624 (0.067)
ln*hc*	1.538 (0.065)	0.248 (0.058)	12.352 (0.072)
gov	-1.497 (-0.063)	-0.172 (-0.058)	-6.186 (-0.062)

变量	地理邻接矩阵	地理距离矩阵	经济社会矩阵
长期总效应			
$ConsSeg$	-1037.328 *** (-15.783)	-416.443 *** (-42.697)	10697.47 (0.052)
ipr	6.282 *** (14.596)	5.007 *** (30.704)	-13.777 (-0.042)
urb	0.990 *** (11.583)	0.406 *** (12.478)	-7.665 (-0.056)
tra	-0.228 *** (-12.831)	-0.098 *** (-20.050)	1.342 (0.060)
$rdqd$	0.105 (0.167)	-8.395 *** (-27.723)	118.327 (0.053)
$\ln fdi$	-0.043 *** (-11.180)	-0.085 *** (-34.907)	0.056 (0.029)
$\ln pgdp$	-0.016 * (-1.882)	0.138 *** (31.694)	0.548 (0.059)
$\ln hc$	-0.478 *** (-11.918)	-0.289 *** (-35.754)	8.731 (0.052)
gov	0.368 *** (8.077)	0.634 *** (34.228)	-4.293 (-0.043)

注：*、**和***分别表示在10%、5%和1%的水平下显著，括号内的数字为相应的t值。

3. 影响机制

（1）回归结果

通过以上的分析可以看到，从长期来看，消费品市场分割会显著降低区域创新效率。那么，消费品市场分割通过何种方式最终引起本地区和相邻地区创新效率的转变？一般情况下，消费品市场分割导致产品无法跨地区自由流动，会扭曲产品价格，进而扭曲消费品市场，正是这种消费品市场的扭曲改变了地区企业技术创新的相对利润，进而影响企业的研发决策。事实是否果真如此？即消费品市场分割是否会通过区域间的消费需求规模扭曲影响区域创新效率？本部分以消费需求规模为因变量，分别检验消费品市场分割是否引致消费需求规模扭曲，结果见表6-23。

表 6 - 23　空间溢出视角下消费品市场分割影响区域创新效率的传导机制检验（一）

变量	消费需求规模		
	模型 1	模型 2	模型 3
	地理邻接矩阵	地理距离矩阵	经济社会矩阵
L. lncons	0.556 ***	0.714 ***	2.110 ***
	(8.652)	(11.706)	(32.224)
ConsSeg	-0.440 ***	-0.033	-0.118 ***
	(-17.634)	(-1.433)	(-5.214)
ipr	22.316 ***	-0.821	13.077 ***
	(19.343)	(-0.740)	(11.378)
urb	5.375 ***	0.061	-7.878 ***
	(14.720)	(0.191)	(-24.114)
tra	-0.219 ***	-0.006	0.747 ***
	(-6.297)	(-0.190)	(18.477)
rdqd	29.105 ***	1.992	36.761 ***
	(11.535)	(0.905)	(16.160)
lnfdi	-0.025 ***	-0.005	0.037 ***
	(-3.244)	(-0.682)	(5.452)
lnpgdp	-0.975 ***	0.000	0.505 ***
	(-17.830)	(0.000)	(10.034)
lnhc	-0.773 ***	-0.092	1.463 ***
	(-5.357)	(-0.647)	(10.579)
gov	-0.895 ***	-0.221	-1.049 ***
	(-4.312)	(-1.117)	(-5.229)
$W \times$ ConsSeg	-0.874 ***	-0.364 **	-0.821 ***
	(-17.153)	(-2.405)	(-11.997)
$W \times$ ipr	58.672 ***	-0.798	92.090 ***
	(26.160)	(-0.112)	(28.643)
$W \times$ urb	0.917	-4.402 **	-29.198 ***
	(1.333)	(-2.016)	(-31.466)
$W \times$ tra	0.150 *	-0.380	-0.090 *
	(1.751)	(-0.982)	(-1.920)
$W \times$ rdqd	234.268 ***	40.597 **	470.263 ***
	(49.758)	(2.296)	(51.295)
$W \times$ lnfdi	-0.150 ***	-0.084	-0.028
	(-9.756)	(-1.198)	(-1.533)

续表

变量	消费需求规模		
	模型 1	模型 2	模型 3
	地理邻接矩阵	地理距离矩阵	经济社会矩阵
$W \times \ln pgdp$	0.172 * (1.811)	0.510 (1.196)	0.158 (1.018)
$W \times \ln hc$	-3.606 *** (-10.742)	-0.460 (-0.373)	-0.515 (-1.385)
$W \times gov$	-7.242 *** (-17.773)	-2.315 ** (-2.145)	-10.867 *** (-25.202)
rho	0.725 *** (9.679)	0.371 * (1.813)	0.671 *** (7.762)
sigma2_e	0.001 *** (14.002)	0.001 *** (10.346)	0.001 *** (9.928)
极大似然值	344.819	365.930	356.795

注：*、**和***分别表示在10%、5%和1%的水平下显著，括号内的数字为相应的t值。

　　根据表6-23，在地理邻接矩阵和经济社会矩阵两种空间权重矩阵下，消费品市场分割（ConsSeg）的系数都在1%的水平下显著为负，表明消费品市场分割会显著降低本地区产品的消费需求规模。消费品市场分割空间滞后项（W×ConsSeg）的系数也在1%的水平下显著为负，说明相邻地区的消费品市场分割会导致本地区产品的消费需求规模下降。这表明，相邻地区的消费品市场分割通过扭曲消费品市场进而影响区域创新效率。

　　（2）消费品市场分割的消费需求规模扭曲机制效应

　　前文的回归结果表明，消费品市场分割显著降低了本地区产品的消费需求规模，而且相邻地区的消费品市场分割也导致本地区产品的消费需求规模下降。一个自然的问题是，消费品市场分割是否通过消费需求规模扭曲影响相邻地区的创新效率？为此，本书在回归分析中加入了消费品市场分割与消费需求规模的交互项，检验消费品市场分割引致的消费需求规模扭曲对区域创新效率的影响，结果见表6-24。

表 6 - 24　空间溢出视角下消费品市场分割影响区域创新效率的传导机制检验 （二）

变量	模型 1 地理邻接矩阵	模型 2 地理距离矩阵	模型 3 经济社会矩阵
L. *EcyInno*	1. 000 *** (228. 400)	0. 992 *** (220. 893)	1. 006 *** (237. 097)
ConsSeg	- 0. 000 (- 0. 082)	0. 014 *** (3. 170)	0. 001 (0. 286)
ConsSeg × lncons	0. 000 (0. 010)	- 0. 001 *** (- 3. 264)	- 0. 000 (- 0. 336)
lncons	- 0. 000 (- 0. 241)	0. 001 (0. 879)	0. 001 (0. 930)
ipr	0. 075 *** (7. 185)	0. 082 *** (7. 483)	0. 095 *** (8. 393)
urb	0. 014 *** (3. 943)	0. 018 *** (5. 668)	- 0. 001 (- 0. 358)
tra	- 0. 001 ** (- 2. 246)	- 0. 002 *** (- 5. 057)	0. 001 * (1. 758)
rdqd	- 0. 081 *** (- 3. 544)	0. 004 (0. 159)	- 0. 022 (- 0. 951)
ln*fdi*	- 0. 000 (- 0. 298)	- 0. 001 *** (- 6. 801)	- 0. 000 (- 0. 667)
ln*pgdp*	- 0. 002 *** (- 3. 398)	- 0. 003 *** (- 5. 595)	- 0. 000 (- 0. 195)
ln*hc*	0. 000 (0. 006)	0. 004 *** (3. 036)	0. 002 (1. 359)
gov	0. 002 (1. 206)	0. 004 ** (1. 974)	0. 001 (0. 695)
W × *ConsSeg*	0. 009 (0. 863)	0. 451 *** (9. 429)	0. 034 * (1. 830)
W × *ConsSeg* × lncons	- 0. 001 (- 0. 976)	- 0. 047 *** (- 9. 701)	- 0. 003 * (- 1. 813)
W × lncons	- 0. 002 (- 1. 483)	0. 023 *** (5. 403)	0. 004 ** (2. 335)
W × *ipr*	- 0. 037 * (- 1. 663)	0. 322 *** (4. 103)	0. 108 *** (3. 365)
W × *urb*	- 0. 026 *** (- 3. 527)	- 0. 153 *** (- 5. 268)	- 0. 043 *** (- 4. 207)

变量	模型 1 地理邻接矩阵	模型 2 地理距离矩阵	模型 3 经济社会矩阵
$W \times tra$	− 0. 000 (− 0. 334)	− 0. 016*** (− 3. 953)	0. 000 (1. 059)
$W \times rdqd$	0. 076* (1. 786)	3. 167*** (16. 972)	0. 638*** (7. 665)
$W \times \ln fdi$	− 0. 000 (− 1. 192)	− 0. 009*** (− 10. 976)	− 0. 000 (− 0. 853)
$W \times \ln pgdp$	0. 000 (0. 156)	− 0. 010** (− 2. 109)	0. 006*** (3. 839)
$W \times \ln hc$	− 0. 001 (− 0. 312)	0. 030** (2. 130)	0. 004 (0. 878)
$W \times gov$	0. 000 (0. 123)	− 0. 041*** (− 3. 911)	0. 003 (0. 751)
rho	0. 008 (1. 152)	0. 062*** (2. 909)	0. 060*** (4. 703)
sigma2_ e	0. 000*** (11. 142)	0. 000*** (11. 030)	0. 000*** (11. 018)
极大似然值	1066. 825	1061. 030	1060. 623

注：*、** 和 *** 分别表示在 10%、5% 和 1% 的水平下显著，括号内的数字为相应的 t 值。

表 6 - 24 的结果显示，在加入消费需求规模变量后，消费品市场分割与消费需求规模交互项（$ConsSeg \times \ln cons$）的系数在地理距离矩阵和经济社会矩阵两种空间权重矩阵下均为负，其中在地理距离矩阵下该系数在 1% 的水平下显著，表明在消费需求规模更大的地区，消费品市场分割对区域创新效率的抑制效应更强。从交互项空间滞后项（$W \times ConsSeg \times \ln cons$）的系数来看，除了地理邻接矩阵下该系数为负但不显著外，在其余两种空间权重矩阵下，该系数均为负值，且至少在 10% 的水平下显著，表明相邻地区的消费品市场分割显著抑制了本地区创新效率的提升，从而验证了本节提出的假说 4。

第七章　提升我国区域创新效率的政策建议

第一节　研究结论

经过 40 余年的改革开放，我国区域市场一体化程度不断提高，但不可否认，我国地区间的市场分割现象依旧存在，地方政府陷入一种类似于"囚徒困境"的策略互动局面：地方政府在面对其他地区采取市场分割策略时，为了实现自身在标杆竞争中相对位置的提升和本地区经济的快速增长，倾向于采取同样的地方保护策略。在这种现实背景下，产生了大量研究市场分割所带来的经济效应的文献。但是综观已有关于市场分割的文献，鲜有研究系统性地分析劳动力市场分割、资本品市场分割和消费品市场分割对区域创新效率的影响。虽然有部分研究考察了要素市场分割对区域生产率的影响，但是这些研究基本上将各类创新要素的影响混为一谈，没有详细区分劳动力市场分割、资本品市场分割和消费品市场分割对区域创新效率的影响。事实上，三种类型的市场分割对区域创新效率的影响机制并不一致。本书的贡献在于，在梳理国内外文献的基础上，厘清了三大市场分割影响区域创新效率的理论机制。首先，采用相对价格法对我国 30 个省份的劳动力市场分割、资本品市场分割和消费品市场分割进行了定量测度，总结刻画了我国三大市场分割的现状及发展趋势；其次，采用半参数变系数面板随机前沿模型对我国的区域创新效率进行了定量测度。在此基础上，从区域异质性和空间溢出两个维度检验了三大市场分割影响区域创新效率的理论机制。本书形成的主要结论包括以下几点。

第一，在理论层面，厘清了三大市场分割影响区域创新效率的理论机制。通过对市场分割、资源错配和区域创新效率涉及的技术创新理论、空间经济学理论、制度经济学理论进行回顾梳理，探讨市场分割影响区域创新效率的内在机理和路径。研究认为，三大市场分割对区域创新效率的影响机理并不相同。具体来说，劳动力市场分割通过扭曲工资价格、人力资本投资和消费需求三个途径影响区域创新效率；资本品市场分割通过扭曲金融发展规模、资本价格和金融发展效率三个途径影响区域创新效率；消费品市场分割通过扭曲市场竞争机制、消费需求规模和工资价格水平三个途径影响区域创新效率。

第二，在对我国区域市场分割进行定量测度的基础上，分析了我国区域市场分割的现状及发展趋势。具体而言，主要表现在以下三个方面。①在样本期内，我国三大市场分割程度总体呈现波动式下降趋势，表明我国三大市场的一体化程度逐年提高。②我国东部、中部和西部地区的三大市场分割演变趋势呈现较大差异。其中，从劳动力市场分割的演变趋势来看，中部地区的劳动力市场分割在整个样本期内基本高于东部和西部地区，东部地区的劳动力市场分割程度相对较低；从资本品市场分割的演变趋势来看，西部地区的资本品市场分割普遍高于中部和东部地区，东部地区的资本市场一体化程度最高；从消费品市场分割的演变趋势来看，西部地区的消费品市场分割程度最高，中部地区的消费品市场分割程度最低，东部地区的消费品市场分割程度居于二者之间。③发生于 2008 年的金融危机对国内三大市场整合产生了显著影响，在金融危机发生期间，我国劳动力市场分割和消费品市场分割程度明显降低，但是资本品市场分割程度则有所提升。

第三，本书采用半参数变系数面板随机前沿模型对我国的区域创新效率进行定量测度，分析了我国区域创新效率的现状及演变趋势，发现我国区域创新效率存在严重的空间失衡现象。具体而言，主要表现在以下两个方面。①从 R&D 经费内部支出、R&D 人员全时当量等创新要素投入来看，近年来，我国 R&D 经费投入逐年增加，有力地推动了我国创新发展战略的实施，夯实了我国创新型国家建设的基础，但与发达国家相比，我国的研发领域仍然存在大而不强、多而不优的情况。而且，创新投入和创新产出分布空间失衡严重，我国的创新投入和创新产出主要集中在东部沿海地区，中部和西部地区的研发投入相对较小，排名前五的省份其创新投入和创新产出都占全国研发投入的一半以上。近年来，中部地区创新投入和创新产出的增长率相对较高，超过东部和西部地区。②从创新效率来看，我国区域创新效率的均值仅为0.4239，其中企业创新效率的均值为0.4105，高校创新效率的均值为0.5035，科研机构创新效率的均值为0.5983，无论是从整体来看还是从各个创新主体来看，创新效率都不高，尤其是企业创新效率最低。这意味着我国企业在创新过程中还存在资源利用率低、研发投入浪费等问题。

第四，本书实证检验了三大市场分割对区域创新效率的影响。实证结果表明，市场分割对我国区域创新效率的负向效应明显，尤其是多样化的区域特征会对市场分割对区域创新效率的抑制效应产生作用。具体而言，主要表现在以下几个方面。①劳动力市场分割会显著降低区域创新效率，劳动力市场分割水平每提高1个单位，区域创新效率会降低1.578个单位。劳动力市场分割通过扭曲工资价格、人力资本投资和消费需求进而影响区域创新效率。其中，工资价格扭曲效应解释了劳动力市场分割影响区域创新效率因果链条中的20.1%，人力资本投资扭曲效应的相对贡献份额为13.0%，消费需求扭曲效应的相对贡献份额为6.8%，可见工资价格扭曲效应在劳动力市场分割对区域创新效率的抑制效应中起主导作用。②资本品市场分割也会对区域创新效率产生负向作用，对中部和西部地区的区域创新效率抑制效应更加明显。资本品市场分割对不同创新主体创新效率的影响存在异质性，资本品市场分割会显著降低企业创新效率，但对高校和科研机构创新效率的影响不显著。本书进一步从金融发展规模扭曲、资本价格扭曲和金融发展效率扭曲三个方面实证检验了资本品市场分割影响区域创新效率的机制，其中金融发展规模扭曲效应的相对贡献份额为15.60%，资本价格扭曲效应解释了资本品市场分割影响区域创新效率因果链条中的12.53%，金融发展效率扭曲效应的相对贡献额为33.41%，可见金融发展效率扭曲效应在资本品市场分割对区域创新效率的抑制效应中起主导作用。③消费品市场分割会对区域创新效率产生显著的负向作用，对东部地区的区域创新效率抑制效应更加明显。消费品市场分割对不同创新主体创新效率的影响也存在异质性，消费品市场分割会显著降低企业创新效率，对高校和科研机构创新效率的影响不显著。本书进一步从市场竞争机制扭曲、消费需求规模扭曲和工资价格水平扭曲三个方面实证检验了资本品市场分割影响区域创新效率的机制，其中市场竞争机制扭曲效应的相对贡献份额为 26.20%，消费需求规模扭曲效应解释了消费品市场分割影响区域创新效率因果链条中的 31.02%，工资价格水平扭曲效应的相对贡献份额为 10.70%，可见消费需求规模扭曲效应在消费品市场分割对区域创新效率的抑制效应中起主导作用。④本书进一步采用面板门槛模型分析了区域特征与劳动力市场分割对区域创新效率抑制效应的非线性关系。研究发现，劳动力市场分割水平较低时，劳动力市场分割对区域创新效率的影响并不显著，超过临界值 0.0007 后，劳动力市场分割会显著提高区域创新效率，但是随着劳动力市场分割水平的进一步提高，超过临界值 0.0018 后，劳动力市场分割又会降低区域创新效率。

第五，地区市场分割行为存在一定程度的同群效应。地方政府市场分割行为的"同群策略"不仅发生在地理位置相邻的省份，经济发展水平相近的省份也存在一定的同群效应，但经济发展水平相近省份之间的同群效应比地理位置相邻省份之间的同群效应要弱。地方政府市场分割行为的同群效应主要源于两种机制：一是信息获取性模仿机制；二是竞争性模仿机制。研究发现，自身经验并不能抑制地方政府的模仿冲动，竞争性模仿机制是地方政府同群效应的主要影响机制。这与我国的现实情况相符，地区市场分割是地方政府或地方政府官员为其利益进行博弈的重要政策工具。限制本地资源的流出和外地产品的流入可以更好地扶持本地经济，特别是在争取进出口额和外商直接投资时，这种行为互动更为明显，但是随着各省份经济的发展，同群效应的影响逐渐下降。

第六，本书进一步采用动态空间面板计量模型从空间溢出的角度考察了市场分割对区域创新效率的直接影响和间接影响，并考察了市场分割对区域创新效率的短期效应和长期效应，研究结果如下。①从短期来看，劳动力市场分割有助于本地区创新效率的提高，相邻地区的劳动力市场分割也提高了本地区的创新效率，这在一定程度上解释了地方政府采用市场分割策略保护地区企业发展的动机；但是从长期来看，劳动力市场分割对本地区创新效率的影响不显著，相邻地区的劳动力市场分割会显著降低本地区的创新效率。所以，整体而言，劳动力市场分割不利于区域创新效率的提升。②资本品市场分割对区域创新效率的影响表现出与劳动力市场分割类似的特征。从短期来看，资本品市场分割显著提高了区域创新效率，相邻地区的资本品市场分割也有助于本地区创新效率的提升；但是从长期来看，资本品市场分割会显著降低本地区的创新效率，这种负向效应主要来自相邻地区的资本品市场分割行为。从影响机制来看，相邻地区的资本品市场分割会扭曲本地区的资本品价格，进而对本地区的创新效率产生抑制效应。③消费品市场分割对区域创新效率的影响表现出与前二者不同的特征。从短期来看，消费品市场分割也会显著提高区域创新效率，而且间接效应要远远大于直接效应；从长期来看，消费品市场分割与本地区的创新效率显著负相关，但这种负向效应主要源自本地区的市场分割因素。从影响机制来看，相邻地区的消费品市场分割会导致本地区消费规模的下降，从而对本地区的创新效率产生抑制效应。

第二节　政策建议

根据本书的研究结论，市场分割导致创新要素无法跨区域自由流动，扭曲要素价格和创新产出，一方面导致创新资源无法实现最优配置，另一方面会对区域创新主体的创新积极性产生影响，从而抑制区域创新效率的提升。创新效率的提升不仅仅是创新主体自身动力提升的结果，还需要中央政府和地方政府的共同努力，优质、高效的公共服务有助于提升创新主体的创新效率。本书从中央政府、地方政府和创新主体三个层面给出提升区域创新效率的政策建议。

一　中央政府层面

当前地区之间市场分割"囚徒困境"的出现主要是因为地方既得利益群体的利益已经形成，要打破僵局，主要推动力来自中央政府。首先，中央政府可以通过立法的方式杜绝政府参与利益分配，对不合理的行政干预进行有效的监督和约束，逐步建立与市场经济要求相一致的具有现代公共行政管理特征的新型权能政府。重塑地方政府的竞争机制，将原有的以地方保护为主导的封闭式竞争引入以制度创新为根本的开放式竞争，政府在市场中的角色逐渐从强制型政府转向诱导型政府，通过制度创新的方式引进技术、人才和资本，而不是盲目地对市场进行干预，扰乱市场竞争秩序，阻碍资源的合理流动。其次，应明确各级人大对政府问责的权力，界定其对政府的问责原则、范围和程序，确保宪法赋予人大监督政府"治事"的权力切实可行。同时，要充分利用社会力量，发挥新闻媒体的监督作用，建立健全政府对舆论监督的公开回应机制。最后，要打破当前市场分割同群效应的僵局，中央政府应逐步打破当前体制下各地区的既得利益，进一步规范财税预算体制，完善转移支付体系。

此外，"中国式分权"衍生出的晋升锦标赛的激励导致地方政府采取分割市场的策略是一种占优策略，这一问题的解决意味着对当前地方政府的绩效考核要打破"唯 GDP 论"的政绩观。打破"唯 GDP 论"并非意味着经济增长不重要，而是强调经济发展要更好地服务民生，在官员考核过程中应更多地引入其他考核指标，如知识产权保护、公民幸福指数等，建立以民意导向为主的官员考核体系。事实上，中央政府也一直高度重视"唯 GDP 论"政绩观的负面效应，如《中共中央关于全面深化改革若干重大问题的决定》就明确指出，要纠正单纯以经济增长速度评定政绩的偏向，加大资源消耗、环境损害、生态效益、产能过剩、科技创新、安全生产、新增债务等指标的权重，更加重视劳动就业、居民收入、社会保障、人民健康状况。通过及时的政务公开，可以缓解中央政府和地方政府之间的信息不对称，有效解决政策在落实过程中存在的诸多难题。

二　地方政府层面

根据本书的研究，地方保护限制了区域创新能力的提升，但这并不代表政府应采取"无为"的治理模式，恰恰相反，科技创新离不开政府提供的公共服务，良好的公共服务有利于创新主体开展创新活动、吸引高科技人才，高效率的政府服务可以有效缓解研发创新中的制度摩擦，是提高创新效率的重要保障。地方政府应通过提高公共服务质量、加强知识产权保护等措施，为创新主体开展科技创新活动提供良好的制度环境。从地方政府的角度来看，应该注意以下几点。

（一）加强知识产权保护，打造公平市场环境

区域创新效率的提升离不开良好的竞争环境与完备的市场体系。根据

本书的研究，地方政府通过限制外地企业或产品进入本地的方式来保护本地企业的发展，会导致工资价格、资本价格和消费需求规模产生严重扭曲，进而影响创新主体的创新行为选择，不利于创新效率的提高。强调市场机制对资源配置的决定性作用，并不是说可以放任市场自由发展，政府采取无为而治的态度。创新生产活动不同于一般性的投资行为，知识与技术作为一种风险性高、外部性强的特殊资产，非常容易被模仿或者被窃取，因此政府应对科技市场进行优化，合理引导创新资源的流动。合理的做法是建立完善的产权保护制度，通过加强知识产权保护的方式，降低企业家在创新生产过程中可能存在的"被窃取"的潜在风险，保障企业家享有科技创新回报的权利，切实保护企业家公平竞争的权益，从根本上提高企业家的创新激励和工作热情。唯有如此，才能保证创新要素自觉、自愿地参与创新过程，从根本上提高创新效率。

打造公平的市场竞争环境还有一个需要强调的内容，即地方政府应明确自身在市场中的职能和定位。地方政府在经济发展中的主要职能是管理地方公共事务，提供有益的公共产品（赵静等，2013），但是在现实经济中，不少地方政府职能定位不清，直接干预经济甚至入股经营企业，参与利益分配，将追求利润作为主要目标，在生产过程中既扮演运动员又扮演裁判员的角色，严重干扰了市场竞争秩序和竞争环境。打造公平的竞争环境不仅要求政府减少对市场的直接干预，而且要求政府减弱公共部门对社会经济资源的控制力，降低政府在资源配置中的决定性作用，地方政府应逐渐由生产型政府向服务型政府转变。

（二）健全科技融资体系，降低主体创新风险

创新投资不同于一般的投资活动，它是一个长期而持续的过程，不仅投资规模大，而且伴随信息不对称和较高的风险，因此创新活动更容易遭受外源融资短缺的难题。根据本书的研究，资本品市场分割会扭曲金融发展规模、资本价格和金融发展效率，进而影响区域创新效率提升。因此，本书认为应通过打造全方位、立体化的融资体系以缓解创新活动的资金短缺问题，而非通过资本品市场分割的方式为企业提供更多的保护。具体而言，可以从以下几个方面着手。第一，健全科技创新融资体系。通过设立多元化的创新基金和风投基金，引导民间资本、金融资本支持人才创业，

促进人才、科技和金融有机结合。第二，积极搭建知识产权融资服务平台，鼓励采取知识产权质押贷款、扶持中介服务等手段，降低企业运用知识产权融资的成本。第三，提高创新补贴政策靶向性。财政补贴虽然可以在一定程度上降低企业的创新成本，但容易导致寻租现象（张璇等，2017）。第四，探索开展"科技保险"创新工作，降低高新技术企业的创新风险。

（三）加强地区交流，建立长效合作机制

我国幅员辽阔，地区之间的禀赋差异较大，各自都有自己的禀赋优势。根据本书的研究，地区的禀赋特征会影响市场分割对区域创新效率的抑制效应，而且相邻地区的知识创新也会对本地区的创新产出产生显著的溢出效应，这些都表明区域创新能力的提升不能采取故步自封的做法，在充分整合区域内部创新资源的同时，应注重整合、利用区域外部的创新资源。具体而言，应做到以下三点。首先，要建立信息共享平台。根据本书的研究，地区之间的"囚徒博弈"会导致区域创新效率低下，之所以会产生"囚徒困境"，主要原因在于地区之间缺乏有效的信息交流机制，地区之间的信息不对称是导致区域利益冲突的重要原因。要改善这种困境，必须增进地区之间的互信和了解，因此逐步建立信息化沟通平台是非常有必要的。如建立商业信息主管部门的联席会议制度、定期互访制度等，通过建立多元化信息沟通机制加强区域信息交流和共享，建立互信、互惠、共赢的合作模式。其次，要建立利益诉求机制。地区之间冲突的根本原因除了信息沟通不畅外，利益分配不公也是冲突的重要原因。正如前文所提出的，我国地区之间的禀赋差异较大，在经济权利、利益获取方面也存在差异性，通常核心地区获益多，边缘地区获益少，合作过程中的正常利益诉求难以充分表达或者表达后不能有效实现，从而导致冲突的产生，有损区域合作的进行。因此，必须通过制度化的利益表达途径，保障参与各方能够以平等地位参与协商，这是利益共享的基本前提。最后，要建立利益共享机制。政府一方面要通过一定的税收或政策补贴的形式引导资本和产业对转出地进行合理补偿，另一方面也应通过规范的、制度化的转移支付对边缘地区进行利益倾斜，从而实现区域利益的合理、公平分配。此外，要优化包括铁路、公路、轨道交通等在内的区域内、区域间基础设施资源，降低交通成本，加强地区之间的沟通交流。

（四）避免同质竞争，实现错位发展

我国的创新项目多而不强、多而不精的主要原因在于地方政府之间的市场分割策略使得区域之间缺乏有效的分工合作，导致创新项目在不同地区重复投资、重复建设，这种重复的同质性建设反过来又进一步加剧了地方政府的资源过度竞争，加重了地方保护程度。魏守华等（2010）的研究表明，我国大部分地区将电子机械、生物医药等高新技术产业作为未来产业发展的主要导向。甚至一些经济欠发达地区也在加强科技园区建设，大力推行高技术产业的发展。事实上，经济欠发达地区创新基础薄弱，创新资源有限，如果硬要发展在一些经济发达地区取得优势的产业，很难在未来的竞争中取得优势。技术进步是递进的，一环扣一环，通过"弯道超车"实现技术赶超并不容易，需要具备足够的前提条件。经济欠发达地区要想在市场竞争激烈的环境中获得生存并取得优势，必须结合区域优势进行创新发展，形成比较优势（黄赜琳、姚婷婷，2020）。具体而言，可以尝试从以下三个方面着手。第一，要积极研究中央出台的政策文件，把精力用在政策研究上，把智慧用在政策落实上，用好、用足、用活国家政策。对于经济欠发达地区而言，更要充分利用好国家发布的各项扶持政策，寻找产业支撑点，培育新兴产业。第二，要根据区位优势、产业基础和资源禀赋优势，立足自身特色，与其他相邻地区实现错位发展，对有发展潜力的优势产业进行技术培育，形成有区域特色的产业或产品，通过技术创新实现战略性新兴产业超前布局，在某一具体领域形成先发优势。第三，搭建"一站式"服务创新平台。创建企业信息库、科研机构库、技术需求库、中介服务机构库以及专家库等"一站式"、全方位、立体式的服务平台，实现专家与企业、技术与市场的无缝对接。可以在该平台上寻找优质企业、寻找服务机构、寻找专家资源、寻找技术成果，甚至可以在平台上创建行业创新联盟，实现资源共享，充分利用市场资源降低企业获取信息的成本。

三　创新主体层面

从创新主体的角度来看，区域创新系统中主要包含三类创新主体——企业、高校和科研机构，三类创新主体在区域创新系统中的地位和作用并不相同。根据本书的研究，我国不同地区三大创新主体的创新效率也存在很大差异。东部地区企业的创新效率相对较高，高校的创新效率较低；而中西部地区企业的创新效率普遍较低，高校和科研机构的创新效率相对较高。区域创新效率的提升需要充分发挥地区的创新主体优势，实现三类创新主体之间的协作互补。提升区域创新效率，对于创新主体而言，应从以下几个方面着手。

（一）搭建产学研合作平台，促进创新资源跨机构流动

企业作为区域创新系统中距离市场最近的创新主体，在所有创新主体中所占的比重最高，资源调配能力最强，在某种程度上可以认为，企业创新能力的高低决定了区域整体创新的水平。企业的优势是市场嗅觉敏锐、资本实力雄厚，不足之处是科研人员、科研力量相对较弱，相比之下，高校和科研机构的技术人才多、基础研发能力强，产学研合作平台的建设有利于发挥各方的优势，实现创新效率的提升。因此，应鼓励区域内的企业、高校和科研机构开展各种形式的科研合作，包括搭建各种类型的产学研合作平台、加强跨区域的项目合作等，支持科研机构与企业联合建立研发平台、工程实验室或者产业技术联盟等技术创新组织和共性技术研发服务平台，支持研究型高校和科研机构在高新技术园区建立产业研究院，支持农林科技类高校在农村建立发展研究院，等等。另外，高校和科研机构对培育和集聚高端人才也具有重要意义。根据本书的研究，我国的科技创新人员投入主要集中在东南沿海及四川等地，主要原因是这些地区拥有大量的高校或者科研机构，因此打造区域内高校的优势学科，给予学科发展政策和资金扶持，鼓励和支持高校与科研机构以优势学科为依托，积极参与跨区域的技术合作，吸引和培育高新技术人才，对强化高校和科研机构基础研究、前沿技术研究等领域的原始创新具有重要意义。

（二）消除科技成果转化壁垒，打破科技与经济"两张皮"现象

要进一步完善创新主体的科技成果转化机制，消除成果转化体制机制壁垒，打破科技与经济"两张皮"现象。一是给予成果转化相关利益人足够的薪酬和奖金激励，加强科技成果转化资助计划的实施，充分调动科研人员转化研究成果的积极性，强化科研单位的成果转化责任。二是健全专

业化的科技成果转化服务体系，明确科技成果转化的责权利及相关配套实施细节，探索营利性、非营利性组织形式的技术转移机构模式，对专利交易等方面给予一定的政策支持。三是进一步打通高校和科研机构的技术成果转移转化机制，支持并引导高校和科研机构建设技术转移机构，鼓励高校结合地方经济发展需求，推进科研机构的技术成果产业化，充分利用高校科技产业园等技术成果转化平台，发挥高校科技产业园和各类技术转移机构对技术成果转化、培育新兴产业的作用。四是协调好创新主体各方利益。各创新主体在资本实力、技术水平和人员配备等方面存在差异，创新偏好和创新产出能力也不尽相同，导致其在创新生产过程中的激励和约束存在很大差异，从而影响了创新主体之间的正常合作。此时，政府应参与到协同创新体系中，协调好创新主体各方的利益，促成主体之间的合作，促进产学研协同创新体系的正常运行。

参考文献

［1］白俊红、卞元超：《要素市场扭曲与中国创新生产的效率损失》，《中国工业经济》2016 年第 11 期。

［2］白俊红、江可申、李婧：《应用随机前沿模型评测中国区域研发创新效率》，《管理世界》2009 年第 10 期。

［3］白俊红、蒋伏心：《考虑环境因素的区域创新效率研究——基于三阶段 DEA 方法》，《财贸经济》2011 年第 10 期。

［4］白俊红、蒋伏心：《协同创新、空间关联与区域创新绩效》，《经济研究》2015 年第 7 期。

［5］白重恩、杜颖娟、陶志刚、仝月婷：《地方保护主义及产业地区集中度的决定因素和变动趋势》，《经济研究》2004 年第 4 期。

［6］白重恩、钱震杰：《谁在挤占居民的收入——中国国民收入分配格局分析》，《中国社会科学》2009 年第 5 期。

［7］曹春方、张婷婷、范子英：《地区偏袒下的市场整合》，《经济研究》2017 年第 12 期。

［8］曹春方、张婷婷、刘秀梅：《市场分割提升了国企产品市场竞争地位?》，《金融研究》2018 年第 3 期。

［9］曹春方、周大伟、吴澄澄、张婷婷：《市场分割与异地子公司分布》，《管理世界》2015 年第 9 期。

［10］曹霞、于娟：《创新驱动视角下中国省域研发创新效率研究——基于投影寻踪和随机前沿的实证分析》，《科学学与科学技术管理》2015 年第 4 期。

［11］陈刚、李树：《司法独立与市场分割——以法官异地交流为实验的研究》，《经济研究》2013 年第 9 期。

[12] 陈昆亭、龚六堂：《中国经济增长的周期与波动的研究——引入人力资本后的 RBC 模型》，《经济学》（季刊）2004 年第 3 期。

[13] 陈浪南、朱杰、陈捷思：《基于随机前沿半参数模型的基金投资效率评价研究》，《中国会计评论》2017 年第 1 期。

[14] 陈敏、桂琦寒、陆铭、陈钊：《中国经济增长如何持续发挥规模效应？——经济开放与国内商品市场分割的实证研究》，《经济学》（季刊）2007 年第 1 期。

[15] 成力为、孙玮：《市场化程度对自主创新配置效率的影响——基于 Cost-Malmquist 指数的高技术产业行业面板数据分析》，《中国软科学》2012 年第 5 期。

[16] 程广斌、张雅琴：《丝绸之路经济带沿线省份科技创新效率及其影响因素》，《地域研究与开发》2017 年第 2 期。

[17] 程开明：《城市化促进技术创新的机制及证据》，《科研管理》2010 年第 2 期。

[18] 池仁勇、虞晓芬、李正卫：《我国东西部地区技术创新效率差异及其原因分析》，《中国软科学》2004 年第 8 期。

[19] 戴魁早、刘友金：《要素市场扭曲与创新效率——对中国高技术产业发展的经验分析》，《经济研究》2016 年第 7 期。

[20] 邓慧慧、赵家羚：《地方政府经济决策中的"同群效应"》，《中国工业经济》2018 年第 4 期。

[21] 邓明：《中国地区间市场分割的策略互动研究》，《中国工业经济》2014 年第 2 期。

[22] 樊纲、王小鲁、朱恒鹏：《中国市场化指数——各地区市场化相对进程 2009 年报告》，经济科学出版社，2010。

[23] 范爱军、李真、刘小勇：《国内市场分割及其影响因素的实证分析——以我国商品市场为例》，《南开经济研究》2007 年第 5 期。

[24] 范德成、杜明月：《高端装备制造业技术创新资源配置效率及影响因素研究——基于 StoNED 和 Tobit 模型的实证分析》，《中国管理科学》2018 年第 1 期。

[25] 范剑勇、林云：《产品同质性、投资的地方保护与国内产品市场一体化测度》，《经济研究》2011 年第 11 期。

［26］范欣、宋冬林、赵新宇：《基础设施建设打破了国内市场分割吗?》，《经济研究》2017 年第 2 期。

［27］付强：《市场分割促进区域经济增长的实现机制与经验辨识》，《经济研究》2017 年第 3 期。

［28］龚新蜀、张洪振、潘明明：《市场竞争、环境监管与中国工业污染排放》，《中国人口·资源与环境》2017 年第 12 期。

［29］辜胜阻、郑凌云：《新型工业化与高技术开发区的二次创业》，《中国软科学》2005 年第 1 期。

［30］顾国达、吴宛珊：《金融市场竞争、政府干预与僵尸企业》，《浙江大学学报》（人文社会科学版）2019 年第 3 期。

［31］桂琦寒、陈敏、陆铭、陈钊：《中国国内商品市场趋于分割还是整合：基于相对价格法的分析》，《世界经济》2006 年第 2 期。

［32］郭家堂、骆品亮：《互联网对中国全要素生产率有促进作用吗?》，《管理世界》2016 年第 10 期。

［33］郭勇：《国际金融危机、区域市场分割与工业结构升级——基于 1985 ~ 2010 年省际面板数据的实证分析》，《中国工业经济》2013 年第 1 期。

［34］韩剑、郑秋玲：《政府干预如何导致地区资源错配——基于行业内和行业间错配的分解》，《中国工业经济》2014 年第 11 期。

［35］韩晶：《中国高技术产业创新效率研究——基于 SFA 方法的实证分析》，《科学学研究》2010 年第 3 期。

［36］韩先锋、宋文飞、李勃昕：《互联网能成为中国区域创新效率提升的新动能吗》，《中国工业经济》2019 年第 7 期。

［37］何小钢、张宁：《中国经济增长转型动力之谜：技术、效率还是要素成本》，《世界经济》2015 年第 1 期。

［38］胡彬、万道侠：《产业集聚如何影响制造业企业的技术创新模式——兼论企业"创新惰性"的形成原因》，《财经研究》2017 年第 11 期。

［39］黄奇、苗建军、李敬银：《基于共同前沿的中国区域创新效率研究》，《华东经济管理》2014 年第 11 期。

［40］黄赜琳、姚婷婷：《市场分割与地区生产率：作用机制与经验证据》，《财经研究》2020 年第 1 期。

［41］简泽、谭利萍、吕大国、符通：《市场竞争的创造性、破坏性与技术

升级》，《中国工业经济》2017 年第 5 期。

[42] 孔令池：《国内市场分割的测度及其影响因素分析》，《郑州大学学报》（哲学社会科学版）2019 年第 1 期。

[43] 李国璋、刘津汝：《财政分权、市场分割与经济增长——基于 1996 ~ 2007 年分省面板数据的研究》，《经济评论》2010 年第 5 期。

[44] 李婧、谭清美、白俊红：《中国区域创新效率及其影响因素》，《中国人口·资源与环境》2009 年第 6 期。

[45] 李平、崔喜君、刘建：《中国自主创新中研发资本投入产出绩效分析——兼论人力资本和知识产权保护的影响》，《中国社会科学》2007 年第 2 期。

[46] 李平、季永宝：《要素价格扭曲是否抑制了我国自主创新?》，《世界经济研究》2014 年第 1 期。

[47] 李善同、侯永志、刘云中、陈波：《中国国内地方保护问题的调查与分析》，《经济研究》2004 年第 11 期。

[48] 李文洁：《国内市场分割问题的实证研究》，西南财经大学博士学位论文，2011。

[49] 李习保：《区域创新环境对创新活动效率影响的实证研究》，《数量经济技术经济研究》2007 年第 8 期。

[50] 李政、杨思莹、何彬：《FDI 抑制还是提升了中国区域创新效率? ——基于省际空间面板模型的分析》，《经济管理》2017 年第 4 期。

[51] 李政、杨思莹、路京京：《政府参与能否提升区域创新效率?》，《经济评论》2018 年第 6 期。

[52] 刘秉镰、朱俊丰：《区域市场分割的影响因素及其空间邻近效应分析——基于 1989 ~ 2014 年中国省际面板数据》，《经济地理》2018 年第 10 期。

[53] 刘静、王克敏：《同群效应与公司研发——来自中国的证据》，《经济理论与经济管理》2018 年第 1 期。

[54] 刘俊、白永秀、韩先锋：《城市化对中国创新效率的影响——创新二阶段视角下的 SFA 模型检验》，《管理学报》2017 年第 5 期。

[55] 刘瑞明：《国有企业、隐性补贴与市场分割：理论与经验证据》，《管

理世界》2012 年第 4 期。

[56] 刘维刚、倪红福、夏杰长：《生产分割对企业生产率的影响》，《世界经济》2017 年第 8 期。

[57] 刘小勇、李真：《财政分权与地区市场分割实证研究》，《财经研究》2008 年第 2 期。

[58] 柳卸林：《技术创新经济学》，中国经济出版社，1993。

[59] 陆铭、陈钊：《分割市场的经济增长——为什么经济开放可能加剧地方保护?》，《经济研究》2009 年第 3 期。

[60] 陆铭、陈钊、严冀：《收益递增、发展战略与区域经济的分割》，《经济研究》2004 年第 1 期。

[61] 陆蓉、常维：《近墨者黑：上市公司违规行为的"同群效应"》，《金融研究》2018 年第 8 期。

[62] 路江涌、陶志刚：《中国制造业区域聚集及国际比较》，《经济研究》2006 年第 3 期。

[63] 罗党论、李晓霞：《市场分割与企业联盟——基于中国制造业上市企业的经验证据》，《中山大学学报》（社会科学版）2014 年第 6 期。

[64] 罗德明、李晔、史晋川：《要素市场扭曲、资源错置与生产率》，《经济研究》2012 年第 3 期。

[65] 罗伟、吕越：《金融市场分割、信贷失衡与中国制造业出口——基于效率和融资能力双重异质性视角的研究》，《经济研究》2015 年第 10 期。

[66] 马本、郑新业、张莉：《经济竞争、受益外溢与地方政府环境监管失灵——基于地级市高阶空间计量模型的效应评估》，《世界经济文汇》2018 年第 6 期。

[67] 马大来、陈仲常、王玲：《中国区域创新效率的收敛性研究：基于空间经济学视角》，《管理工程学报》2017 年第 1 期。

[68] 马军杰、卢锐、刘春彦：《中国专利产出绩效的空间计量经济分析》，《科研管理》2013 年第 6 期。

[69] 庞瑞芝、李鹏、李嫣怡：《网络视角下中国各地区创新过程效率研究：基于我国八大经济区的比较》，《当代经济科学》2010 年第 6 期。

[70] 蒲艳萍、顾冉：《劳动力工资扭曲如何影响企业创新》，《中国工业经

济》2019 年第 7 期。

[71] 冉光和、徐鲲、鲁钊阳：《金融发展、FDI 对区域创新能力的影响》，《科研管理》2013 年第 7 期。

[72] 饶华春：《中国金融发展与企业融资约束的缓解——基于系统广义矩估计的动态面板数据分析》，《金融研究》2009 年第 9 期。

[73] 任皓、陈启山、温忠麟、叶宝娟、苗静宇：《领导职业支持对组织公民行为的影响：心理资本的作用》，《心理科学》2014 年第 2 期。

[74] 申广军、王雅琦：《市场分割与制造业企业全要素生产率》，《南方经济》2015 年第 4 期。

[75] 盛斌、毛其淋：《贸易开放、国内市场一体化与中国省际经济增长：1985~2008 年》，《世界经济》2011 年第 11 期。

[76] 史修松、赵曙东、吴福象：《中国区域创新效率及其空间差异研究》，《数量经济技术经济研究》2009 年第 3 期。

[77] 宋吉涛、方创琳、宋敦江：《中国城市群空间结构的稳定性分析》，《地理学报》2006 年第 12 期。

[78] 宋书杰：《对外开放与市场分割是倒 U 型关系吗?》，《当代财经》2016 年第 6 期。

[79] 宋渊洋、黄礼伟：《为什么中国企业难以国内跨地区经营?》，《管理世界》2014 年第 12 期。

[80] 孙建、吴利萍：《中国区域创新效率及影响因素研究——空间过滤与异质效应 SFA 实证》，《科技与经济》2012 年第 2 期。

[81] 孙亮、柳建华：《银行业改革、市场化与信贷资源的配置》，《金融研究》2011 年第 1 期。

[82] 陶爱萍、吴文韬、蒯鹏：《进出口贸易抑制了企业创新吗——基于收入差距的调节作用》，《国际贸易问题》2020 年第 3 期。

[83] 万良勇、梁婵娟、饶静：《上市公司并购决策的行业同群效应研究》，《南开管理评论》2016 年第 3 期。

[84] 王春超、钟锦鹏：《同群效应与非认知能力——基于儿童的随机实地实验研究》，《经济研究》2018 年第 12 期。

[85] 王春枝、赵国杰：《基于非径向 SE－C2R 模型与谱系聚类的中国区域创新效率分析》，《中国软科学》2015 年第 11 期。

[86] 王锐淇、彭良涛、蒋宁：《基于 SFA 与 Malmquist 方法的区域技术创新效率测度与影响因素分析》，《科学学与科学技术管理》2010 年第 9 期。

[87] 王小鲁、樊纲、胡李鹏：《中国分省份市场化指数报告（2018）》，社会科学文献出版社，2018。

[88] 魏国伟：《生态位视角下企业竞争环境、动态能力与创新绩效关系研究》，北京邮电大学博士学位论文，2019。

[89] 魏守华、吴贵生、吕新雷：《区域创新能力的影响因素——兼评我国创新能力的地区差距》，《中国软科学》2010 年第 9 期。

[90] 温忠麟、叶宝娟：《有调节的中介模型检验方法：竞争还是替补?》，《心理学报》2014 年第 5 期。

[91] 吴小节、汪秀琼、黄山、蓝海林：《地方市场分割对中国企业实施跨区域整合战略的作用机理》，《科学决策》2012 年第 7 期。

[92] 吴延兵：《R&D 与生产率——基于中国制造业的实证研究》，《经济研究》2006 年第 11 期。

[93] 肖利平、谢丹阳：《国外技术引进与本土创新增长：互补还是替代——基于异质吸收能力的视角》，《中国工业经济》2016 年第 9 期。

[94] 肖文、林高榜：《政府支持、研发管理与技术创新效率——基于中国工业行业的实证分析》，《管理世界》2014 年第 4 期。

[95] 解晋：《中国分省人力资本错配研究》，《中国人口科学》2019 年第 6 期。

[96] 行伟波、李善同：《引力模型、边界效应与中国区域间贸易：基于投入产出数据的实证分析》，《国际贸易问题》2010 年第 10 期。

[97] 徐保昌、谢建国：《市场分割与企业生产率：来自中国制造业企业的证据》，《世界经济》2016 年第 1 期。

[98] 许家云、毛其淋：《政府补贴、治理环境与中国企业生存》，《世界经济》2016 年第 2 期。

[99] 晏艳阳、邓嘉宜、文丹艳：《同群效应对创业活动影响的模型构建与实证》，《中国管理科学》2018 年第 5 期。

[100] 叶宁华、张伯伟：《地方保护、所有制差异与企业市场扩张选择》，《世界经济》2017 年第 6 期。

[101] 银温泉、才婉茹：《我国地方市场分割的成因和治理》，《经济研究》2001 年第 6 期。

[102] 余东华：《地方保护能够提高区域产业竞争力吗》，《产业经济研究》2008 年第 3 期。

[103] 余东华、刘运：《地方保护和市场分割的测度与辨识——基于方法论的文献综述》，《世界经济文汇》2009 年第 1 期。

[104] 余泳泽、刘大勇：《我国区域创新效率的空间外溢效应与价值链外溢效应——创新价值链视角下的多维空间面板模型研究》，《管理世界》2013 年第 7 期。

[105] 虞晓芬、李正卫、池仁勇、施鸣炜：《我国区域技术创新效率：现状与原因》，《科学学研究》2005 年第 2 期。

[106] 袁丽静、杨琼：《基于 StoNED 模型的技术效率半参数分析——以钢铁行业为例》，《财经问题研究》2015 年第 5 期。

[107] 岳书敬：《中国区域研发效率差异及其影响因素——基于省级区域面板数据的经验研究》，《科研管理》2008 年第 5 期。

[108] 张斌、刘蔚然、钱福良：《我国区域创新效率评价研究——基于 DEA 交叉效率模型的分析》，《价格理论与实践》2016 年第 5 期。

[109] 张杰、李克、刘志彪：《市场化转型与企业生产效率——中国的经验研究》，《经济学》（季刊）2011 年第 2 期。

[110] 张杰、张培丽、黄泰岩：《市场分割推动了中国企业出口吗?》，《经济研究》2010 年第 8 期。

[111] 张军、吴桂英、张吉鹏：《中国省际物质资本存量估算：1952~2000》，《经济研究》2004 年第 10 期。

[112] 张宽、黄凌云：《金融发展如何影响区域创新质量?——来自中国对外贸易的解释》，《国际金融研究》2019 年第 9 期。

[113] 张蕊、孙凯、Kumbhakar, S. C.：《中国制造业增长方式和结构变迁的再检验——基于行业和时期异质性的半参数平滑系数模型》，《经济理论与经济管理》2012 年第 5 期。

[114] 张维迎、栗树和：《地区间竞争与中国国有企业的民营化》，《经济研究》1998 年第 12 期。

[115] 张璇、刘贝贝、汪婷、李春涛：《信贷寻租、融资约束与企业创新》，

《经济研究》2017 年第 5 期。

[116] 张宗益、张莹:《创新环境与区域技术创新效率的实证研究》,《软科学》2008 年第 12 期。

[117] 张宗益、周勇、钱灿、赖德林:《基于 SFA 模型的我国区域技术创新效率的实证研究》,《软科学》2006 年第 2 期。

[118] 赵静、陈玲、薛澜:《地方政府的角色原型、利益选择和行为差异——一项基于政策过程研究的地方政府理论》,《管理世界》2013 年第 2 期。

[119] 赵奇伟:《东道国制度安排、市场分割与 FDI 溢出效应:来自中国的证据》,《经济学》(季刊)2009 年第 2 期。

[120] 赵颖:《中国上市公司高管薪酬的同群效应分析》,《中国工业经济》2016 年第 2 期。

[121] 赵玉奇、柯善咨:《市场分割、出口企业的生产率准入门槛与"中国制造"》,《世界经济》2016 年第 9 期。

[122] 赵增耀、周晶晶、沈能:《金融发展与区域创新效率影响的实证研究——基于开放度的中介效应》,《科学学研究》2016 年第 9 期。

[123] 郑毓盛、李崇高:《中国地方分割的效率损失》,《中国社会科学》2003 年第 1 期。

[124] 周黎安:《晋升博弈中政府官员的激励与合作——兼论我国地方保护主义和重复建设问题长期存在的原因》,《经济研究》2004 年第 6 期。

[125] 朱红军、何贤杰、陈信元:《金融发展、预算软约束与企业投资》,《会计研究》2006 年第 10 期。

[126] 朱英姿、许丹:《官员晋升压力、金融市场化与房价增长》,《金融研究》2013 年第 1 期。

[127] Afriat, S. N. , "Efficiency Estimation of Production Functions", *International Economic Review*, 1972, 13 (3).

[128] Aghion, P. , Bergeaud, A. , Lequien, M. , Melitz, M. J. , "The Impact of Exports on Innovation: Theory and Evidence", Working Papers, 2018.

[129] Aigner, D. , Lovell, C. K. , Schmidt, P. , "Formulation and Estimation of Stochastic Frontier Production Function Models", *Journal of Econometrics*, 1977, 6 (1).

[130] Arellano, M. , Bover, O. , "Another Look at the Instrumental Variable Estimation of Error-Components Models", *Journal of Econometrics*, 1995, 68 (1).

[131] Atkinson, S. E. , Halvorsen, R. , "Parametric Efficiency Tests, Economies of Scale, and Input Demand in U. S. Electric Power Generation", *International Economic Review*, 1984, 25 (3).

[132] Bai, J. , "On Regional Innovation Efficiency: Evidence from Panel Data of China's Different Provinces", *Regional Studies*, 2013, 47 (5).

[133] Balassa, B. , *The Theory of Economic Integration*, Routledge Revivals, 2013.

[134] Banker, R. D. , Maindiratta, A. , "Maximum Likelihood Estimation of Monotone and Concave Production Frontiers", *Journal of Productivity Analysis*, 1992, 3 (4).

[135] Barasa, L. , Vermeulen, P. , Knoben, J. , Kinyanjui, B. , Kimuyu, P. , "Innovation Inputs and Efficiency: Manufacturing Firms in Sub-Saharan Africa", *European Journal of Innovation Management*, 2018, 22 (1).

[136] Blomström, M. , Persson, H. , "Foreign Investment and Spillover Efficiency in an Underdeveloped Economy: Evidence from the Mexican Manufacturing Industry", *World Development*, 1983, 11 (6).

[137] Bloom, N. , Draca, M. , Van Reenen, J. , "Trade Induced Technical Change? The Impact of Chinese Imports on Innovation, IT and Productivity", *The Review of Economic Studies*, 2016, 83 (1).

[138] Boisot, M. , Meyer, M. W. , "Which Way through the Open Door? Reflections on the Internationalization of Chinese Firms", *Management and Organization Review*, 2008, 4 (3).

[139] Bollard, A. , Klenow, P. J. , Li, H. , "Entry Costs Rise with Development", Working Paper, 2016.

[140] Buesa, M. , Heijs, J. , Pellitero, M. M. et al. , "Regional Systems of Innovation and the Knowledge Production Function: The Spanish Case", *Technovation*, 2006, 26 (4).

[141] Cameron, E. , Green, M. , *Making Sense of Change Management*: *A Complete Guide to the Models*, *Tools and Techniques of Organizational Change*, Kogan Page Publishers, 2009.

[142] Chames, A. , Cooper, W. W. , Rhodes, E. , "Measuring the Efficiency of Decision Making Units", *European Journal of Operational Research*, 1978, 2 (6).

[143] Chen, K. , Guan, J. , "Measuring the Efficiency of China's Regional Innovation Systems: Application of Network Data Envelopment Analysis (DEA)", *Regional Studies*, 2012, 46 (3).

[144] Cornwell, C. , Schmidt, P. , Sickles, R. C. , "Production Frontiers with Cross-sectional and Time-series Variation in Efficiency Levels", *Journal of Econometrics*, 1990, 46 (1 - 2).

[145] Daumal, M. , Zignago, S. , "Measure and Determinants of Border Effects of Brazilian States", *Papers in Regional Science*, 2010, 89 (4).

[146] Davis, L. E. , North, D. C. , Smorodin, C. , *Institutional Change and American Economic Growth*, Cambridge University Press, 1971.

[147] Diaz, M. A. , Sanchez, R. , "Firm Size and Productivity in Spain: A Stochastic Frontier Analysis", *Small Business Economics*, 2008, 30 (3).

[148] Engerman, S. , Schmookler, J. , "Invention and Economic Growth", *The Economic History Review*, 1967, 20 (1).

[149] Fagerberg, J. , Srholec, M. , "National Innovation Systems, Capabilities and Economic Development", *Research Policy*, 2008, 37 (9).

[150] Fan, J. , Zhang, W. , "Statistical Estimation in Varying Coefficient Models", *The Annals of Statistics*, 1999, 27 (5).

[151] Fan, Y. , Qi, L. , Weersink, A. , "Semiparametric Estimation of Stochastic Production Frontier Models", *Journal of Business & Economic Statistics*, 1996, 14 (4).

[152] Freeman, C. , *Technology*, *Policy*, *and Economic Performance*: *Lessons from Japan*, Pinter Publishers, 1987.

[153] Fries, S. , Taci, A. , "Cost Efficiency of Banks in Transition: Evidence from 289 Banks in 15 Post-communist Countries", *Journal of Banking &*

Finance, 2005, 29 (1).

[154] Fritsch, M., "Interregional Differences in R&D Activities—An Empirical Investigation", *European Planning Studies*, 2000, 8 (4).

[155] Fung, H., "Becoming a Moral Child: The Socialization of Shame among Young Chinese Children", *Ethos*, 1999, 27 (2).

[156] Fu, X., Yang, Q., "Exploring the Cross-Country Gap in Patenting: A Stochastic Frontier Approach", *Research Policy*, 2009, 38 (7).

[157] Grossman, G. M., Helpman, E., *Innovation and Growth in the Global Economy*, The MIT Press, 1993.

[158] Guan, J., Chen, K., "Measuring the Innovation Production Process: A Cross-Region Empirical Study of China's High-Tech Innovations", *Technovation*, 2010, 30 (5).

[159] Guan, J., Chen, K., "Modeling Macro-R&D Production Frontier Performance: An Application to Chinese Province-Level R&D", *Scientometrics*, 2009, 82 (1).

[160] Hall, B. H., Lerner, J., "The Financing of R&D and Innovation", *Handbook of the Economics of Innovation*, 2010, 1.

[161] Hansen, B. E., "Threshold Effects in Non-Dynamic Panels: Estimation, Testing, and Inference", *Journal of Econometrics*, 1999, 93 (2).

[162] Hasson, J. A., Tinbergen, J., "Shaping the World Economy: Suggestions for an International Economic Policy", Economica, 1964, 31 (123).

[163] Holmes, T. J., Levine, D. K., Schmitz, J. A., "Monopoly and the Incentive to Innovate When Adoption Involves Switchover Disruptions", *The American Economic Journal: Microeconomics*, 2012, 4 (3).

[164] Hsieh, C., Klenow, P. J., "Misallocation and Manufacturing TFP in China and India", *The Quarterly Journal of Economics*, 2009, 124 (4).

[165] Javorcik, B. K., "Does Foreign Direct Investment Increase the Productivity of Domestic Firms? In Search of Spillovers through Backward Linkages", *The American Economic Review*, 2004, 3.

[166] Jondrow, J., Lovell, C. K., Materov, I. S. et al., "On the Estimation of Technical Inefficiency in the Stochastic Frontier Production Function

Model", *Journal of Econometrics*, 1982, 19 (3).

[167] Kahneman, D. , *Attention and Effort*, Prentice Hall, 1973.

[168] Kamien, M. I. , Schwartz, N. L. , *Market Structure and Innovation*, Cambridge University Press, 1982.

[169] Kokko, A. , Tansini, R. , Zejan, M. C. , "Local Technological Capability and Productivity Spillovers from FDI in the Uruguayan Manufacturing Sector", *The Journal of Development Studies*, 1996, 32 (4).

[170] Kumbhakar, S. C. , Denny, M. , Fuss, M. , "Estimation and Decomposition of Productivity Change When Production is Not Efficient: A Panel Data Approach", *Econometric Reviews*, 2000, 19 (4) .

[171] Kuosmanen, T. , Kortelainen, M. , "Stochastic Non-Smooth Envelopment of Data: Semi-Parametric Frontier Estimation Subject to Shape Constraints", *Journal of Productivity Analysis*, 2012, 38 (1).

[172] Kuosmanen, T. , "Stochastic Nonparametric Envelopment of Data: Combining Virtue of SFA and DEA in a Unified Framework", MTT Discussion Paper, 2006.

[173] Lee, H. , Park, Y. , Choi, H. , "Comparative Evaluation of Performance of National R&D Programs with Heterogeneous Objectives: A DEA Approach", *European Journal of Operational Research*, 2009, 196 (3).

[174] Lee, L. , Yu, J. , "Estimation of Spatial Autoregressive Panel Data Models with Fixed Effects", *Journal of Econometrics*, 2010, 154 (2).

[175] Leibenstein, H. , "Allocative Efficiency vs. 'X-Efficiency'", *The American Economic Review*, 1966, 56 (3).

[176] LeSage, J. P. , Pace, R. K. , "Spatial Econometric Models", Handbook of Applied Spatial Analysis, 2009.

[177] Li, H. , Zhou, L. , "Political Turnover and Economic Performance: The Incentive Role of Personnel Control in China", *Journal of Public Economics*, 2005, 89 (9 – 10).

[178] Li, Q. , Huang, C. J. , Li, D. , Fu, T. , "Semiparametric Smooth Coefficient Models", *Journal of Business and Economic Statistics*, 2002, 20 (3).

［179］ Li, Q. , Racine, J. S. , "Smooth Varying-coefficient Estimation and Inference for Qualitative and Quantitative Data", *Econometric Theory*, 2010, 26 (6).

［180］ Lieberman, M. B. , Asaba, S. , "Why Do Firms Imitate Each Other?", *The Academy of Management Review*, 2006, 31 (2).

［181］ Lin, C. , Lin, P. , Song, F. , "Property Rights Protection and Corporate R&D: Evidence From China", *Journal of Development Economics*, 2010, 93 (1).

［182］ Malerba, F. , Orsenigo, L. , "Schumpeterian Patterns of Innovation", *Cambridge Journal of Economics*, 1995, 19 (1).

［183］ Mansfield, E. , "Technical Change and the Rate of Imitation", *Econometrica: Journal of the Econometric Society*, 1961, 29 (4).

［184］ Manski, C. F. , "Economic Analysis of Social Interactions", *The Journal of Economic Perspectives*, 2000, 14 (3).

［185］ Manski, C. F. , "Identification of Endogenous Social Effects: The Reflection Problem", *The Review of Economic Studies*, 1993, 60 (3).

［186］ Myers, S. , Marquis, D. G. , "Successful Industrial Innovations: A Study of Factors Underlying Innovation in Selected Firms", National Science Foundation, 1969.

［187］ Nasierowski, W. , Arcelus, F. J. , "On the Efficiency of National Innovation Systems", *Socio-Economic Planning Sciences*, 2003, 37 (3).

［188］ Nelson, R. R. , *National Innovation Systems: A Comparative Analysis*, Oxford University Press, 1993.

［189］ O'Donnell, C. J. , Rao, D. S. P. , Battese, G. E. , "Metafrontier Frameworks for the Study of Firm-Level Efficiencies and Technology Ratios", *Empirical Economics*, 2008, 34 (2).

［190］ Parent, O. , Lesage, J. P. , "A Spatial Dynamic Panel Model with Random Effects Applied to Commuting Times", *Transportation Research Part B: Methodological*, 2010, 44 (5).

［191］ Park, B. U. , Sickles, R. C. , Simar, L. , "Semiparametric-Efficient Estimation of AR (1) Panel Data Models", *Journal of Econometrics*,

2003, 117 (2).

2003, 117 (2).

[192] Park, B. U., Sickles, R. C., Simar, L., "Semiparametric Efficient Estimation of Dynamic Panel Data Models", *Journal of Econometrics*, 2007, 136 (1).

[193] Poncet, S., "Measuring Chinese Domestic and International Integration", *China Economic Review*, 2003, 14 (1).

[194] Poncet, S.:《中国市场正在走向"非一体化"? ——中国国内和国际市场一体化程度的比较分析》,《世界经济文汇》2002 年第 1 期。

[195] Rajan, R. G., Zingales, L., "Financial Dependence and Growth", *The American Economic Review*, 1998, 88 (3).

[196] Robinson, P. M., "Root-N-consistent Semiparametric Regression", *Econometrica: Journal of the Econometric Society*, 1988, 56 (4).

[197] Samuelson, P. A., "The Transfer Problem and Transport Costs II: Analysis of Effects of Trade Impediments", *The Economic Journal*, 1954, 64 (254).

[198] Schmookler, J., *Invention and Economic Growth*, Harvard University Press, 1966.

[199] Schumpeter, J. A., *The Theory of Economic Development*, Transaction Publishers, 1982.

[200] Skoorka, B. M., "Measuring Market Distortion: International Comparisons, Policy and Competitiveness", *Applied Economics*, 2000, 32 (3).

[201] Solo, C. S., "Innovation in the Capitalist Process: A Critique of the Schumpeterian Theory", *The Quarterly Journal of Economics*, 1951, 65 (3).

[202] Sun, K., Kumbhakar, S. C., Tveteras, R., "Productivity and Efficiency Estimation: A Semiparametric Stochastic Cost Frontier Approach", *European Journal of Operational Research*, 2015, 245 (1).

[203] Windmeijer, F., "A Finite Sample Correction for the Variance of Linear Efficient Two-Step GMM Estimators", *Journal of Econometrics*, 2005, 126 (1).

[204] Xu, B., "Multinational Enterprises, Technology Diffusion, and Host

Country Productivity Growth", *Journal of Development Economics*, 2000, 62 (2).

[205] Xu, C. , "The Fundamental Institutions of China's Reforms and Development", *Journal of Economic Literature*, 2011, 49 (4).

[206] Xu, X. , "Have the Chinese Provinces Become Integrated under Reform?", *China Economic Review*, 2002, 13 (2).

[207] Yam, R. C. M. , Lo, W. , Tang, E. P. Y. , Lau, A. K. W. , "Analysis of Sources of Innovation, Technological Innovation Capabilities, and Performance: An Empirical Study of Hong Kong Manufacturing Industries", *Research Policy*, 2011, 40 (3).

[208] Young, A. , "The Razor's Edge: Distortions and Incremental Reform in the People's Republic of China", *The Quarterly Journal of Economics*, 2000, 115 (4).

图书在版编目（CIP）数据

市场分割与资源错配：中国创新效率提升路径研究／
吕新军著. -- 北京：社会科学文献出版社，2023.2
（河南大学经济学学术文库）
ISBN 978 - 7 - 5228 - 0253 - 4

Ⅰ.①市…　Ⅱ.①吕…　Ⅲ.①市场经济 - 资源配置 -
研究 - 中国　Ⅳ.①F123.9②F124.5

中国版本图书馆 CIP 数据核字（2022）第 103574 号

·河南大学经济学学术文库·
市场分割与资源错配：中国创新效率提升路径研究

著　　者／吕新军

出 版 人／王利民
组稿编辑／恽　薇
责任编辑／冯咏梅
责任印制／王京美

出　　版／社会科学文献出版社·经济与管理分社（010）59367226
　　　　　　地址：北京市北三环中路甲 29 号院华龙大厦　邮编：100029
　　　　　　网址：www. ssap. com. cn
发　　行／社会科学文献出版社（010）59367028
印　　装／三河市龙林印务有限公司

规　　格／开 本：787mm × 1092mm　1/16
　　　　　　印 张：15.25　字 数：248 千字
版　　次／2023 年 2 月第 1 版　2023 年 2 月第 1 次印刷
书　　号／ISBN 978 - 7 - 5228 - 0253 - 4
定　　价／128.00 元

读者服务电话：4008918866